生

そのままおいしい
野菜の食べ方

食べチョク：著

ダイヤモンド社

はじめに

生産者さんの生の声を集めた、野菜本の決定版

「トマトは、へたを取って保存したほうが長持ちします」

「シャインマスカットは追熟しないので、少し黄色いものを選んだほうがいい」

「大根を細切りにして、冷たいおだしと生卵で食べると、夏は最高なんです」


本書を制作するにあたり、実際に農家さんから伺った食べ方です。ちょっと意外ではないですか？


はじめまして。「食べチョク」と申します。

私たちは、生産者さんとみなさんの食卓をつなぐ、日本最大のオンライン直売所です。９５００軒以上の生産者さんが出品しており、野菜、果物をはじめその日採れた新鮮な食材や花卉《き》を、全国の生産者さんから直接購入していただけます。

生産者さんから届く商品には、詳しい説明や、おいしい食べ方などのメッセージが同封されていることがあります。

この野菜をどんなふうに育てたか
どんなふうに食べたらおいしいか
どんなふうに保存したら、ずっとおいしさを保てるか

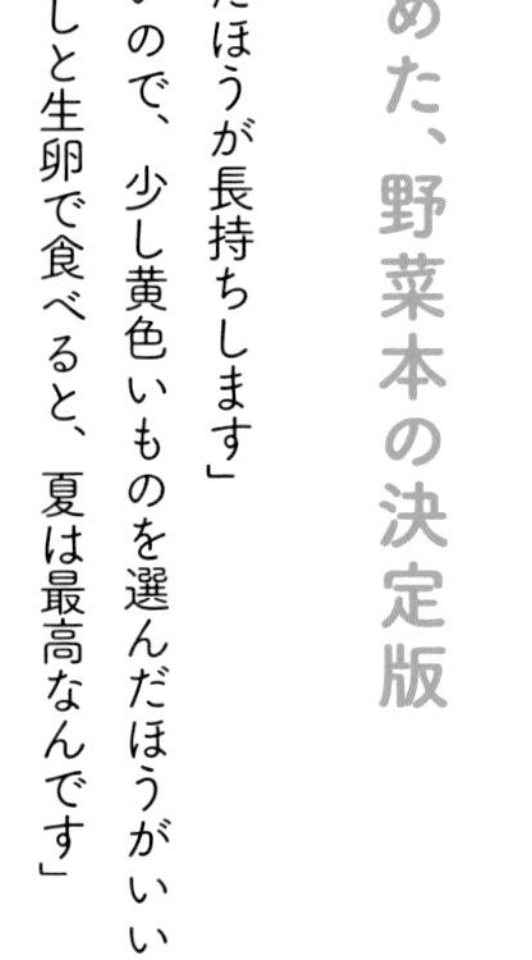

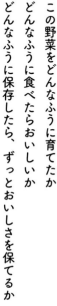

手塩にかけて育てた野菜や果物を、一番おいしく、いい状態で食べてほしい。メッセージには、生産者さんたちの熱い気持ちが込められています。

その思いをもっとたくさんの人に知ってほしい！

そこで私たちは250以上の生産者さんに連絡をとり、直接取材したり、アンケートにご協力いただき、生産者さんだから知っているおすすめの食べ方や、保存方法、新鮮なものの見分け方、品種の知識などを教えていただき、この1冊にまとめました。

実際にお話を聞くと、生産者さんたちが当たり前にやっている食べ方を私たちが知らなかったり、捨ててしまっている部分が実はおいしかったり、意外なことばかりでした。

日々忙しい生産者さんたちが「うちでは、いつもこれだよ」と教えてくれた食べ方は、決して手間や時間がかかるものではありません。すぐに真似できるシンプルな方法で、「こんなに味が変わるんだ！」という体験を必ずしていただけると思います。

本書を参考に、野菜や果物との新しい出会いを感じていただけたら幸いです。

食べチョク

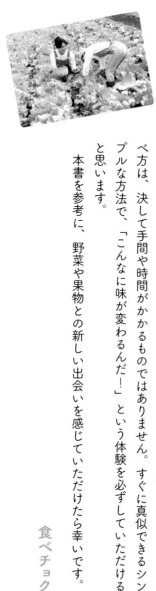

Contents

はじめに……2
この本の使い方……6

食べチョクで
通年人気の野菜＆果物

トマト……8
じゃがいも……12
にんじん……16
玉ねぎ……20
キャベツ……23
ごぼう……26
バナナ……28

春に食べたい野菜＆果物

アスパラガス……32
えんどう豆……34
さやいんげん……37
春菊……40
そら豆……42
たけのこ……44
にら……46
ベビーリーフ……48
山菜……50
さくらんぼ……52
びわ……54
メロン……56

夏に食べたい野菜＆果物

枝豆……60
オクラ……64
きゅうり……66
ズッキーニ……68
とうもろこし……70
なす……74
パプリカ・ピーマン……78
レタス……80
いちじく……82
すいか……84
パイナップル……86
ブルーベリー……88
マンゴー……90
桃……92

秋に食べたい野菜＆果物

かぼちゃ……98
菊いも……102

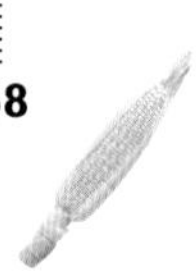

さつまいも……104
里いも……108
きのこ……110
山いも……114
れんこん……116
アボカド……118
梨……120
柿……123
栗……126
ぶどう……128
りんご……131
洋梨……134

冬に食べたい野菜&果物

かぶ……138
カリフラワー・ブロッコリー……140
大根……144
ねぎ……147
白菜……150
セロリ……152
ほうれん草……154
その他の青菜……156
いちご……159
キウイ……162
温州《うんしゅう》みかん……164
柑橘類の旬チャート……166
香酸《こうさん》柑橘類の種類……168

「食べチョク」は日本最大のオンライン直販所。……170
本書でご協力いただいた生産者一覧……172

Column

1 野菜と果物の保存……30
2 果物の追熟……58
3 香味野菜……95
4 注目の野菜「食用ほおずき」……136
5 卵にも旬があります……169

この本の使い方

野菜・果物のどこを食べているかがわかるように、主な部位を記載しています。

「食べチョク」サイトでよく出回っている季節を基準に、通年・春・夏・秋・冬に分類しています。

生産者さんや、食べチョクユーザーさん、食べチョクスタッフのおいしい食べ方を簡単に紹介しています。

おすすめのポイントや使い方、教えてくれた人を記載しています。

下ごしらえを中心に、おいしく食べる方法を紹介しています。

保存や下処理などのポイントを紹介しています。

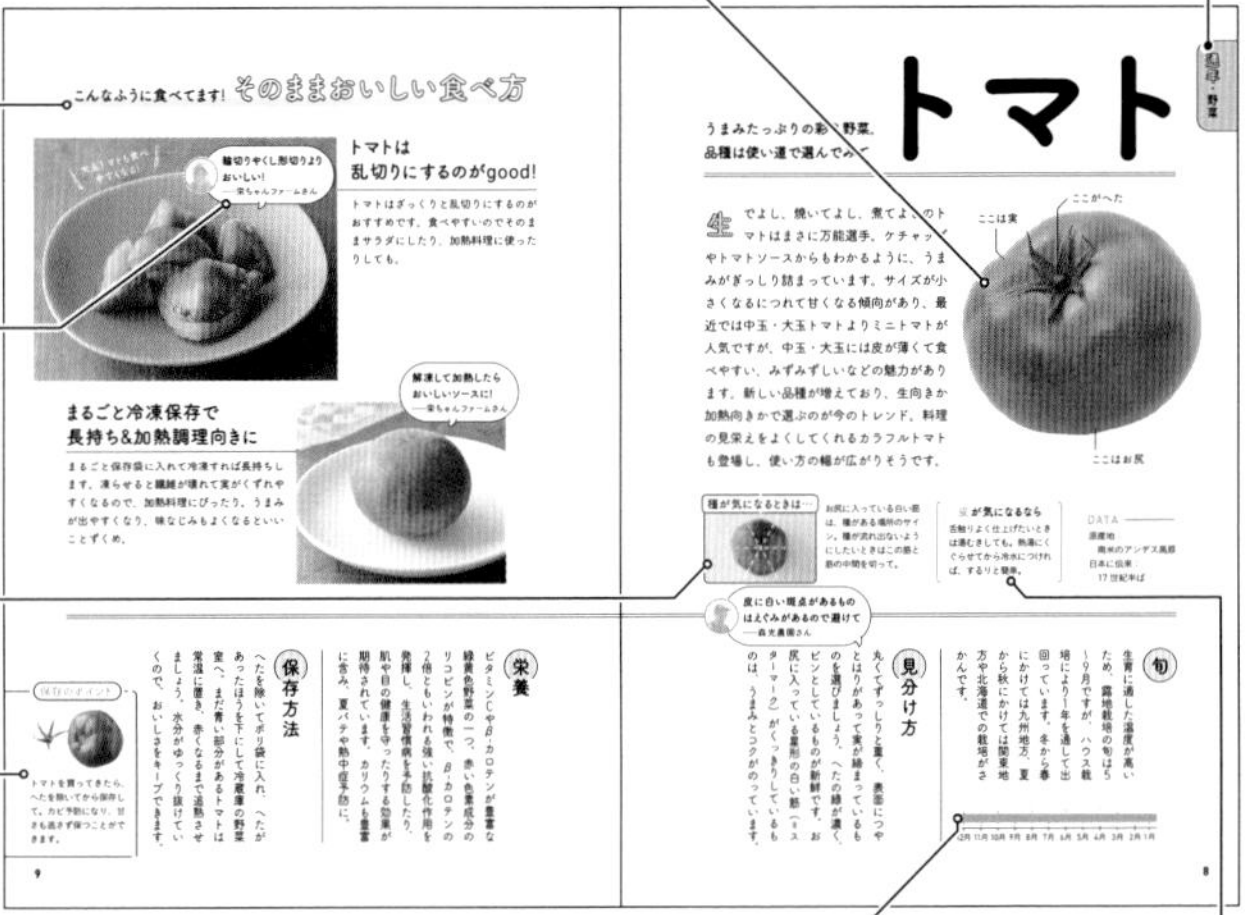

通年出回っているものも多いですが、基本的に本来の旬を紹介しています。

皮や種など、捨ててしまいがちな部位の食べ方の提案です。

生産者さんが発信した情報をヒントに、種類ごとのおすすめの食べ方を紹介しています。

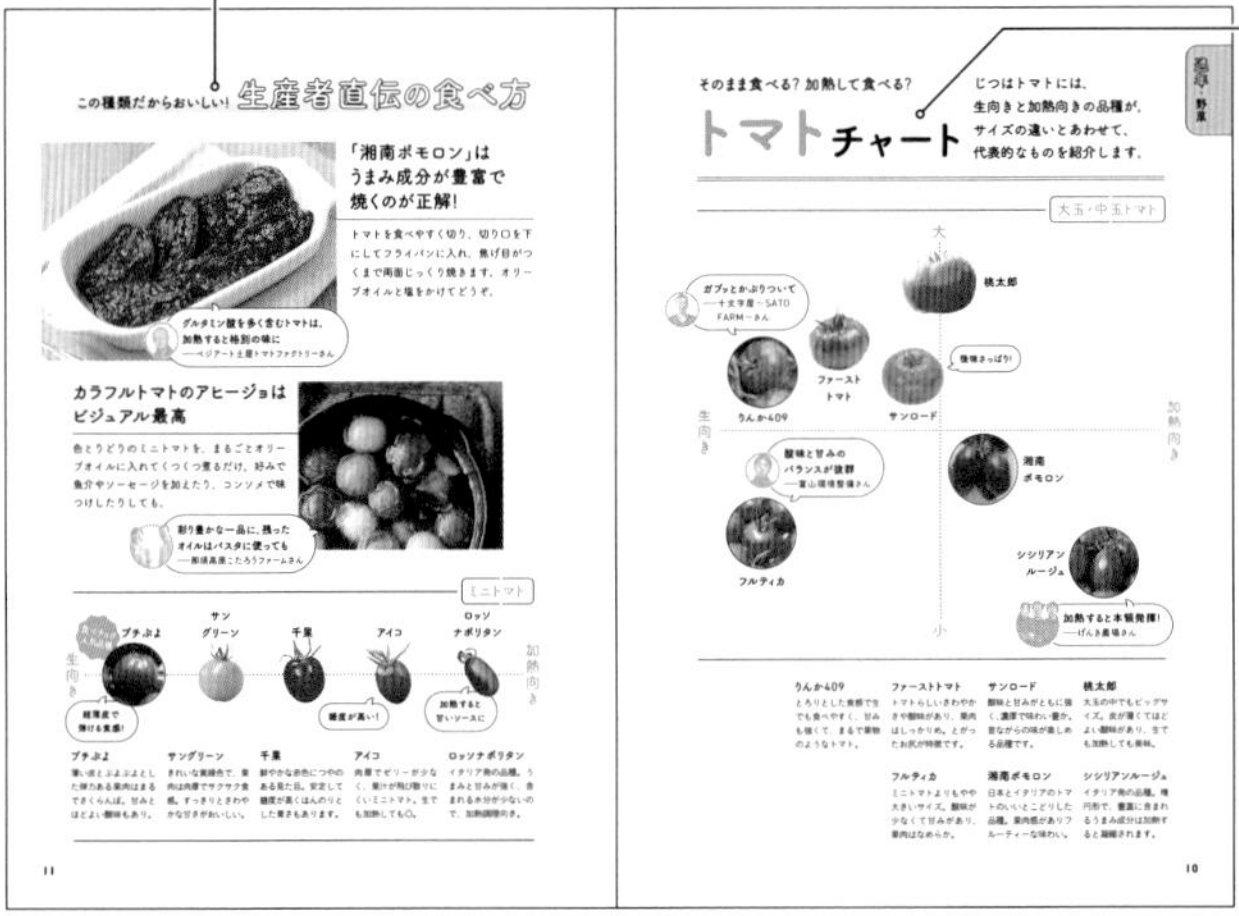

品種を選ぶ際の参考に、甘さ、酸味、向いている加熱方法などをチャートにしました。

ほかには…

注目の品種

新しい品種や、最近人気のものなど、注目されている品種や栽培法です。

保存食はコレ

ずーっとおいしく食べるための方法を紹介しています。

こんな食べ方も

意外と知らない、おすすめの食べ方を提案しています。

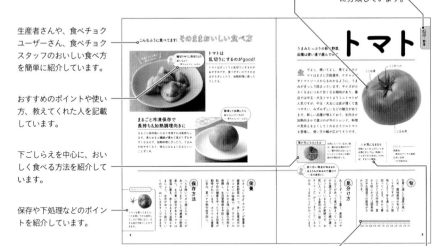

食べチョクで

通年人気の野菜＆果物

よく使われるおなじみの野菜や
常備したくなる果物など、
食卓でも「食べチョク」サイトでも
1年を通して人気の食材たちです。

トマト

**うまみたっぷりの彩り野菜。
品種は使い道で選んでみて**

生でよし、焼いてよし、煮てよしのトマトはまさに万能選手。ケチャップやトマトソースからもわかるように、うまみがぎっしり詰まっています。サイズが小さくなるにつれて甘くなる傾向があり、最近では中玉・大玉トマトよりミニトマトが人気ですが、中玉・大玉には皮が薄くて食べやすい、みずみずしいなどの魅力があります。新しい品種が増えており、生向きか加熱向きかで選ぶのが今のトレンド。料理の見栄えをよくしてくれるカラフルトマトも登場し、使い方の幅が広がりそうです。

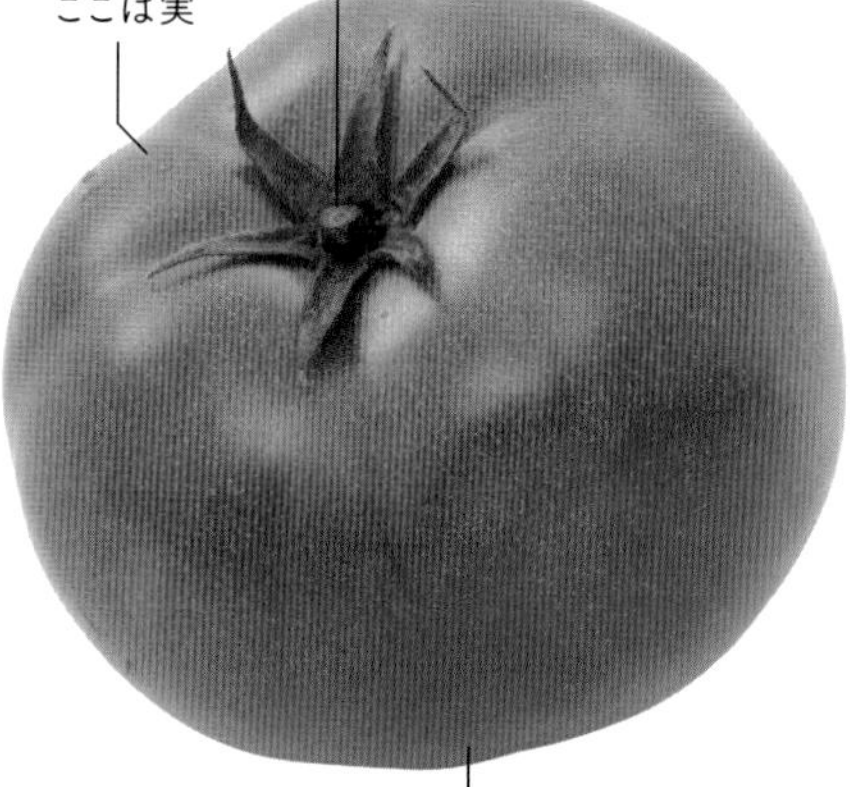

種が気になるときは…

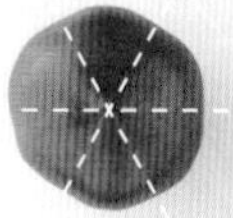

お尻に入っている白い筋は、種がある場所のサイン。種が流れ出ないようにしたいときはこの筋と筋の中間を切って。

皮が気になるなら

舌触りよく仕上げたいときは湯むきしても。熱湯にくぐらせてから冷水につければ、するりと簡単。

DATA

原産地：
南米のアンデス高原
日本に伝来：
17 世紀半ば

皮に白い斑点があるものはえぐみがあるので避けて
──森光農園さん

旬

生育に適した温度が高いため、露地栽培の旬は5～9月ですが、ハウス栽培により1年を通して出回っています。冬から春にかけては九州地方、夏から秋にかけては関東地方や北海道での栽培がさかんです。

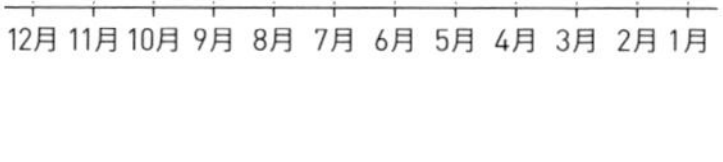

見分け方

丸くてずっしりと重く、表面につやとはりがあって実が締まっているものを選びましょう。へたの緑が濃く、ピンとしているものが新鮮です。お尻に入っている星形の白い筋（＝スターマーク）がくっきりしているものは、うまみとコクがのっています。

こんなふうに食べてます! そのままおいしい食べ方

トマトは乱切りにするのがgood!

トマトはざっくりと乱切りにするのがおすすめです。食べやすいのでそのままサラダにしたり、加熱料理に使ったりしても。

まるごと冷凍保存で長持ち&加熱調理向きに

まるごと保存袋に入れて冷凍すれば長持ちします。凍らせると繊維が壊れて実がくずれやすくなるので、加熱料理にぴったり。うまみが出やすくなり、味なじみもよくなるといいことずくめ。

解凍して加熱したら
おいしいソースに!

栄養

ビタミンCやβ-カロテンが豊富な緑黄色野菜の一つ。赤い色素成分のリコピンが特徴で、β-カロテンの2倍ともいわれる強い抗酸化作用を発揮し、生活習慣病を予防したり、肌や目の健康を守ったりする効果が期待されています。カリウムも豊富に含み、夏バテや熱中症予防に。

保存方法

へたを除いてポリ袋に入れ、へたがあったほうを下にして冷蔵庫の野菜室へ。まだ青い部分があるトマトは常温に置き、赤くなるまで追熟させましょう。水分がゆっくり抜けていくので、おいしさをキープできます。

保存のポイント

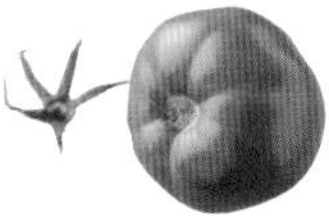

トマトを買ってきたら、へたを除いてから保存して。カビ予防になり、甘さも逃さず保つことができます。

そのまま食べる? 加熱して食べる?

トマトチャート

じつはトマトには、
生向きと加熱向きの品種が。
サイズの違いとあわせて、
代表的なものを紹介します。

大玉・中玉トマト

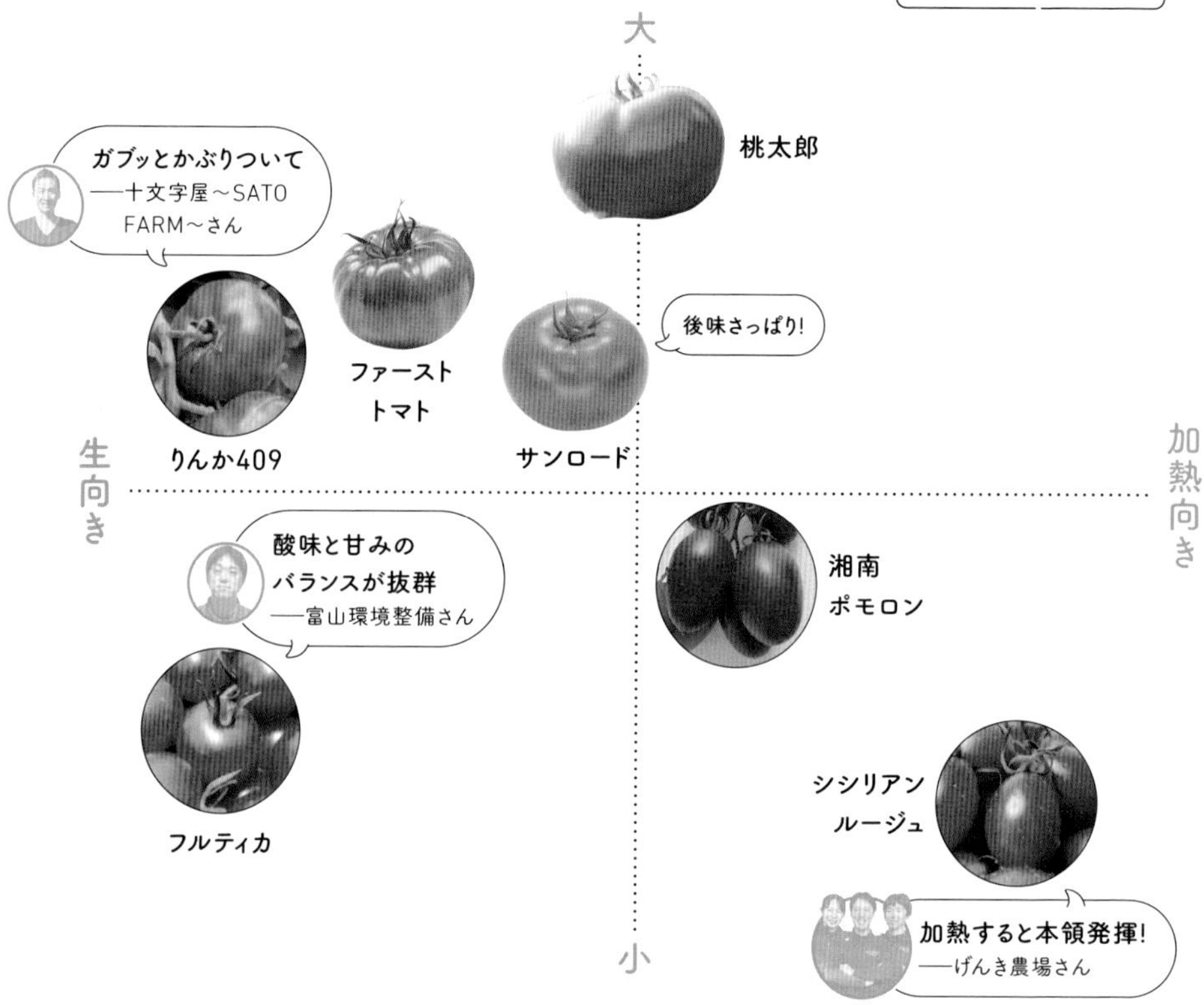

りんか409
とろりとした食感で生でも食べやすく、甘みも強くて、まるで果物のようなトマト。

ファーストトマト
トマトらしいさわやかさや酸味があり、果肉はしっかりめ。とがったお尻が特徴です。

サンロード
酸味と甘みがともに強く、濃厚で味わい豊か。昔ながらの味が楽しめる品種です。

桃太郎
大玉の中でもビッグサイズ。皮が薄くてほどよい酸味があり、生でも加熱しても美味。

フルティカ
ミニトマトよりもやや大きいサイズ。酸味が少なくて甘みがあり、果肉はなめらか。

湘南ポモロン
日本とイタリアのトマトのいいとこどりした品種。果肉感がありフルーティーな味わい。

シシリアンルージュ
イタリア発の品種。楕円形で、豊富に含まれるうまみ成分は加熱すると凝縮されます。

この種類だからおいしい！

生産者直伝の食べ方

「湘南ポモロン」は うまみ成分が豊富で 焼くのが正解！

トマトを食べやすく切り、切り口を下にしてフライパンに入れ、焦げ目がつくまで両面じっくり焼きます。オリーブオイルと塩をかけてどうぞ。

グルタミン酸を多く含むトマトは、加熱すると格別の味に
——ベジアート土屋トマトファクトリーさん

カラフルトマトのアヒージョは ビジュアル最高

色とりどりのミニトマトを、まるごとオリーブオイルに入れてくつくつ煮るだけ。好みで魚介やソーセージを加えたり、コンソメで味つけしたりしても。

彩り豊かな一品に。残ったオイルはパスタに使っても
——那須高原こたろうファームさん

ミニトマト

生向き ⋯⋯ 加熱向き

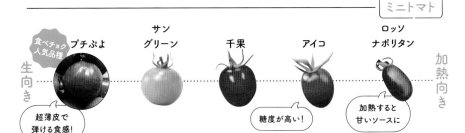

食べチョク人気品種 プチぷよ

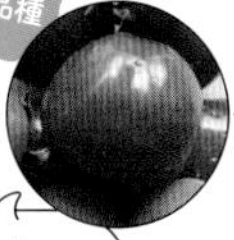

超薄皮で弾ける食感！

サン グリーン

千果

アイコ

糖度が高い！

ロッソ ナポリタン

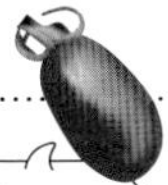

加熱すると甘いソースに

プチぷよ
薄い皮とぷよぷよとした弾力ある果肉はまるでさくらんぼ。甘みとほどよい酸味もあり。

サングリーン
きれいな黄緑色で、果肉は肉厚でサクサク食感。すっきりとさわやかな甘さがおいしい。

千果
鮮やかな赤色につやのある見た目。安定して糖度が高くほんのりとした青さもあります。

アイコ
肉厚でゼリーが少なく、果汁が飛び散りにくいミニトマト。生でも加熱しても◎。

ロッソナポリタン
イタリア発の品種。うまみと甘みが強く、含まれる水分が少ないので、加熱調理向き。

貯蔵技術の向上により
じゃがいもの
甘みとうまみがアップ

じゃがいも

コロッケにはホクホクの「男爵」、肉じゃがには煮くずれしにくい「メークイン」と、ほぼ二択だった時代は昔。食感も色も、続々と新しい品種が生まれています。また、貯蔵技術の向上によって甘みもうまみも増し、選ぶ楽しみも、食べる楽しみも広がってきました。ぜひ、じゃがバターでその違いとおいしさを感じてみてください。ところで、じゃがいもといえば新じゃがも人気ですが、北海道での旬は春ではなく8～10月。香りよく、みずみずしいそのおいしさは、意外と長期間楽しめます。

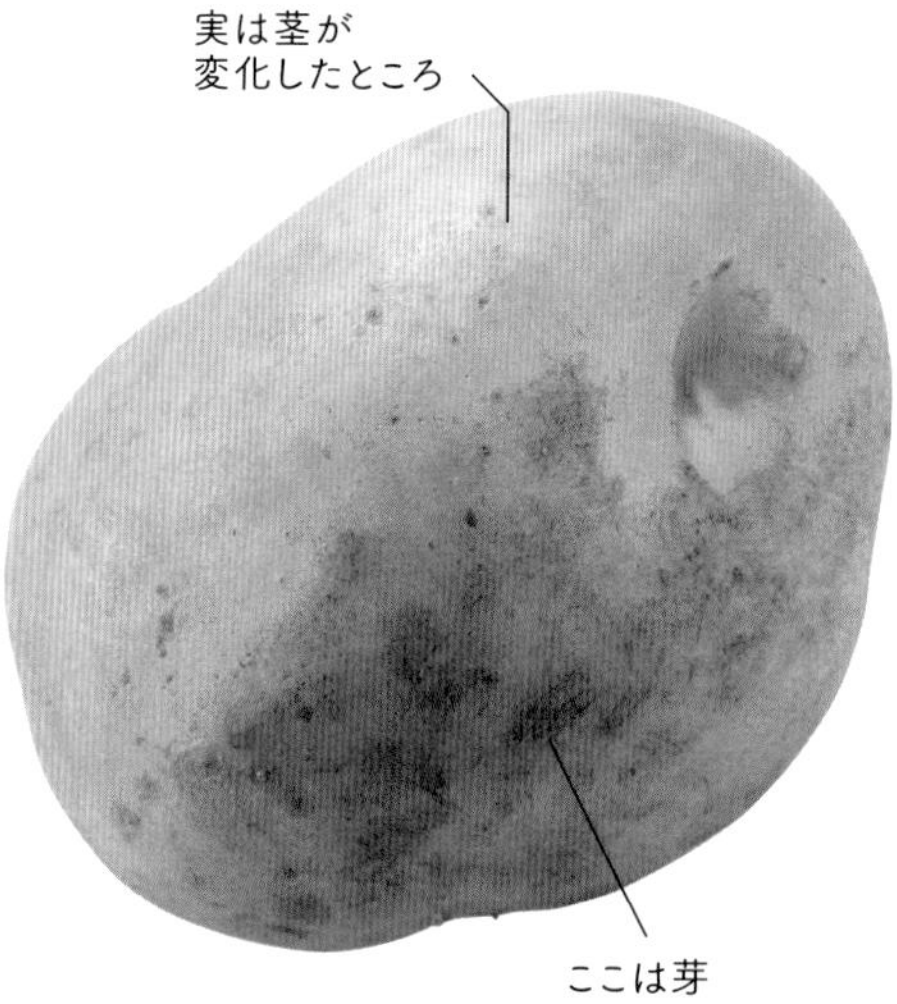

下処理は…

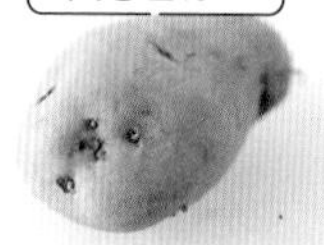

じゃがいもの芽や皮が緑がかったところには、ソラニンという毒が含まれていて、食べると中毒症状が起こることがあります。しっかり取り除きましょう。

ここも捨てないで!

新じゃがの皮は薄くてやわらかいので、そのまま食べられます。よく洗ってむかずに調理しましょう。

DATA

原産地：
南アメリカ
日本に伝来：
安土桃山時代

旬

通常のじゃがいもは長く貯蔵できるので通年出回っています。収穫時期は大きく2期に分けられており、北海道や関東地方などでは7~11月、九州地方などでは11~翌1月に収穫されます。新じゃがいもは貯蔵せず、4~6月に出荷されます。

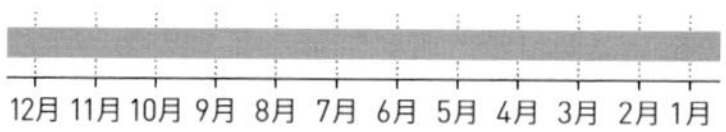

見分け方

ふっくらと丸く、表面に傷がないものを選びましょう。また、新じゃがいもは皮が薄いものが新鮮です。皮がやわらかくしなびたように見えるもの、表面が緑がかっているものは避けましょう。

こんなふうに食べてます! そのままおいしい食べ方

じゃがバターがやっぱりおいしい!

じゃがいものおいしさをストレートに味わえるのが、じゃがバターです。ホクホクに仕上げるなら、切り目を入れて蒸す一択。塩を振ると甘みが増します。

醤油もイケますよ
――樫村ふぁーむさん

まるごとフライはじゃがいもの味が生きる!

あじフライはあじだけ、えびフライもえびだけ。だったらひき肉や玉ねぎを混ぜないじゃがいものフライもおいしいはず! ということで、ゆでたじゃがいもに衣をつけて揚げてみたら、大正解でした。

いろいろな品種で味比べしてみてください
――岡山やまおか農園さん

栄養

野菜の中では糖質が多めですが、エネルギー量はご飯の半量ほどと低め。ビタミンCが豊富で、免疫力を高めたり、細胞の老化を防ぐ働きが期待できます。体内の塩分を調節する働きがあり、むくみや高血圧を予防するといわれるカリウムも多く含まれています。

保存方法

芽が出ないように日光を避け、風通しのよい冷暗所で保存を。ただ、暑い時期は冷蔵庫の野菜室で保存するほうがよいでしょう。新じゃがいもも同様ですが、風味が落ちやすいので早めに食べきりましょう。

ホクホクとしっとり、どっちが好き?

じゃがいもチャート

加熱後の食感のバリエーションが広いじゃがいも。料理によって使い分けるには?

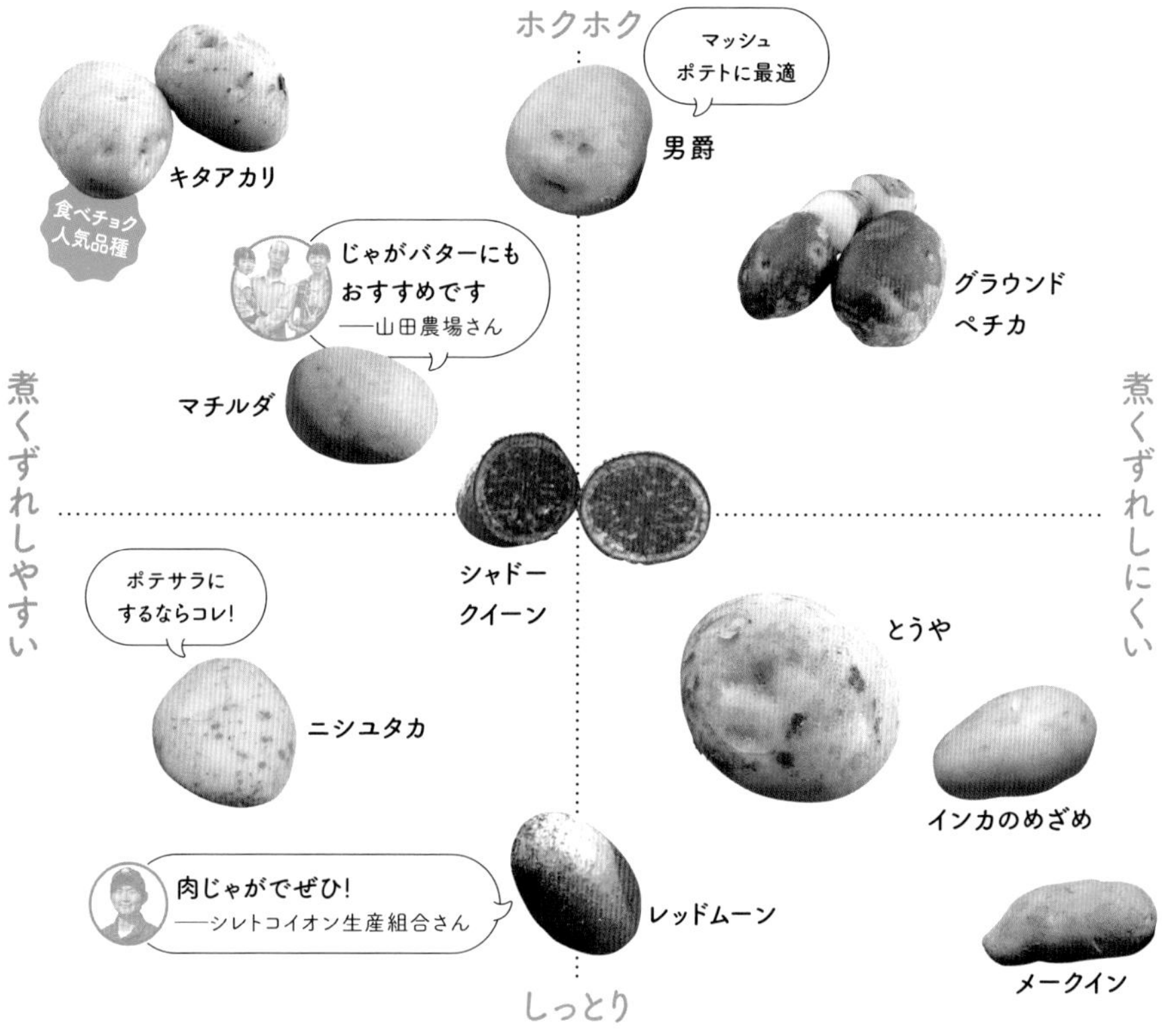

シャドークイーン
皮は黒ずんだ紫色ですが、中は美しい紫色。甘みが強く、さつまいもに似た食感です。

キタアカリ
水分が多く、甘みとうまみが強い使いやすい品種。蒸す・煮るなどの料理に合います。

マチルダ
味わいが濃厚で、ホクホクしつつも粘り気があり、煮ても揚げてもおいしい品種です。

男爵
最も一般的。ホクホクしているので、粉ふきいもやマッシュポテトにおすすめです。

グラウンドペチカ
赤紫と黒紫のまだら模様の皮が特徴的で、さつまいもや栗のように甘みが濃厚です。

ニシユタカ
みずみずしく、淡い黄色の品種です。ねっとりしつつ、あっさりとした味わい。

レッドムーン
皮は赤紫色ですが、中は白。甘みがしっかりして、煮込み料理にも向いています。

とうや
まんまるで見栄えのいい大きめの品種ですが、皮は薄く、芽は少なく、皮ごと食べられます。

インカのめざめ
バターのようにねっとりとして濃厚な口あたりです。「幻のじゃがいも」とも。

メークイン
楕円の形が特徴的なメジャーな品種の一つです。中でも肉じゃがにおすすめです。

ニシユタカ画像 ©Mueller's Farm ムラーズファーム

この種類だからおいしい! **生産者直伝の食べ方**

「とうや」は煮くずれしにくいので細切りにしてガレットで

大きくて加熱しても食感がいいので、「とうや」はガレット向き。チーズをかけたり、卵をのせたり、アレンジも楽しめます。

大きいので長めの細切りにできるのも利点です
――樫村ふぁーむさん

「レッドムーン」はポテチにしても美味!

「レッドムーン」はホクホクしていないので、フライにも向いています。食べ出したら止まらない、絶好のおやつ。縁の赤い色もキュートです。色が黄色から薄い茶色に変わってきたら揚げ上がりの合図です。油をきって塩をかけて、どうぞ!

悪魔的なおいしさですよ
――Awaji Nature Farmさん

最初に食べたときの感動は忘れません
――サニタスガーデンさん

注目の商品

「雪室じゃがいも」

雪の中で氷温で貯蔵することで、通常5度前後の糖度が10度超に！ そのメカニズムは、凍ってしまわないように、じゃがいも自身がデンプンを糖に変えるからだそう。雪国だからこそできる、とっておきの甘いじゃがいもです。雪どけの季節になったらチェックしてみましょう。

なじみ深い野菜が
たちまちごちそうに!
甘みを生かした食べ方を

にんじん

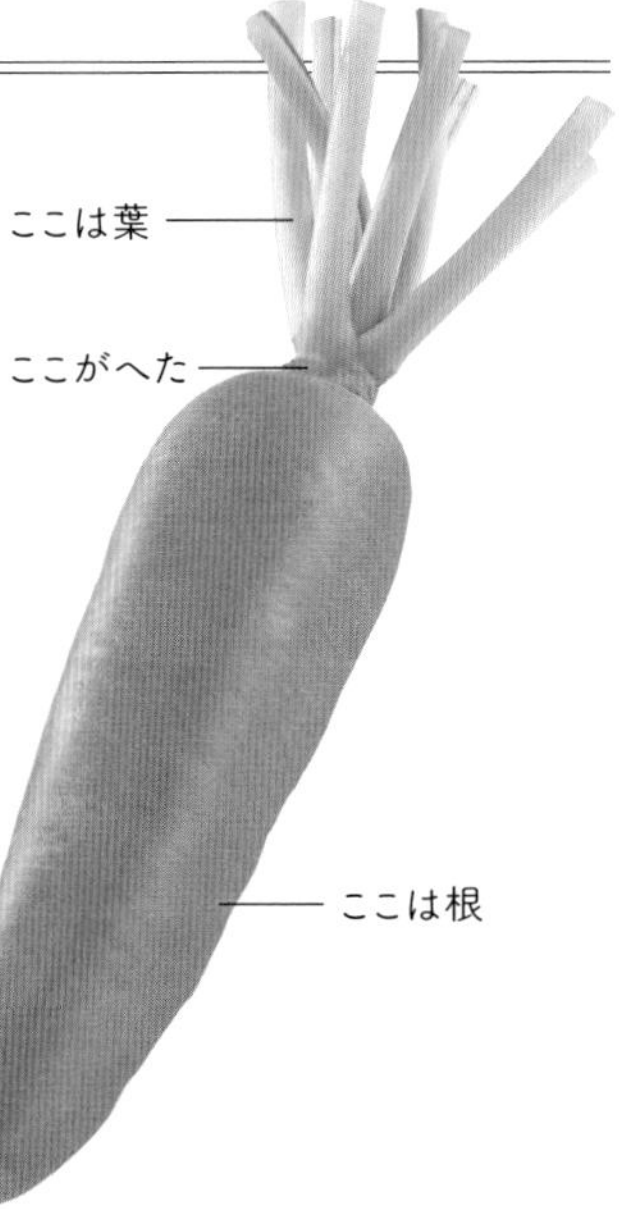

緑黄色野菜の代表格。最近では甘みがあって青臭さの少ない品種が増え、より食べやすい傾向に。じっくり加熱して本来の甘みを生かせば、驚くほどごちそう感がアップします。加熱方法は、ゆでるより焼くのがおすすめ。葉つきは新鮮な証なので、手に入ったら葉っぱもおいしくいただきましょう。アフガニスタン生まれのにんじんは、その後ヨーロッパに伝わった西洋種と、インドや中国に伝わった東洋種の2種類があり、今の日本ではその栽培のしやすさから西洋種が主流になっています。

下処理では…

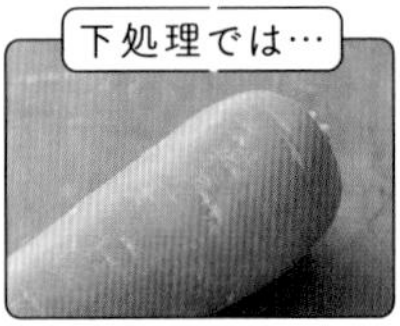

にんじんの皮はとても薄く、出荷前の洗浄の工程でほぼはがれてしまいます。皮に見えるのは表面の劣化によるものなので、気にならない場合はむかずに食べても。

ここも捨てないで!

葉つきにんじんが手に入ったら、葉も捨てずに新鮮なうちに活用を。風味があって栄養も豊富です。

DATA

原産地：
　アフガニスタンが有力
日本に伝来：
　17世紀前半

旬

本来の旬は10～12月頃ですが、4～7月の春にんじん、8～10月の秋にんじん、11～翌3月の冬にんじんと、大きく分けて年に3回の収穫時期があります。今では産地リレーが確立されているため、通年手に入る野菜となっています。

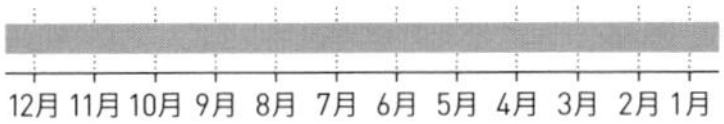

見分け方

色が鮮やかでつやがあり、表面がなめらかなもの、あまり太すぎないものがおいしいです。葉の切り口が太いものは、固い場合が多いので避けるようにしましょう。

こんなふうに食べてます! そのままおいしい食べ方

カラムーチョとあえて甘みが引き立つ!

「カラムーチョ」と同じくらいの細さに切ったにんじんとマヨネーズをあえ、食べる直前にカラムーチョを加えて混ぜるだけ。

> にんじん嫌いな人でも
> 食べられちゃいます
> ──武ちゃん農場さん

すりおろして米と一緒に炊くだけ

少し固めに炊いてピラフのような仕上がりにするのがおすすめです。好みでオリーブオイル、塩、こしょうで味つけを。お米1合ににんじん1本が目安。

栄養

キャロット（にんじん）という名前の由来にもなっているように、β-カロテンが豊富な緑黄色野菜の代表格。体内でビタミンAに変わり、目の粘膜や肌にうるおいを与えたり、体の抵抗力を高めたりする働きが期待されています。β-カロテンは表面付近に最も多く含まれるので、なるべくむかずに食べるのがおすすめ。

保存方法

湿気と乾燥を防ぐために新聞紙などに包み、風通しのよい冷暗所で常温保存を。暑い季節は冷蔵庫の野菜室が望ましく、できれば立てて保存しましょう。葉つきのものは、すぐに使わない場合は葉と根を分けて保存して。

にんじんの種類

長さや色がいろいろ！
甘みや香りも
変わってきます。

大長にんじん

長さ60〜70cmもある細長い形状で、古くからある品種。地面の栄養をしっかり吸収しており、味が濃く香り高いにんじんです。

三寸にんじん

品種改良によって生まれた、長さ10cm程度の小ぶりのにんじん。ころんとした丸みのあるかわいらしいフォルムが特徴です。

五寸にんじん

にんじんと聞いて思い浮かべる、最も流通の多い代表種。名前の通り15〜20cmほどの長さで、鮮やかなオレンジ色です。

香りがよく、
生でもポリポリ
食べられます

金時にんじん

東洋種の一つで、「京にんじん」とも呼ばれるもの。濃い朱色で細長く、特に関西ではおせちなどの正月料理に使われます。

島にんじん

東洋種で、暑さに強い沖縄の伝統野菜。黄色がかった色をしており、長さは30〜40cmほど。食べるとさわやかな香りが広がります。

甘みと香りが強いです
——食べチョク 鈴木

ミニにんじん

品種改良して作られた小さめのにんじんで、長さは5〜10cmほど。サイズを生かして、葉つきのまま切らずにそのまま使っても◎。

白にんじん

あっさりしていて特有の臭みも少なく、食べやすい種類。華やかな香りで、やさしいホワイトカラーはいろいろな料理に使えます。

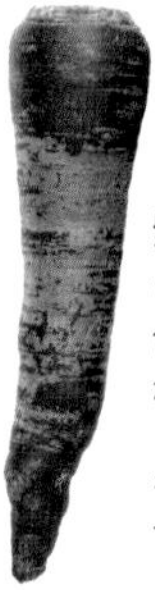

紫にんじん

さつまいものような紫色で、ポリフェノールが豊富。「黒にんじん」とも呼ばれます。彩りを生かしてサラダにしても。

金美にんじん

こちらも東洋種のにんじん。やわらかな肉質で上品な甘みがあり、きれいな黄金色が料理を引き立ててくれます。

この種類だからおいしい！ 生産者直伝の食べ方

「五寸にんじん」は まずはじっくり焼いて

大きめに切ってステーキに。フライパンでじっくり焼くことでより甘みが引き出されます。おなじみのにんじんがごちそうになる食べ方です。

甘みも栄養も
ギュッと凝縮！
──武ちゃん農場さん

「ミニにんじん」を 葉つきのまま 天ぷらに

揚げることで実と葉の甘みが増します。揚げるときに葉が広がるようにすると、さらに見栄えがアップ。

カラフルでおしゃれに
──食べチョク 登録生産者さん

葉っぱが ふりかけに変身

葉つきのにんじんが手に入ったら、葉と根を分けて保存しておくと◎。葉は、電子レンジで加熱して乾燥させれば、風味豊かなふりかけに。味つけは好みでどうぞ。

葉も捨てずに活用を
──エシカルベジタブルスさん

収穫時期によって
味が異なる
1年中欠かせない
常備野菜

玉ねぎ

実か根と思いきや、食べているのは葉。玉ねぎが日本に定着したのは明治時代以降で、戦後、食生活の洋風化に伴って需要が拡大しました。収穫時期によって2月末からの極早生《ごくわせ》、5月末までの早生《わせ》、6月以降の中生《なかて》、晩生《おくて》に分けられ、極早生と早生が新玉ねぎ。辛みが少なく、みずみずしい味わいは、春の味覚として人気です。ちなみに、玉ねぎは加熱すると糖度が上がりますが、最も糖度が高いのが晩生。料理に深みを出してくれます。ただし、辛みも強いので、辛み抜きは必須です。

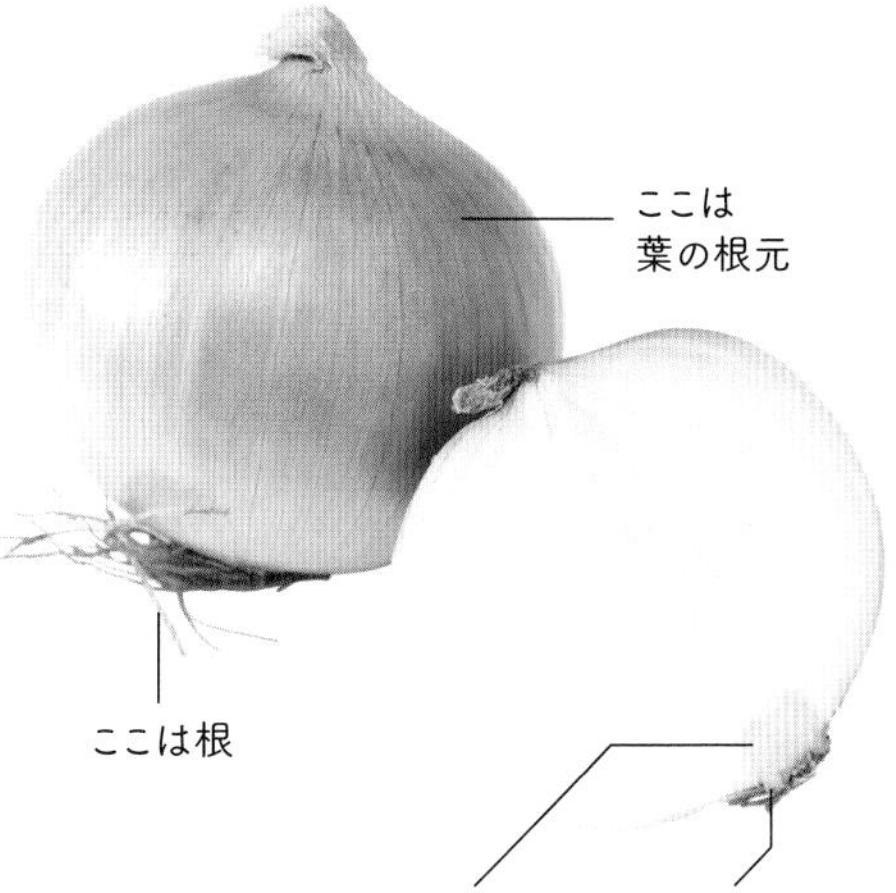

皮を乾かしたあと
粉末にし、だしとして
味噌汁に使っても!
——淡路島ほっこり
ファームさん

ここも捨てないで!
玉ねぎの皮にはポリフェノールがたっぷり！ 洗って乾燥させたあと、水で煮出すと健康茶になります。

DATA
原産地：
中央アジア
日本に伝来：
江戸時代末期

旬

北海道では夏から秋、淡路島をはじめとする西日本では春から収穫され、長期貯蔵できるため通年出回っています。極早生・早生種を収穫してすぐに出荷する新玉ねぎに関しては、2月末~5月末が旬になります。

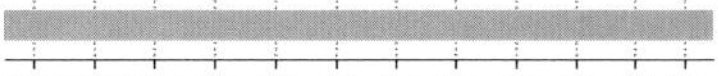

見分け方

通年出回っている茶色い一般的な玉ねぎは、表面の皮が乾いていて光沢があり、全体が固く、重量感があるものを選びましょう。新玉ねぎは表面が乳白色で光沢があり、カビなどがなく、重いものが良品。葉つきがあったら、ぜひ買ってみてください。

こんなふうに食べてます! そのままおいしい食べ方

好きな食べ方は、
玉ねぎのステーキ
──HopeWill 淡路島さん

玉ねぎは なんといっても 醤油との相性が抜群!

皮をむいて5㎜厚さくらいの輪切りにして焼いたら、仕上げに醤油をひと振りするとそれだけでgoodなおかずやおつまみになります。焼き加減はお好みでどうぞ。

甘くてジューシーですよ
──淡路島ほっこりファームさん

新玉ねぎは 水にさらさず 生で食べるのが王道

新玉ねぎは縦にスライス。水にさらさずにそのままかつお節とポン酢をかけるのがおすすめ。もちろんサラダに入れてもよし！

栄養

玉ねぎのツンとする辛み成分・硫化アリルには、免疫力アップや血液サラサラ効果、がん予防などの健康効果があるといわれています。硫化アリルは水溶性なので、辛みを抜きたいときは水にさらすのではなく、空気にしばらくさらすと効率よく摂取できます。

保存方法

湿気と日差しを避け、風通しのよい涼しい場所で常温保存を。カットしたものはラップで包み、冷蔵室に。また、水分量が多い新玉ねぎは新聞紙に包んで冷蔵庫の野菜室に入れ、2～3日で食べきりましょう。

カットして冷凍保存も便利です

おすすめの保存方法

みじん切りや薄切りにして冷凍しておくと、便利。使いたい分だけ解凍せずに使えるうえ、加熱時間が短くなり、あめ色玉ねぎも簡単に作れます。

「紫玉ねぎ」はマリネ

辛みが少ないので、みじん切りにして砂糖少なめの甘酢に漬けてマリネにして保存。肉やサラダ、納豆にかけても美味。食感と栄養がアップします。

紫色がポイントになり、見栄えもよくなります
──食べチョク 大嶋

「葉つき玉ねぎ」は青い部分でねぎ焼き

青い部分はめっちゃやわらかいので、美味。ねぎ焼きのほか、ヌタにしてもいいですよ。

うちの新玉ねぎは葉つきで出荷しています
──淡路島ほっこりファームさん

玉ねぎの種類

大きさや色、食感も多彩。使い分ける楽しさがあります。

下は玉ねぎ、上は長ねぎとしても使えてお得です
──ユーザー 佐藤千秋さん

ペコロス

直径3～4㎝ほどの小さい玉ねぎで、「小玉ねぎ」とも呼ばれます。糖度が高いのが特徴で、まるごと煮込み料理やピクルスにしても美味。

紫玉ねぎ

表面が赤紫色の品種で、辛みが少ないのが特徴。この色は、ポリフェノールの一種の「アントシアニン」。強い抗酸化作用が期待できます。

葉つき玉ねぎ

葉がついたまま出荷される新玉ねぎ。葉は普通の長ねぎのように使えるうえ、長ねぎよりやわらかく、歯切れがいいのも利点です。

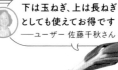

主役にも名脇役にもなって
まるごと食べられる!
時期による違いも楽しい

キャベツ

ロールキャベツのような主役にも、揚げ物に添えてあるせん切りのような名脇役にもなれるキャベツ。アブラナ科に属し、じつは白菜や小松菜、ブロッコリーなどの仲間です。通年手に入る野菜ですが、時期によって質感が異なり、春にはやわらかくてみずみずしく、冬には固くしっかりとした食感になります。食べられない部位はなく、つい捨ててしまいがちな外葉、そして最も甘みのある芯まで食べ尽くしましょう。ちなみにキャベツのせん切りも、食べ方によっては堂々の主役になれますよ。

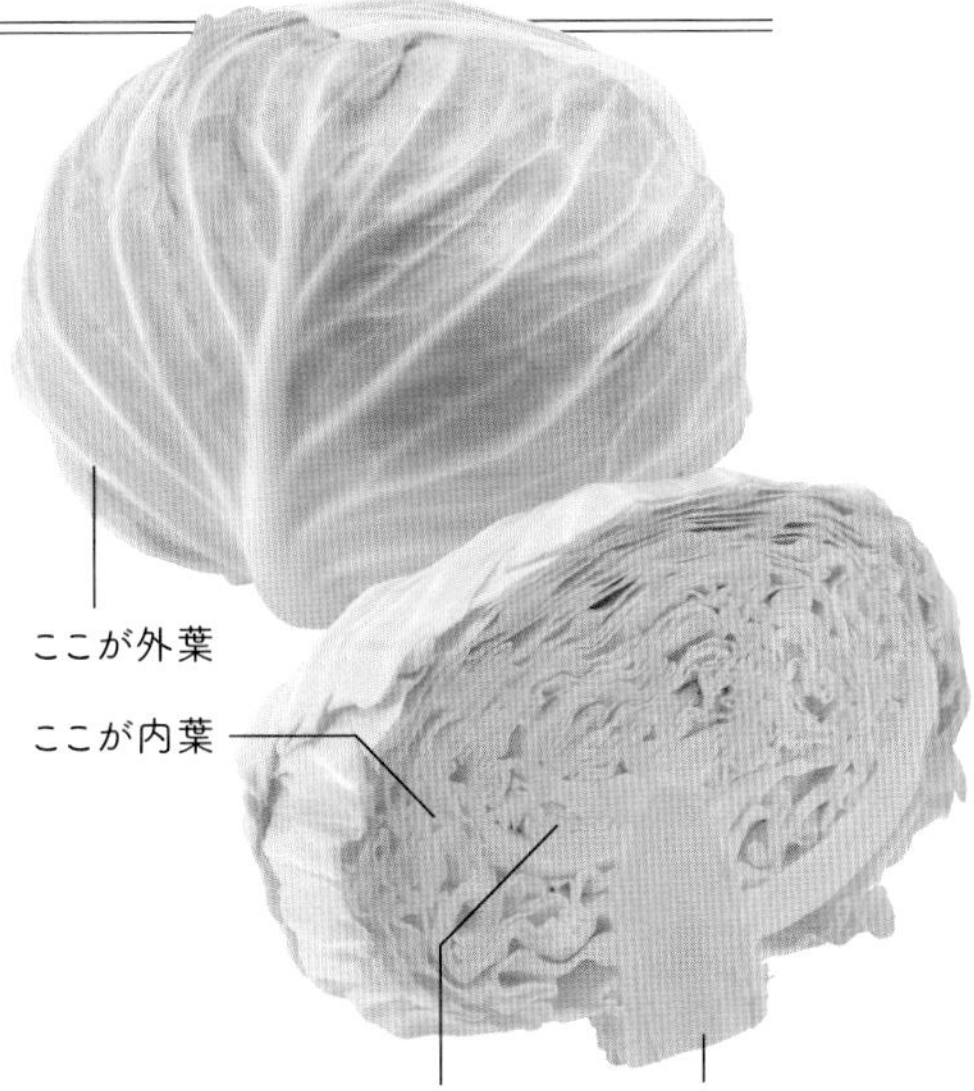

せん切りは…

ふんふわ感を出したいときは繊維を断って、シャキシャキさせたいときは繊維に沿って切って。水にさらすとシャキッと感がアップします。

ここも捨てないで!

芯には甘みがあるので、こまかくするなどして料理に加えて。一番外の葉も食べられるので活用を。

DATA

原産地：
西ヨーロッパ
日本に伝来：
18世紀頃

旬

大きく分けて年に3回の収穫時期があり、1年中出回っています。4~6月に出回るものはいわゆる春キャベツで、6~10月の夏キャベツには長野県や北海道などの冷涼地で作られるものが多く、11~翌3月に収穫されるものは冬キャベツと呼ばれます。

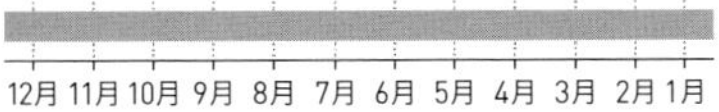

見分け方

夏や冬に出回るキャベツは、巻きがしっかりとしていて外葉の緑が濃く、持ってみるとずっしりと重いものが美味。春キャベツは反対に、巻きがゆるやかで軽いものを選びましょう。

こんなふうに食べてます! そのままおいしい食べ方

チーズと一緒にこんがり焼いて

半分に切ったキャベツをサッと焼いたら、チーズと一緒にこんがりするまで焼きつけます。仕上げにカリカリベーコンを散らすと最高!

やわらかい春キャベツでぜひ!
──ワダケン(リアルソイルハウス)さん

せん切りを鍋にたっぷり加えて

鍋の具といえば白菜ですが、せん切りキャベツをたっぷり加えてみてください。だし汁にサッとくぐらせて、ポン酢醤油をつけて食べるだけでも美味。

キャベツの甘みが楽しめます
──川口農園さん

旬ごとの味の特徴

冬キャベツ

葉は固くて厚く、巻きもしっかりしています。煮くずれしにくく、煮物や汁物など加熱料理向きです。

夏キャベツ

巻きはしっかりめで厚みがありながら、みずみずしさもあるバランス型。高原キャベツが代表的です。

春キャベツ

巻きがゆるく、葉は薄くてやわらかいのが特徴。みずみずしさもあり、サラダなどの生食に向いています。

キャベツの仲間

じつはあれもこれも
キャベツの仲間。
個性があります。

生のまま
サラダにしても

ケール

キャベツの原種。栄養豊富なことから「野菜の王様」といわれ、青汁によく使われます。独特の苦みがありますが、冬に甘みがアップ。

ちりめんキャベツ

葉がちりめん状に縮れており、冬の寒さで糖度が増します。フランスのサボイ地方で作られていたことから「サボイキャベツ」とも。

紫キャベツ

鮮やかな紫色で、普通のキャベツよりもポリフェノールが豊富です。色味を生かしてサラダなどに使えば、彩りのよい一品に。

グリーンボール

楕円形であるキャベツに対し、ボールのような丸形をしています。キャベツより一回り小さく、葉にやわらかさがあります。

煮込み料理に!

コールラビ

キャベツの仲間で、茎が肥大化したもの。シャキッと食感で、見た目はかぶのようですが、味わいはキャベツの芯に似ています。

プチヴェール

芽キャベツとケールをかけ合わせた品種で、花のような見た目がキュート。甘みがあってクセが少なく、生でもおいしく食べられます。

芽キャベツ

キャベツの変種。普通のキャベツと違い、鈴なりにできるのが特徴です。小さな一口サイズなので、まるごとや半分に切って使って。

栄養

キャベツに含まれる栄養で特徴的なのは、キャベツから発見されたビタミンU（キャベジン）。胃酸の分泌を抑えて胃腸の粘膜を強化・修復する効果が期待でき、胃腸薬にも使われています。ビタミンUは特に芯の周辺に多いので、捨てずに残さず食べたいものです。

保存方法

まるごとの場合は芯をくりぬいて湿らせたキッチンペーパーを詰め、ポリ袋に入れて冷蔵庫の野菜室か冷暗所で保存を。少しずつ使うときは、外側からはがしていくと長持ちします。カットしてあるものは、ついているラップをはがし、ポリ袋に入れ替えるといいでしょう。

見た目は地味ですが、
うまみも香りも、
栄養もたっぷり！

ごぼう

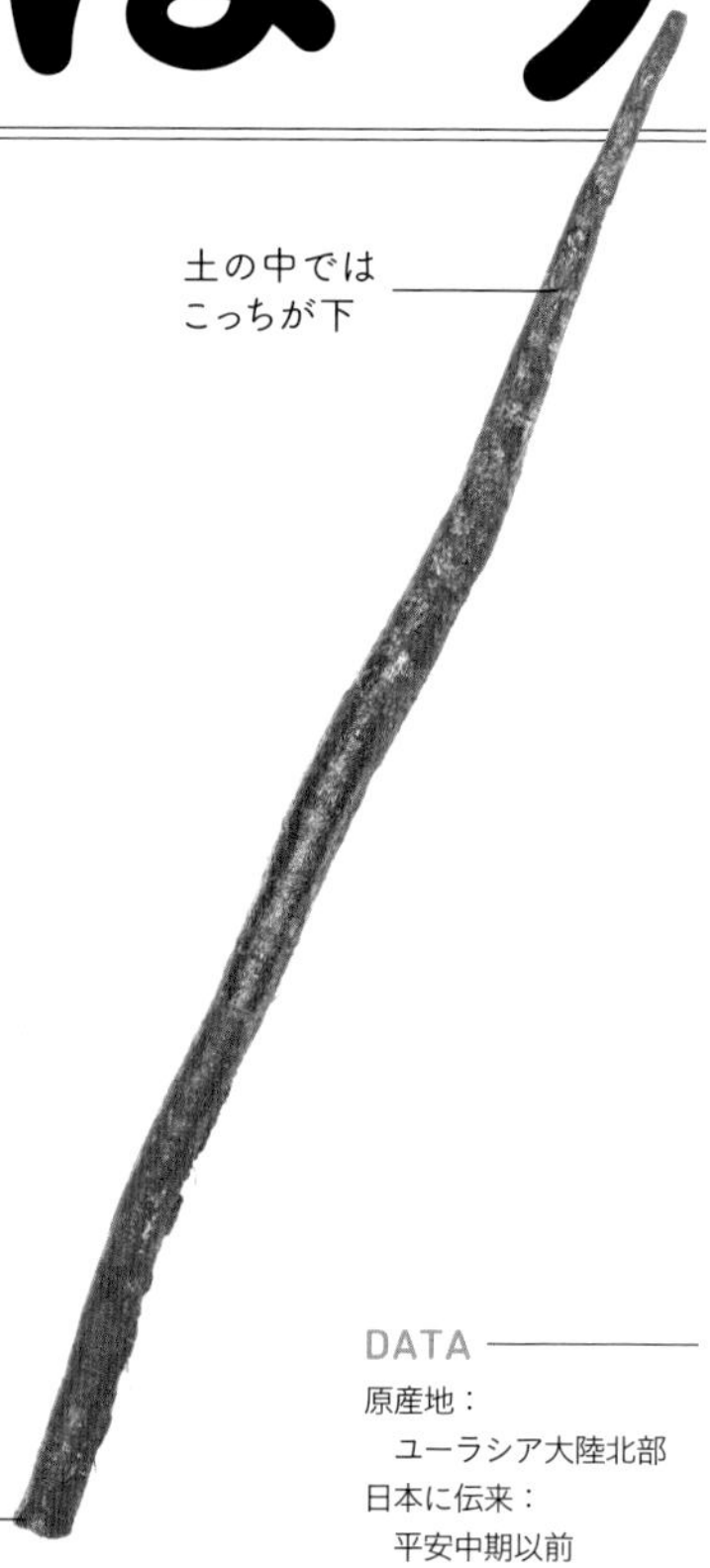

中国からは、消炎や鎮咳《ちんがい》の薬草として伝来したとされるごぼう。その後、食用されるようになり、おせち料理にも欠かせない定番の野菜になりました。ちなみに、ごぼうの根の部分を食用にするのは珍しく、その昔は東アジアに限られていたとか。見た目はちょっと地味ですが、香りとうまみはしっかり。汁物や鍋に使ってもいい味を出し、肉や魚の臭み消しにも重宝します。香りやうまみは皮の近くに多く含まれるので、皮ごと使用しましょう。特筆すべきは食物繊維。その繊維が手軽にとれて味わい深い、ごぼう茶も人気です。

下処理は…

たわしで泥を落とすだけでOK。皮やアクも味のうち。皮をむく必要も水にさらす必要もありません。

DATA

原産地：
ユーラシア大陸北部
日本に伝来：
平安中期以前

泥つきのほうが断然おいしいですよ
──アシストサービス 笹森さん

旬

長期貯蔵できるため通年出回っていますが、収穫時期は秋と春の2つに大きく分けられています。最もおいしいのは11～翌3月の寒い時期に収穫されたものとされていますが、6～7月に出回る新ごぼうも人気です。

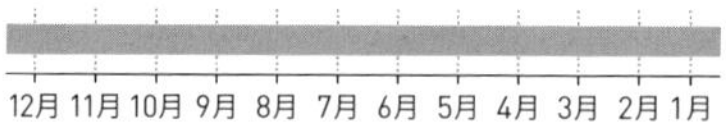

見分け方

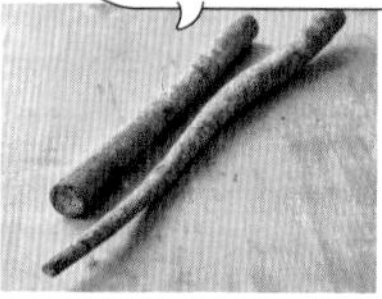

太さが直径2～3cmで、まっすぐなもの、断面に空洞のないものが美味。泥つきで売られているもののほうが風味も鮮度もよく、長持ちします。新ごぼうは太さがまっすぐ均一で、ひげ根が少ないものを選びましょう。

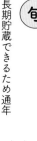

こんなふうに食べてます! **そのままおいしい食べ方**

細切りにして さっとゆがいて サラダにする

細切りにするとごぼうならではのシャキシャキとした食感が楽しめます。サッとゆがいて、ドレッシングとあえるだけでOK。にんじんを混ぜてもいいですね。

サラダにするときは ささがきよりダンゼン細切り
――アシストサービス笹森さん

子どもたちがパクパク食べる 我が家の定番です
――平沢農場さん

片栗粉をまぶして フライドごぼうに

薄切りにして揚げるだけ。低温で揚げるのがコツです。片栗粉をまぶして鶏肉と一緒に揚げて、甘辛いたれにからませてもおいしいですよ。

漬けるときには、漬け汁の中にごぼうが 完全に漬かるようにするとおいしく浸かります
――佐々木香 ガーデンベリー佐々木 佐々木農園さん

栄養

食物繊維が100g中に5・7gと豊富。腸の運動を活発にし、便秘を改善するだけでなく、大腸がんの予防にも効果的といわれています。コレステロールを排出する働きや、血糖値の上昇を抑える働きもあるとされ、糖尿病や動脈硬化といった生活習慣病予防のために積極的に食べたい野菜です。

保存方法

泥つきのものはキッチンペーパーか新聞紙で包み、冷暗所に立てて保存します。泥を落としたものはポリ袋に入れ、冷蔵庫の野菜室へ。

注目の商品

「山ごぼう」

名前には「ごぼう」とつきますが、じつはモリアザミというアザミの一種の根。ポリポリと食感がよく、味噌漬けや醤油漬けがおすすめです。

追熟する

バナナ

**なんと
皮ごと食べられる
バナナも登場**

ここ最近、日本一消費されている果物がバナナ。栄養価にも注目が集まり、2004年にみかんを抜いてトップになりました。99.9%が輸入品ですが、なんと国産も！　まだ青い状態で収穫される輸入品と違い、多くは木の上で完熟するため、甘さもおいしさもひとしおです。さらに、無農薬栽培が多いのもうれしいところ。皮まで食べられる品種も登場するなど、これからの国産バナナの進化が楽しみです。

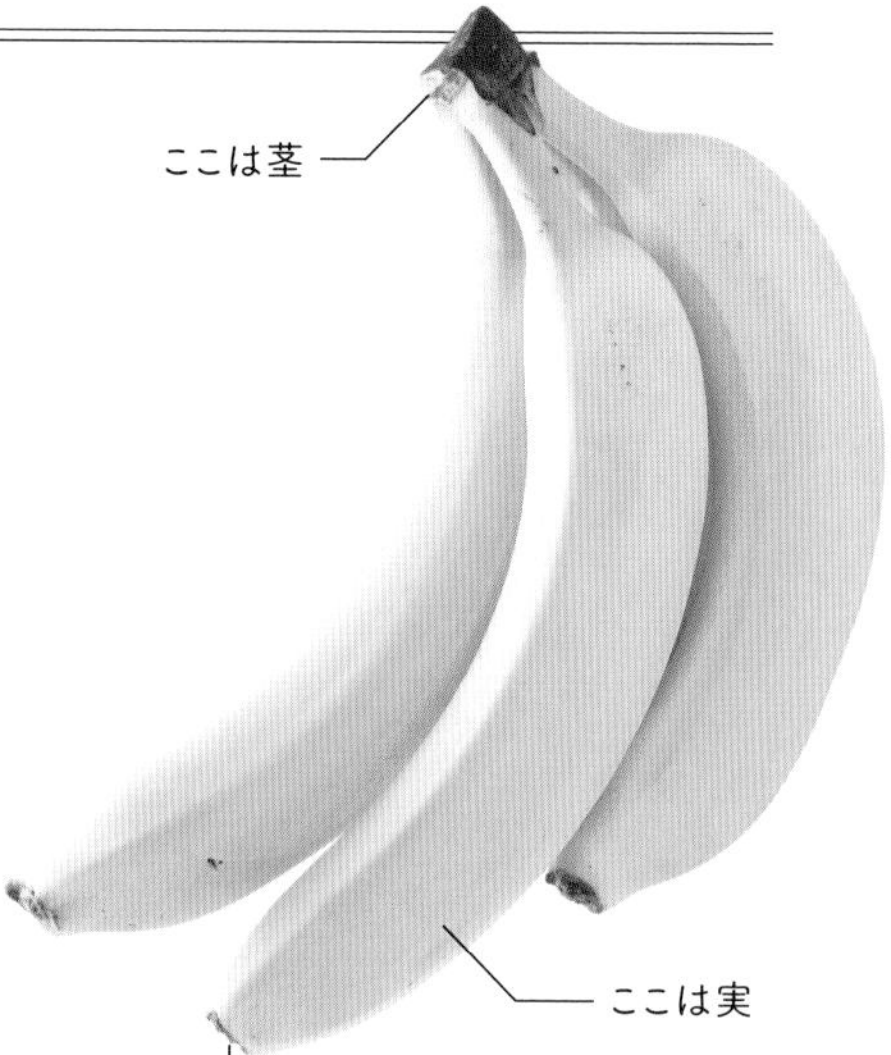
ここに花がついていました

千葉県でも栽培してますよ
──木更津ファームさん

国産バナナも人気です

アップルバナナや島バナナなど、沖縄県や鹿児島県が中心ですが、全国に拡大中。旅先で、お取り寄せで、ぜひ！

DATA

原産地：
東南アジア、熱帯アジア
日本に伝来：明治時代

旬

主にフィリピンやメキシコ、エクアドルといった熱帯地方で育ったものが輸入されており、通年出回っています。ちなみに、数は少ないですが、国内でも栽培されており、旬は9～11月です。

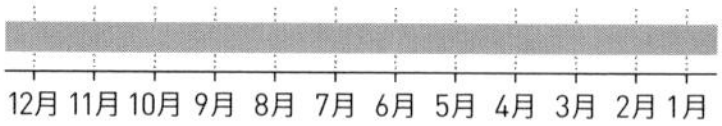

見分け方

つけ根がしっかりとしていて太いもの、実のカーブが大きくはりがあるものが味が濃厚でおいしいとされています。買ってすぐに食べる場合は「シュガースポット」と呼ばれる茶色に斑点が出ているものを選びましょう。また、緑がかった未熟なものは追熟させると甘くなります。

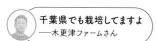

バナナの変化

見た目だけではなく、
注目すべき栄養も
変化していきます。

中はきれいな
バナナ色

完熟バナナ

茶色いシュガースポットが完熟のサイン。甘みが強く、食感はねっとり、香りも強くなります。抗酸化作用のポリフェノールが多く含まれるのもポイント。

よく見かける
バナナです

イエローバナナ

全体的にイエローになると食べ頃に。甘く、濃厚な味わいが楽しめます。食物繊維は減少しますが、その分、体の代謝に関わるビタミンB群が豊富に含まれます。

固い未熟の
状態です

グリーンバナナ

熟す前のバナナ。固くアクも多く、生では食べられません。このあと、茎だけグリーンのグリーンチップバナナになると生食可。食物繊維がたっぷり含まれます。

注目の品種

私が作っている
「きみさらずバナナ」も
皮ごと食べられます
──木更津ファームさん

「皮ごと食べられるバナナ」

皮が薄いだけでなく、農薬などを使用していないため、安心して皮ごと食べられるバナナです。皮に甘みはありませんが、食感がよく、さまざまな栄養成分が含まれるのも魅力的。「バナナは皮ごと食べる！」が当たり前の時代も目の前かもしれません。

生産者だからこそ知っている **おいしい食べ方**

皮ごと冷凍して
栄養満点スムージーに

皮ごと食べられるバナナなら、冷凍してそのままスムージーも可能です。冷凍することで繊維がやわらかくなり、実の甘みが皮まで浸透。よりいっそうおいしくなります。

栄養

バナナに含まれる果糖やブドウ糖、ショ糖は消化・吸収されやすく、スポーツをする際や子どものエネルギー補給にぴったり。ビタミンB_6、C、食物繊維のほか、オリゴ糖やポリフェノールも含まれており、便秘改善や免疫力アップの働きが期待されます。

保存方法

低温に弱いので、冷蔵室ではなく常温に置いて保存を。熟すほどに甘味も抗酸化力もアップするので、「シュガースポット」と呼ばれる茶色の斑点が出るまで待ってから食べるのがおすすめです。

Column.1

野菜と果物の保存

保存に適した温度は原産地によって違います

暑すぎず、寒すぎず、快適な気温だと心地いいですよね。野菜や果物も同じ。適温で保存すると長持ちし、逆に苦手な温度だと傷みやすくなります。例えばアフリカ北東部が原産地のオクラは、暑さには強いですが、寒いのは苦手。冷蔵室で保存すると黒くなるのは、寒すぎて低温障害を引き起こしてしまったからなのです。迷ったら、原産地から判断しましょう。また、野菜や果物には熟成を促す植物ホルモン「エチレン」を出すものもあります。例えばトマトとねぎなど、感受度が高いものを一緒に保存すると傷みやすくなるので、注意してください。

・野菜と果物の適温一覧

※貯蔵限界とは適した温度、湿度で保存した場合の目安。

種類	貯蔵最適温度（℃）	貯蔵限界	エチレン生成量	エチレン感受度
いちご	0	7～10日	少	低
オクラ	7～10	7～10日	少	中
枝豆	1	20日	—	—
かぼちゃ	12～15	2～3カ月	少	中
きゅうり	12～15	10～14日	少	高
さつまいも	13～15	4～7カ月	極少	低
トマト（完熟）	8～10	1～3週	多	低
なす	10～12	1～2週	少	中
にんじん	0	3～6カ月	極少	高
ねぎ	0～2	10日	少	高
白菜	0	2～3カ月	極少	中～高
ピーマン	7～10	2～3週	少	低
ブロッコリー	0	10～14日	極少	高
レタス	0	2～3週	極少	高

出典：農学博士 永田雅靖氏による研究『野菜の最適貯蔵条件』より抜粋
参考：カリフォルニア大学ポストハーベストセンター等

春に食べたい
野菜＆果物

食卓にも春を探したくなるこの時季。
ホロ苦い野菜や、みずみずしい野菜、
やわらかい色合いの果物たちに
ワクワクします。

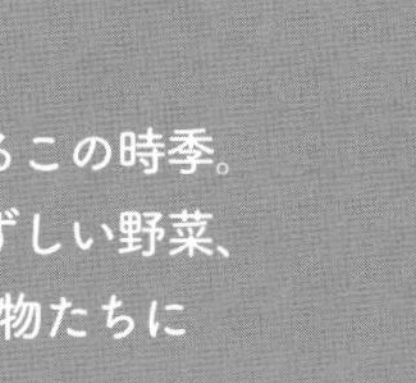

栄養価には
ヒポクラテスも
びっくり!

アスパラガス

古代ギリシャの時代から栽培されていた、アスパラガス。栄養価が高く、「奇跡の治療薬」ともいわれたそう。グリーンとホワイトがありますが、これは栽培法の違い。後者は、光があたらないように盛った土の中で育てられます。日本ではグリーンが一般的ですが、ヨーロッパではどちらかというとホワイト。春の訪れを告げる野菜として、毎年心待ちにされます。どちらもやわらかい穂先が人気ですが、じつはこれは枝。そのまま植えておくと、ここから枝分かれして伸びていきます。

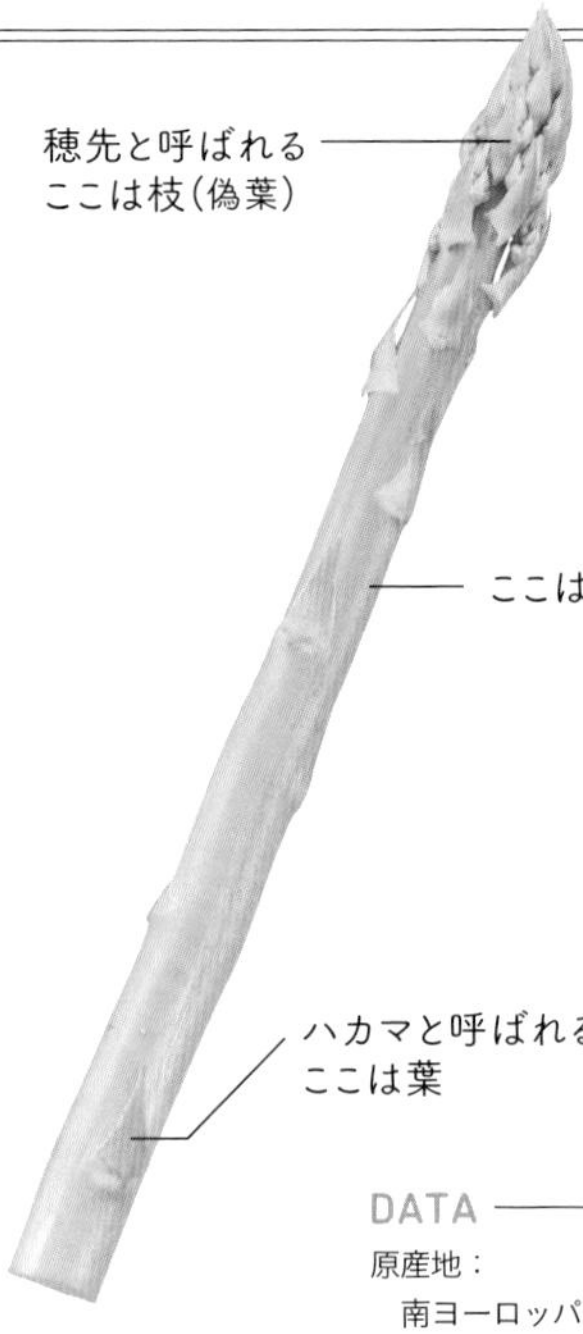

下処理は…

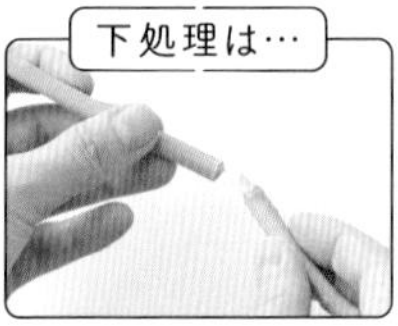

根元の固い部分を取り除きます。固い部分を見分けるには、折るのが簡単。根元と中ほどを持ってしならせると、自然とポキッと折れます。

DATA

原産地：
南ヨーロッパからウクライナ
日本に伝来：
江戸時代

旬

旬は春から夏。生産量の多い北海道や長野県では4〜7月に収穫されます。一方、佐賀県を含む九州地方ではもう少し収穫期間が長く、最近では通年で見かけることもあります。

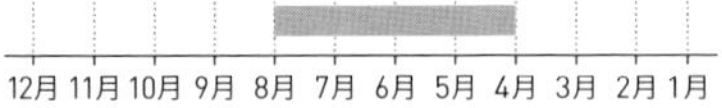

見分け方

緑色が濃く茎が太いもの、穂先がピンとして締まっているものが新鮮です。また、切り口をチェックしてみずみずしいもの、筋っぽくないものを選びましょう。

こんなふうに食べてます！ そのままおいしい食べ方

斜め切りがおすすめです
──食べチョク 鈴木

生のまま塩もみにするとうまみが凝縮

加熱するとどうしてもうまみが逃げるので、閉じ込めるなら生で軽く塩もみがいい。甘みもしっかり味わえます。加熱するなら電子レンジもおすすめ。

アスパラのうまみを感じるなら魚焼きグリル一択

アスパラはゆでてマヨネーズ、という方が多いですが、コンロの魚焼きグリルが一番。焼いてからオリーブオイルと塩をつけると、最もアスパラのうまみが感じられます。

うまくてびっくりしますよ
──YOZE FARMさん

栄養

β-カロテン、ビタミンB、Cが豊富な緑黄色野菜。アスパラガスから発見されたアミノ酸の一種・アスパラギン酸は疲労回復、肝機能の改善に効果的といわれています。また、穂先にはポリフェノールの一種であるルチンが含まれ、血圧の上昇を抑える効果があるとされています。

保存方法

湿らせたキッチンペーパーで切り口を包んで乾燥を防いでからラップに包み、穂先を上にして立てて冷蔵庫の野菜室で保存。食べきれない場合は、固めにゆでてから冷凍するのがおすすめです。

注目の栽培方法

「採りっきり栽培®」

苗の定植から収穫までの栽培期間を約1年に縮めた画期的な栽培方法で、春に採れたて新鮮な太物アスパラガスを味わえます。なんと家庭菜園も可。

生き生きとした緑に
多彩な食感が楽しい

えんどう豆
（絹さや、スナップえんどう、グリーンピースなど）

育っていく過程で食べ方が変わるえんどう豆。若いうちはさやがやわらかいためまるごと食べることができ、成長するとさやは固くなりますが、代わりにまるまると大きくなった実が食べられるようになります。ちなみに、成熟した実を乾燥させると、煮豆や甘納豆に使われる「青えんどう」に。さやごと食べるものは筋取りのひと手間が必要ですが、最近では筋のない品種も登場しています。実を食べるものはプチプチ&ホクホク感、さやごと食べるものは歯ごたえを生かした食べ方がおすすめ。

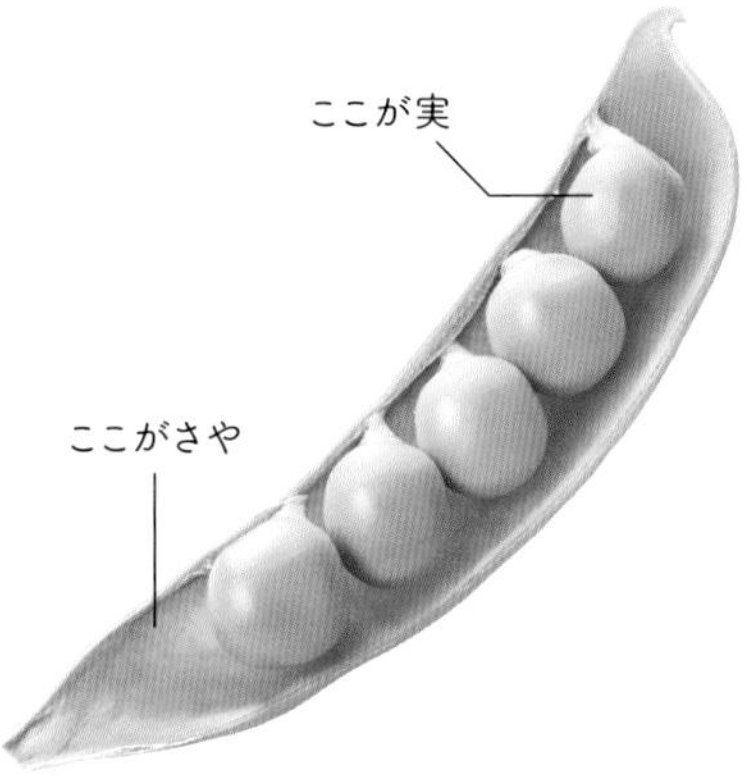

筋取りは…

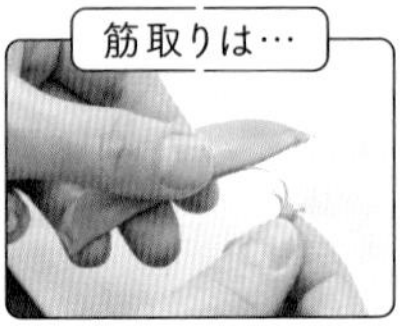

さやごと食べるものは、口に残らないよう筋取りが必要。先端を少しポキッと折って、そのまま下に引っ張ります。反対側も同様に。

ここも使える!

さやも栄養やうまみを含んでいるため、さやを食べない種類でも、だしをとるなど捨てる前に活用を。

DATA

原産地：
中央アジア～中近東
日本に伝来：
9世紀頃

旬

絹さや、スナップえんどう、グリーンピースは、いずれも4～6月が旬。ハウス栽培のものなどで通年出回っていますが、やはり春の時期に収穫される露地栽培ものは味が濃く、甘みが増しておいしくなります。

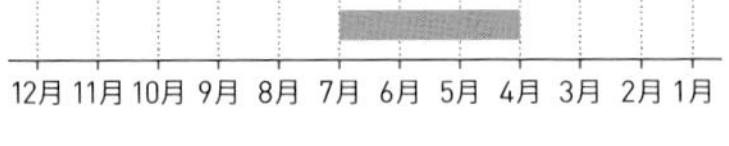

見分け方

絹さやは大きすぎると味が落ちるため、さやが小さく薄めのものが美味。スナップえんどうは白っぽい箇所がない、鮮やかな緑色のものを。グリーンピースはさや入りのもので、ふっくらと丸く、表面に傷がないものを選びましょう。

こんなふうに食べてます! そのままおいしい食べ方

ゆでたグリーンピースを八方だしに漬け、さや、塩と一緒に炊いたご飯と混ぜれば、彩りのよい豆ご飯に。さやから出たうまみも美味!

ゆでグリーンピースの甘みと風味がgood

新鮮なグリーンピースの実を沸騰した湯に入れて、サッとゆでます。水気をきったら、シンプルに塩、こしょうだけでどうぞ。

だしを吸った豆のプチプチ感が楽しいですよ
——よしだのはたけさん

「焼く」のが一番おすすめですね
——ファーム伊達家さん

絹さやは焼いて味噌汁に入れて

絹さやはしっかり焼くことで、甘みがぐっと引き出されるんです。いつもの味噌汁に、甘みとともに香ばしさもプラスできます。

栄養

えんどう豆類は、共通して良質なたんぱく質を含んでいるのが特徴です。さらにグリーンピースは食物繊維が豊富で、野菜の中ではトップクラス。絹さやはビタミンCが豊富で、いちごと同程度の含有量を誇ります。スナップえんどうはβ-カロテン、ビタミンC、食物繊維が豊富です。

保存方法

絹さやは湿らせたキッチンペーパーなどに包んでから、スナップえんどうはそのままポリ袋などに入れて、グリーンピースはさや入りのまま、冷蔵庫の野菜室で保存を。

えんどう豆の種類

えんどう豆は
どこを食べるかで
分類できます。

さやごと食べる

大さやえんどう

長さは10〜15cm、幅は2〜3cmほどもあるビッグサイズ。さやはやわらかく豆は小さめで、食感は絹さやに似ています。

砂糖えんどう

糖度が高くて甘みが強いのが名前の由来。別名「甘ざや」。スナップえんどうよりも皮が薄く、絹さやよりも豆がふっくらしています。

スナップえんどう

グリーンピースを品種改良して生まれたもので、成長した豆の粒感と、肉厚のさやのシャキシャキ食感を同時に楽しめます。

絹さや

豆が小さくさやが若いうちに収穫されたもので、「さやえんどう」とも呼ばれます。平べったい形でやわらかく、食べやすい味わい。

芽を食べる

豆苗

えんどう豆を発芽させた新芽。ぐんぐん成長するので、水につければ再収穫が可能。風味が強く、シャキシャキ食感を楽しめます。

実を食べる

ツタンカーメン

紫色のさやが目印。中の豆は緑色ですが、ご飯と一緒に炊くとピンク色になる不思議な豆。小豆のようなコクのある味わいです。

うすいえんどう

グリーンピースを品種改良したもので、主に関西で食べられます。豆の皮が薄くて実はホクホクとしており、青臭さもありません。

グリーンピース

絹さやをさらに成長させ、完熟前に収穫したもの。加工された実だけが出回ることが多いですが、ぜひさやごと買って風味を楽しんで。

生産者だからこそ知っている **おいしい食べ方**

シャキシャキ食感を
味わってください
――しろハピ農園さん

「スナップえんどう」をフライパンに敷き詰めて焼く

小口切りにしたスナップえんどうをフライパンに敷き詰めて、押さえつけながら焼きつけます。火は通しすぎず、食感を残すのがコツ。最後に塩をぱらりと振って。

特有の食感と
長さを生かして
あらゆる調理法で

さやいんげん

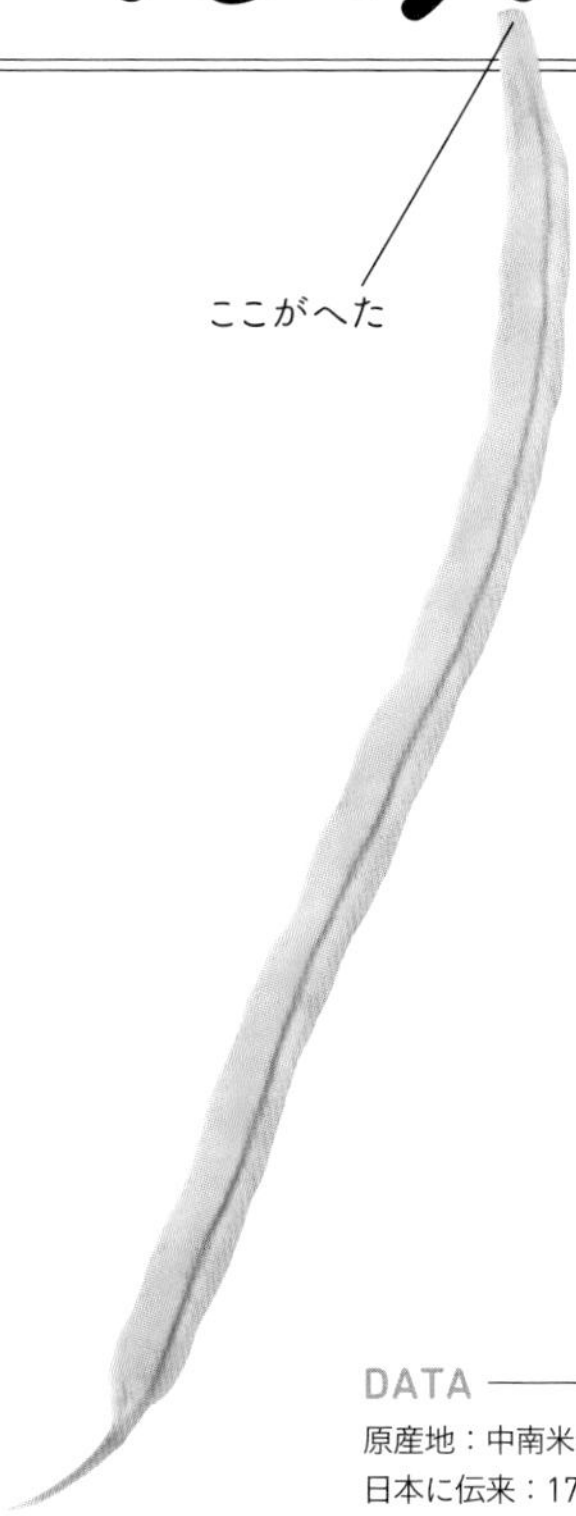

いんげん豆を若いうちに収穫して、さやごと食べるもの。従来から多く出回っているのは「丸さやいんげん」という細長い種類で、最近では、太くて平らな「平さやいんげん」も見られるようになりました。ゆでる、焼く、炒める……あらゆる調理法がおすすめですが、特有のきゅむっとコリコリした食感を生かすために、ほどよい加熱具合にするとベター。長さがあるので、いろいろな切り方を試すのもいいでしょう。ちなみに、実を食べる「金時豆」「虎豆」「白花豆」などもいんげん豆の一種ですが、さやいんげんとは品種が異なります。

下処理は…

端を揃えてへたを 5㎜ほど切り落とします。近年出回っているいんげんは筋のないものも多いですが、もし筋がついている場合は、えんどう豆と同じ要領で両側の筋を取りましょう。

DATA

原産地：中南米が有力
日本に伝来：17 世紀頃

旬

ハウス栽培などで通年出回っていますが、旬は5～9月。千葉県、北海道での生産がさかんです。冬の寒い時期は沖縄県産のものが多く出回ります。

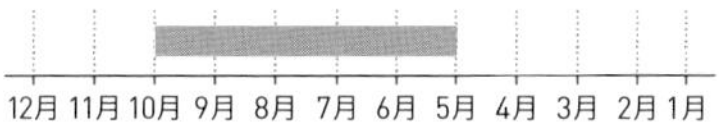

見分け方

さやにはりがあり、緑が鮮やかで、先までピンと伸びているもの、太すぎないものが良品です。表面がでこぼこして豆の形がわかるようなものは、かたくなっていることが多いので避けましょう。

こんなふうに食べてます！ そのままおいしい食べ方

ゆでたさやいんげんを生ハムの塩気だけで

サッとゆでてから切ったさやいんげんを、生ハムでくるりと巻きます。これだけで、彩りもきれいなおつまみができあがり。好みで黒こしょうを振って。

> さやいんげんは歯ごたえを残すとおいしいです
> ――ユーザーくろわっさんさん

こんがり焼いたさやいんげんに粉チーズが合う

さやいんげんは切らずにまるごと使います。フライパンで焼きつけて、粉チーズをたっぷり振って。じっくり焼くことでうまみが凝縮されます。

栄養

良質なたんぱく質のほか、β-カロテン、ビタミンC、カリウム、食物繊維などをバランスよく含んでいます。また、さやいんげんのたんぱく質にはアミノ酸の一種であるアスパラギン酸が含まれており、疲労回復に効果的といわれています。

保存方法

ポリ袋に入れて冷蔵庫の野菜室に保存。低温に弱くしなびやすいので、新鮮なうちに食べきりましょう。生のまま、またはサッとゆでて冷凍しておいても。

この種類だからおいしい！ 生産者直伝の食べ方

「モロッコいんげん」を焼き浸しに

しっかり焼いて甘みを引き出したモロッコいんげんを、焼き浸しに。長めのぶつ切りにすれば、食べごたえがアップします。

豪快にぶつ切りにするのもおすすめ
――よしだのはたけさん

斜め切りにしてベーコン炒めに

歯ごたえが残るよう、ベーコンとともにサッと炒めます。好みで塩で調味して。シャキッと仕上げたい炒め物には、細めの斜め切りが◎。見た目に変化もつきますよ。

注目の種類

平たく大きな「モロッコいんげん」

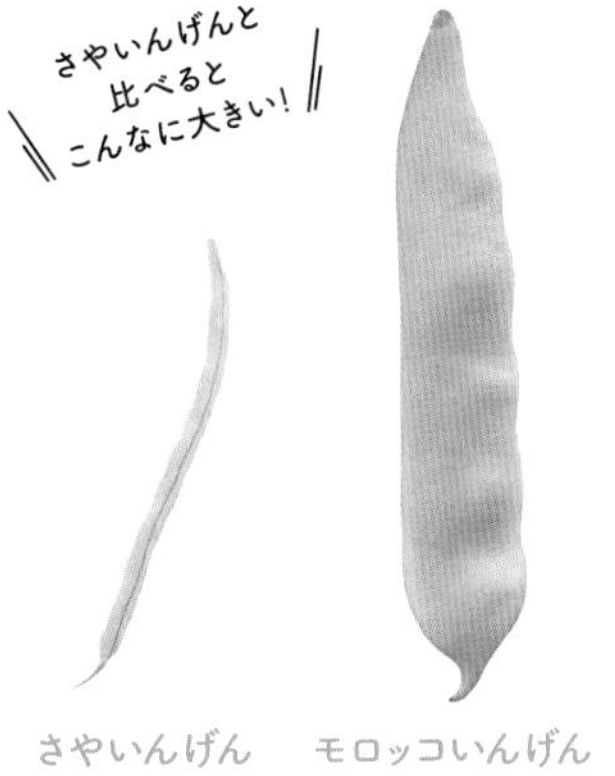

近年人気が高まっているモロッコいんげんは、平さやいんげんの一種。大きくて食べごたえがあり、幅が広くて平らな形状はぶつ切り、斜め切り、せん切りなどいろいろな切り方ができるので、料理に変化がつけられます。

春菊

**関東と関西で食べ方が違う!
香りを生かした
新しい食べ方でどうぞ**

春菊は、地方によって食べ方文化が異なる野菜。関東では香りが強いもの、関西ではクセがないものが多く出回っているため、関東では加熱するもの、関西では生でも食べられるものという認識が強いようです。ちなみに関西では「菊菜」という別名も。また、葉の大きさによって大葉、中葉、小葉に分けられ、関東では小～中葉、関西では中～大葉、関西より西では大葉が好まれる傾向に。鍋のイメージの強い春菊ですが、香りやシャキシャキ食感を生かしてぜひ新しい食べ方を試してみて。

茎は刻んで

葉をつみ取ったあとの茎も食べられます。こまかく刻んだり薄切りにしたりして汁物や炒め物に入れれば、食べやすくなりますよ。

DATA
原産地：地中海沿岸
日本に伝来：室町時代

旬

ハウス栽培によって通年手に入れることができる野菜ですが、本来の旬は10～翌3月。この頃に甘みが増して味わいが濃くなり、葉がやわらかくなります。

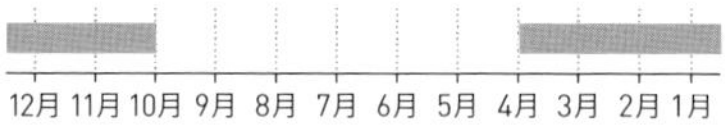

見分け方

葉を見てしおれている箇所がないものが良品です。葉の色が濃く、茎が細めのものが美味。生で食べたい場合は葉が小さめでやわらかいもの、「サラダ春菊」などの表記があるものを選びましょう。

こんなふうに食べてます! そのままおいしい食べ方

サラダ春菊なら
えぐみや苦みが
より気にならない

シンプルサラダで春菊の香りを楽しむ

春菊の葉を生のまま使って、サラダに。ごま油と塩のみのシンプルな味つけで、春菊特有の苦みをやわらげながら、香りを楽しめる一品です。

食べやすく使いやすいペースト状に

バジルの代わりに春菊を使って、いつもと違ったジェノベーゼソースに。パスタや炒め物に入れたり、肉や魚料理にかけたりといろいろ使えます。

葉だけで作ると舌触りのよい仕上がりに
——三島ファームさん

栄養

β-カロテン、ビタミンCが豊富な緑黄色野菜。骨や歯を強化するカルシウムやビタミンK、貧血を予防する鉄のほか、カリウム、食物繊維なども含まれています。濃い緑色はクロロフィルという色素で、抗酸化作用や炎症を鎮める働きがあるといわれています。

保存方法

湿らせた新聞紙で包んでポリ袋に入れ、冷蔵庫の野菜室で保存を。ただ、鮮度が落ちやすいため、買ってきたらなるべく早く食べきるようにしましょう。

そら豆

風味と濃いうまみを生かしてシンプルに焼くのがベスト

春の味覚・そら豆は、成長の過程でさやが空に向かって伸びることからこのように呼ばれます。ゆでて食べるのが一般的ですが、おすすめは断然焼きそら豆。さやごとグリルに入れるだけだから簡単で、さやの中で蒸された実は味が濃くて風味も最高です。また、さやの内側にあるふわふわとしたわたには、実を寒さや乾燥から守る役割があります。それはまるで赤ちゃんとそれをくるむお布団。加熱すると食べることができ、凝縮された甘みがあるので、焼きそら豆を作ったときのお楽しみに。

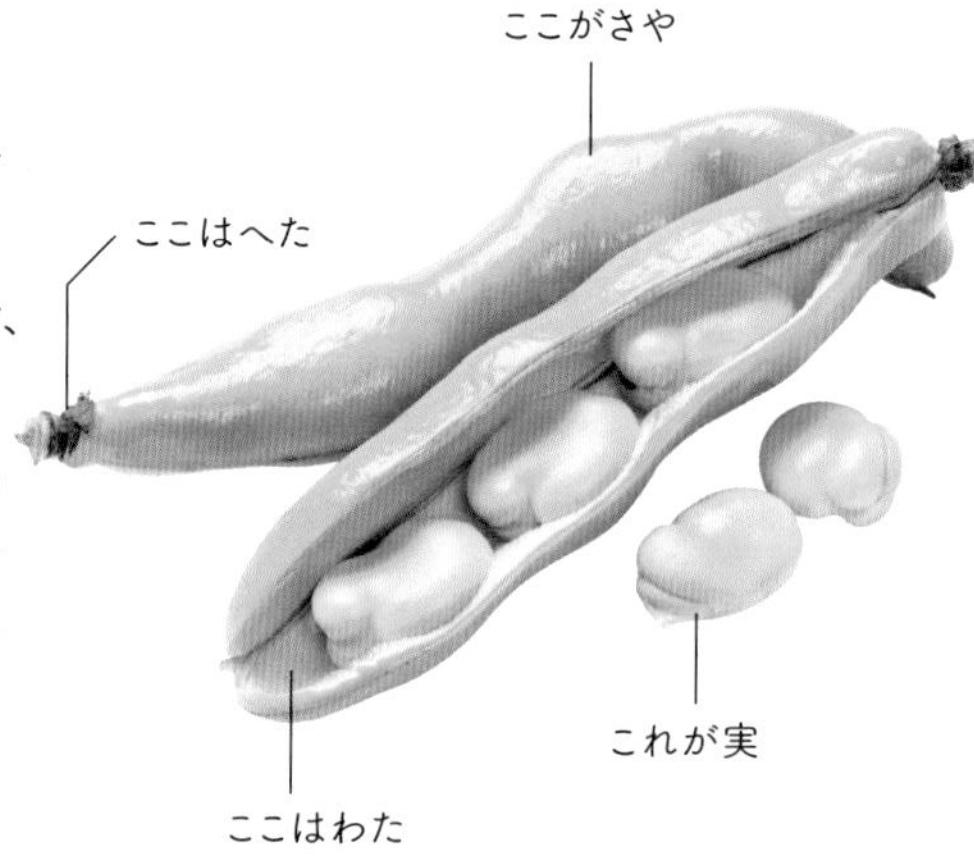

ここも捨てないで!

実についている薄皮は、お歯黒と呼ばれる黒い筋の裏側に爪を立てるとスムーズにむけます。鮮度のよいそら豆なら、薄皮ごと食べることもできますよ。

DATA

原産地：
北アフリカが有力
日本に伝来：
奈良時代が有力

旬

3～5月に旬を迎えます。生産量第1位の鹿児島県では12月頃から出荷されています。はしりの時期はみずみずしくてやわらかく、名残の時期のものは皮が厚く、ほっこりとした食感に。

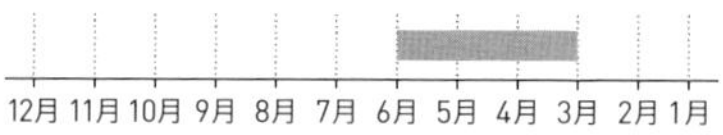

見分け方

むき身よりも、なるべくさやつきのものを選びましょう。さやが鮮やかな緑色ではりとつやがあり、外から見てもふっくらとした形をしていて、実の粒が揃っているように見えるものが良品です。

こんなふうに食べてます! そのままおいしい食べ方

じつは一番おいしいのがわたなんです!
——しろハピ農園さん

焼きそら豆にして素材を味わい尽くす

そら豆をさやごとグリルなどで焼いて、塩を振るだけで絶品。実だけではなく、さやについたわたまで余すことなく食べましょう。

わたは食べることができ、甘みがたっぷり。加熱後さやを開いたら、スプーンでこそげてどうぞ。

春らしさ満点のさわやかなフムス

ひよこ豆の代わりにそら豆を使って、中東の伝統料理・フムスに。やわらかくゆでたそら豆をつぶして、おろしにんにくや塩、オリーブオイルなどと混ぜれば完成。野菜スティックやトルティーヤにつけて。

春限定のディップです
——Kocomo's Garden
〜モリィの畑〜さん

栄養

そら豆は、良質なたんぱく質を含んでいるのが特徴。そのほか、糖質、ビタミンB_1、B_6、ビタミンC、カリウムなどをバランスよく含み、コレステロール値の上昇を抑えるとされるレシチンも含有しています。

保存方法

さやつきのままポリ袋に入れて、冷蔵庫の野菜室で保存を。鮮度が落ちやすいので、2〜3日で食べきるようにしましょう。

たけのこ

**掘りたてを食べたい
春のごちそう**

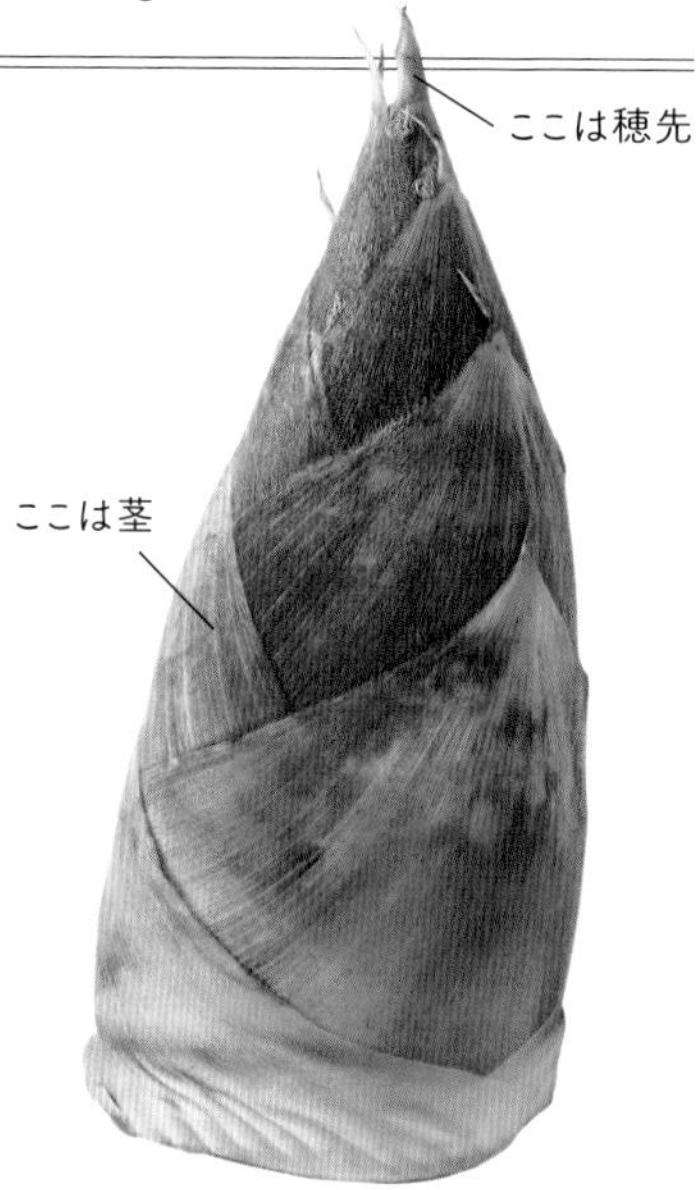

「朝掘ったらその日のうちに食べろ」といわれるほど、ひときわ鮮度が命の野菜が、たけのこ。新鮮ならば生でも食べられますが、掘り出したとたんにアクが出始め、えぐみや苦みが増し、その上かたくなるので、速やかな下処理は必須。それゆえ、生よりもむしろゆでたものを手に入れたほうがよさそうです。春先に店頭でよく見かけるのは孟宗竹ですが、たけのこにも種類があり、真竹、淡竹、根曲がり竹は6月までが旬。味わいも異なるので、食べ比べてみませんか？

アク抜きは…

外側の皮をむいて穂先を斜めに切り落とし、縦に切り込みを入れ、強火でゆでます。あれば、米ぬかや赤唐辛子を一緒にゆでてください。米ぬかがなければ、米のとぎ汁でもOK。ゆでたら皮をむき、水につけて保存して。

DATA

原産地：中国
日本に伝来：江戸時代

旬

2月頃から出回りますが、3~6月にかけてが旬で、ピークは4月。どんどん成長して竹になってしまうため、時期は春に限られています。

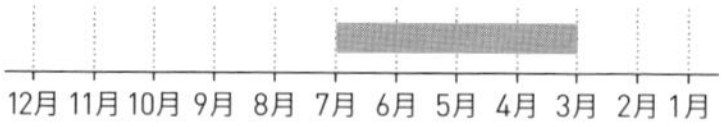

見分け方

生は皮がしっとりしていてずんぐりとした形のもの、切り口がみずみずしいもの、根元の赤い斑点が少ないものが美味。ゆでたけのこは節と節の間が短く詰まっているものを選びましょう。ゆでたたけのこに現れる白い粉はアミノ酸の一種なので、気にしなくて大丈夫です。

たけのこの種類

食感も味わいも
多彩で、じつは
初夏まで楽しめます。

春に掘ったものを水煮にして保存。
お正月に食べる新春のごちそうです
──まるたけ商店さん

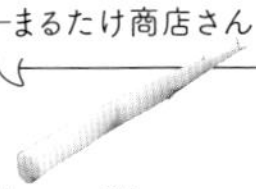

根《ね》曲《ま》がり竹《だけ》

涼しい地域で育つ小さなたけのこ。細長く、コリコリした食感です。

淡竹《はちく》

アクが少なく、やわらかくてシャキッとした食感が特徴です。旬は5〜6月。

真竹《まだけ》

やや細身で黒まだら模様があり、固い肉質でやや苦みがあります。苦竹とも。

孟宗竹《もうそうちく》

一般的に流通しているたけのこ。やわらかくて香りが高いのが特徴です。

こんなふうに食べてます! そのままおいしい食べ方

炭火で生のまま焼きたけのこに

特に淡竹は、アルミホイルで包んで焼きたけのこにするのが美味。わさび醤油や味噌を塗ると、甘みと香りが抜群に引き立ちますよ。

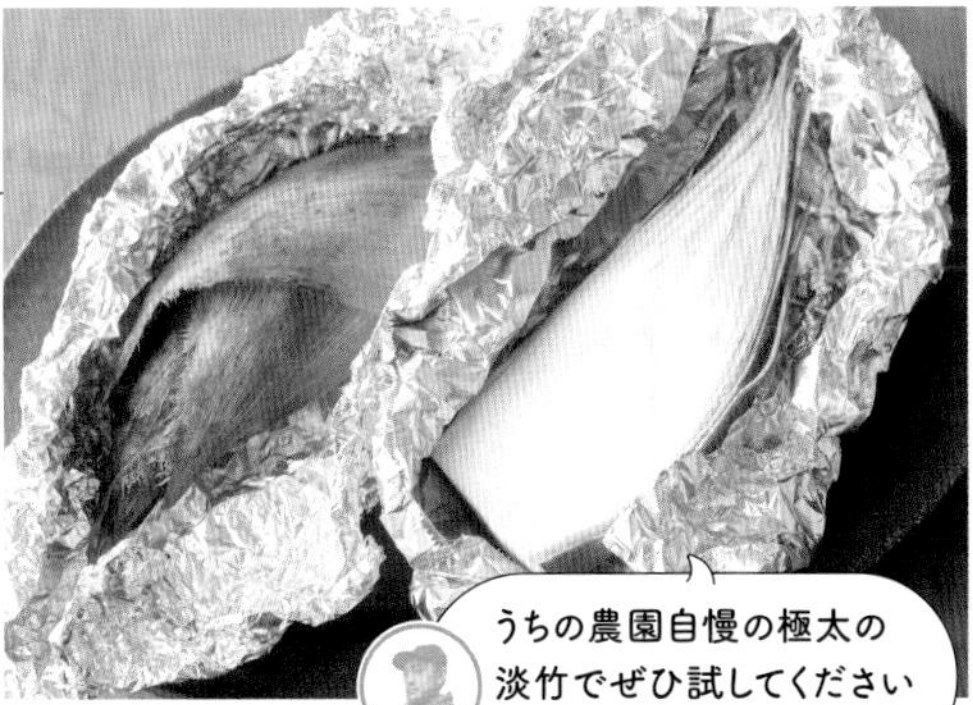

うちの農園自慢の極太の
淡竹でぜひ試してください
──井辻農園さん

どんなに早くても、家庭に届く頃は
どうしてもアクが多くなるので、
生産者が掘りたてをゆでたものを
購入するのがおすすめです
──たいら農園さん

栄養

腸の運動を活発にして便秘を防ぐ食物繊維、体内の余分な塩分を排出するカリウムが比較的豊富です。アスパラギン酸やグルタミン酸といったうまみ成分が含まれているのが特徴で、アスパラギン酸は疲労回復やスタミナアップに効果があるといわれています。

保存方法

生のものは買ったらすぐにゆでてアク抜きをし、保存容器に入れてゆで汁か水をはり、冷蔵室で保存を。毎日水を替えながら約1週間、保存可能です。

にら

香りを楽しむ野菜です。収穫時期による違いも

年間手に入るにらですが、春先のものが特においしいとされています。収穫後も次々と葉が出てくるため、1シーズンに何回も収穫することができ、収穫順に「一番にら」「二番にら」などと呼ばれます。一番にらは甘みと香りが強くてみずみずしく、肉厚ながら生でも食べられるやわらかさが特徴。二番にらはゴワつきがなくあっさりとした味で、薬味にぴったり。また、にらは茎側にいくほど味も香りも強いため、茎こそ捨てずにしっかり大事に味わいたいものです。

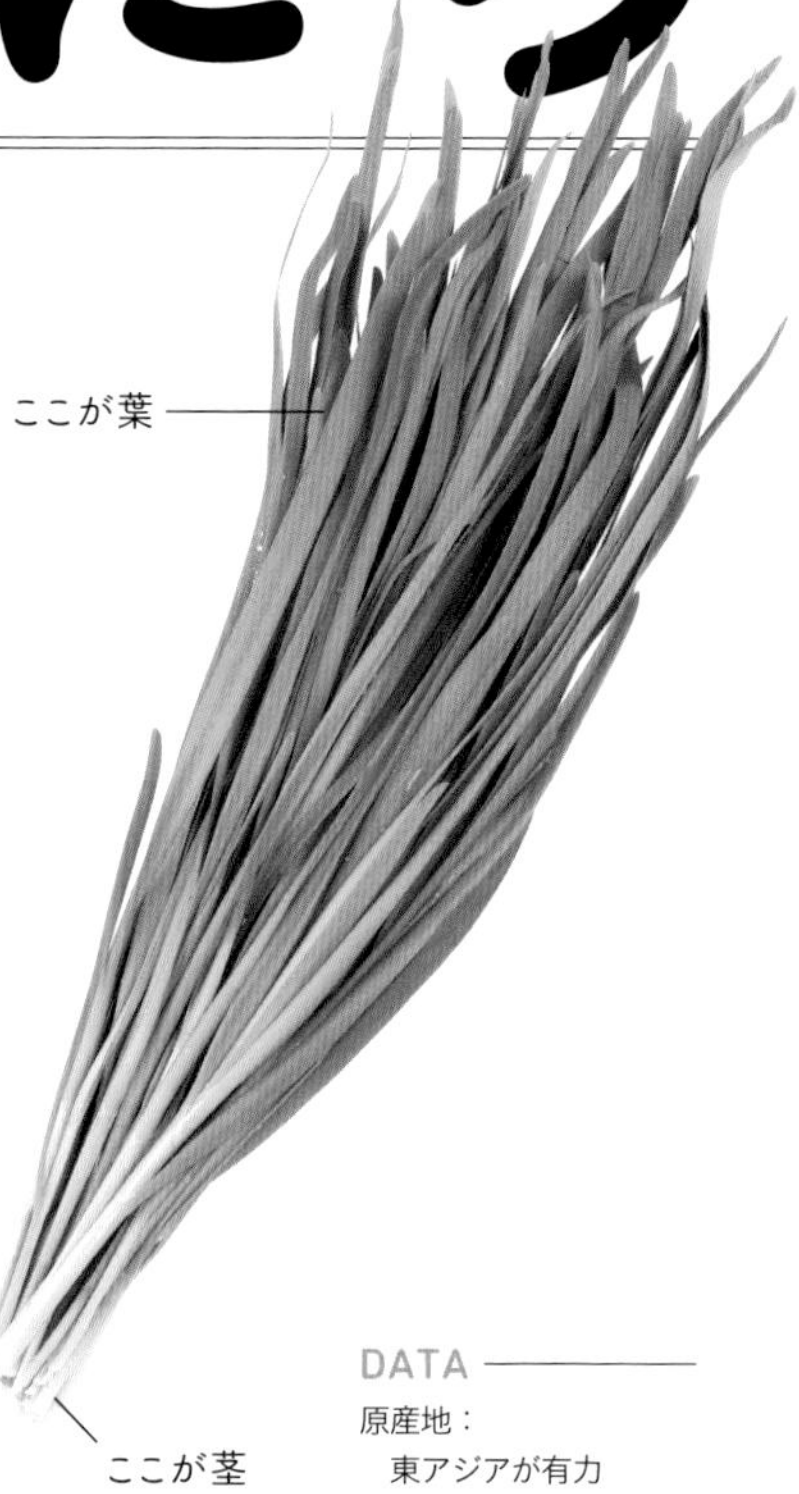

切り方で香りが変わる

にらは空気に触れることでアリシンという成分が増え、香りが増します。より香りを出したいときはこまかく刻み、香りを抑えたいときはざく切りにするなど切る回数を少なくすると◎。

DATA

原産地：
東アジアが有力
日本に伝来：
9～10世紀頃

旬

ハウス栽培によって通年手に入れることができますが、本来の旬は3～5月の春の時期。この頃のにらは甘みが増し、味わいも濃くなります。高知県、栃木県、茨城県での生産がさかんです。

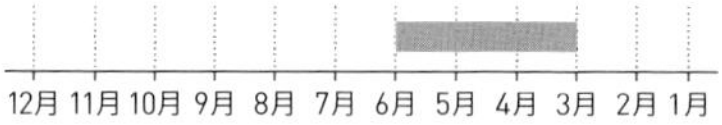

見分け方

緑色が濃く、茎のほうを下にして持ってみてもしんなりとせず、葉先までピンとしているものが新鮮です。葉の幅が広く、肉厚に感じるものが美味。黄色く変色しているものは避けて。

こんなふうに食べてます！ **そのままおいしい食べ方**

ねぎよりも穏やかな香り
——FARM ABE（韮屋あべ）さん

カップラーメンに薬味としてたっぷりとのせて

風味のいいにらは、薬味に最適。お湯を注いだカップラーメンに刻んだにらを入れて、待つだけ。余熱でほどよく火が通ります。

“茎ファン”がいるほど独特の味で人気
——FARM ABE（韮屋あべ）さん

茎をたっぷり使った餃子は、一度食べたらやみつきになる

香りの強い茎だけを刻んで肉だねにたっぷり加えれば、いつもの餃子がさらに香り高くなり、食欲をそそります。

茎もすべて食べられます。切り落とすのは、劣化している先端のほんの5㎜程度でOK。

栄養

古くから滋養強壮効果のあるスタミナ野菜として知られ、β-カロテン、ビタミンB群、ビタミンC、ビタミンE、カリウムなど多様な栄養素が豊富。香りのもとであるアリシンはビタミンB1の吸収力を高め、疲労回復を促してくれます。

保存方法

湿らせたキッチンペーパーで茎元を包んでからラップで包み、冷蔵庫の野菜室に立てて保存を。立てるのが難しい場合でも、まっすぐに伸ばした状態をキープして。しなびやすいので早めに使いきるのがベター。

多彩な味と香りで
野菜の魅力を再発見

ベビーリーフ

ベビーリーフとはその名の通り、ほうれん草や小松菜、レタスといった野菜の幼葉。通常、発芽後20〜30日ほどで収穫され、一つの野菜ではなく、複数の野菜の幼葉をミックスして売られています。幼葉とはいえ、野菜本来の味、香り、栄養はしっかり! 何より、さまざまな野菜を一度に食べられるのが魅力で、意識して噛むと多彩な味と香りがミックスされているのがわかります。サラダや付け合わせなど、生で食べることが多いですが、加熱しても美味。香りや味がいっそう際立ちます。

代表的なベビーリーフ

ビーツ、ほうれん草（スピナッチ）、レッドケール、グリーンロメイン、ルッコラ、ピノグリーン、ターサイ、チコリ、レッドフリルマスタード、レッドロメイン、ロメイン、小松菜、赤小松菜、レッドソレル、グリーンオーク

DATA
原産地：世界各地
日本に伝来：——

旬

いくつかの野菜の幼葉がミックスされているものが多く、発芽の時期に合わせて少しずつ内容を変えるため、通年出回っていますが、多くの葉が発芽する、春が旬になります。

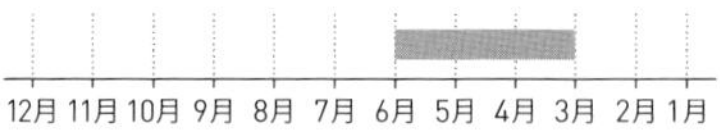

見分け方

葉がみずみずしくはりがあるものを。葉が変色していたり溶けているもの、パックに水がたまっているものは避けましょう。

栄養

野菜を幼葉のうちに収穫したもので、ビーツ、ほうれん草、小松菜、レッ

こんなふうに食べてます! そのままおいしい食べ方

ベビーだけど香りと
味は大人です
──クレオさん

ベビーリーフは しゃぶしゃぶに

生で食べることが多いと思いますが、ぜひ、加熱してみてください。湯に通した瞬間に香りが立ちます。豚肉もさっぱりいただけます。

食感も味も多彩なので
もちろん味も間違いなし
──クレオさん

種類を揃えなくても おいしい生春巻きに!

ベビーリーフはいろいろな葉が交ざっているので、彩りもさまざま。材料はベビーリーフと、あとはサーモンやえび、鶏肉など、好みのメイン食材を揃えるだけ。いろいろ揃えずとも、簡単に映える一皿になります。

出荷するときは必ず人気の赤系の
ベビーリーフを入れるようにしています
──クレオさん

ドケール、グリーンロメイン、ルッコラなどが一般的。ビタミンC、β-カロテン、カルシウム、鉄が豊富で細胞の老化を防いだり、体の抵抗力を高める働きが期待できます。生で食べられるので、加熱による損失がないのもメリット。

保存方法

買ってきたパックのまま冷蔵庫の野菜室へ入れておけば約5日は新鮮なままキープできます。もっと長持ちさせたい場合は、一度水洗いしてキッチンペーパーでよく水気を拭き、保存用ポリ袋などで保存を。

注目の品種

「レッドビートなど
赤系ベビーリーフ」

葉や葉脈、茎が赤いベビーリーフに注目。一つでも交ざっていると、サラダの彩りがぐっとよくなります。

山菜

**苦みと香りに
春の訪れを感じます**

ハウス栽培も行われるようになったとはいえ、山菜は山からの贈り物。北海道から沖縄まで自生し、昔から各地で食べられてきました。程度の差はあれ、多くに共通するのが、大人になるにつれ好きになる苦み。そのもとはポリフェノールで、冬の間にため込んだ余分な脂肪や老廃物を排出してくれる効果が期待できます。揚げて、ゆでて、ペーストにして、春を楽しむためにも、体のためにも、存分に味わいましょう。ちなみに、春がメインですが、夏や秋に採れる山菜もあります。

こごみ

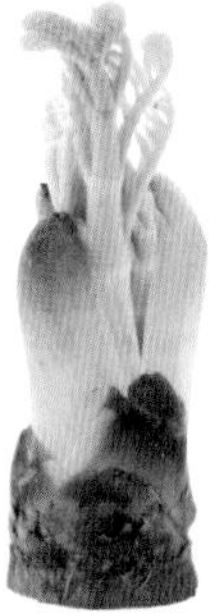

たらの芽

ふきのとう

この山菜もおすすめ

最近人気のこしあぶらは、炊き込みご飯やペペロンチーノがよく合います。うどはやっぱりきんぴらが最高。わらびはアクをしっかり取っておひたし、みずもおひたしにするとおいしくいただけます。

DATA

原産地：
日本など、世界各地
日本に伝来：――

旬

たらの芽は天然ものとハウス栽培があり、天然ものは3〜4月、ハウス栽培は12〜3月頃が旬。ふきのとうは2〜5月、こごみは3〜5月が旬になります。

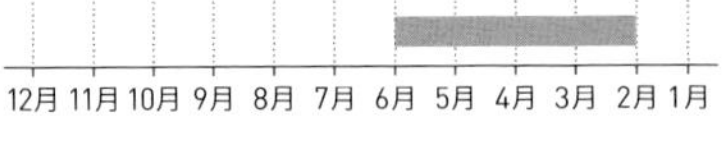

見分け方

たらの芽は穂先が鮮やかな緑色で、あまり育ちすぎていないものが美味。こごみは茎が太く、先端の葉がしっかりと巻かれているものを選びましょう。ふきのとうは形が丸く、つぼみが固く締まっているものが美味。

こんなふうに食べてます! そのままおいしい食べ方

ふきチーズペーストはふき味噌を超える!?

独特の香りと苦みがあるふきのとう。よく味噌と合わせますが、同じく発酵食品のチーズとも好相性。刻んで粉チーズ、オリーブオイルとあえれば、万能ペーストになります。

味つけは塩で十分です
──まるたけ商店さん

こごみはサッとゆでてマヨネーズで!

アクが少ないので山菜の中では食べやすく、噛むとちょっぴり粘りを感じるこごみ。マヨネーズをつけると相乗効果で口の中でとろけます。

──まるたけ商店さん

たらの芽はなんといっても天ぷら!

もちっとした食感のたらの芽。天ぷらにするとサクサクした中にも食べごたえがあり、ほのかな苦みが春の香りとなって広がります。

栄養

たらの芽は食物繊維、葉酸、ビタミンE、こごみは食物繊維が、ふきのとうは食物繊維やビタミンEが豊富です。山菜はアクが強く、ゆでるなどの下ごしらえが必要ですが、アクに含まれるポリフェノールやビタミンCは水溶性の栄養。あまり流出しないよう加熱は短時間にしましょう。

保存方法

たらの芽は新聞紙に包んで冷蔵庫の野菜室へ。こごみはアクが少ないので、さっとゆでて冷凍保存がおすすめ。ふきのとうは光をあてないようにして湿らせたキッチンペーパーに包み、ポリ袋に入れて冷蔵庫の野菜室か冷暗所で保存しましょう。

追熟しない

さくらんぼ

パクパク食べる手が
止まらない!

小ぶりで皮ごと食べられるため、気軽にパクッと楽しめるさくらんぼ。そのまま冷凍したり、種を取って加熱してジャムやコンポートにしたりするのもおすすめです。桜の木になる実であることから「桜ん坊」とも書きますが、お花見などで見る観賞用の桜とは別の品種。世界中で栽培されており、その総品種数は1000を超えるといわれています。国内生産量第1位の山形県は、山々に囲まれているため雨風の被害が少ないなどの理由から、圧倒的シェアを誇っています。

洗うときは…

さくらんぼは皮が薄くて果肉がやわらかく、とても傷つきやすい果物。また、水にさらしすぎると風味やうまみが失われてしまいます。洗うときはやさしく、サッと水にさらす程度に。

DATA

原産地：
北アフリカが有力
日本に伝来：
江戸時代が有力

実が固めで果肉に
透明度の少ないものが◎
──大橋さくらんぼ園さん

旬

5〜7月に出荷されますが、最盛期は6月。山形県が生産量の75%を占めていますが、そのほかに北海道、山梨県、福島県などでも生産されています。

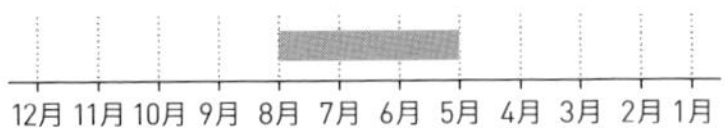

見分け方

実は粒が大きく全体が色づいており、表面にはりと光沢があって、黒ずみがないものを選びましょう。軸を見ると緑色が鮮やかで、シャキッとしているものが新鮮です。

こんなふうに食べてます! そのままおいしい食べ方

味が濃く感じられますよ
──大橋さくらんぼ園さん

酸っぱいさくらんぼにはグラニュー糖を

グラニュー糖をまぶせば、酸味がやわらいで食べやすくなります。さくらんぼの味が際立ち、ランクアップ!

さくらんぼの品種

甘みや食べごたえ、カラーもいろいろ。どれがお好み?

サミット

黒みがかった褐色で、大粒のさくらんぼ。肉厚で固く、歯ごたえがあります。甘さは控えめで、さっぱりとした口あたりです。

月山錦《がっさんにしき》

黄色いカラーが珍しく、熱狂的なファンがいることから「さくらんぼの女王」ともいわれます。酸味はあまりなく、糖度が高い品種。

紅秀峰《べにしゅうほう》

佐藤錦よりも一回り大きく、食べごたえがあります。鮮やかな紅色が美しく、濃厚で甘みがあり、ジューシーな味わいです。

佐藤錦

食べチョク人気品種

さくらんぼの代表品種。見た目の美しさから「食べるルビー」の異名も。甘みと酸味のバランスがよく、みずみずしさもあります。

栄養

体内の塩分バランスをととのえるカリウム、妊娠中に特にとりたい栄養素とされる葉酸などが含まれています。また、皮の赤や紫色にはポリフェノールの一種であるアントシアニンが含まれており、眼精疲労を軽減し、目の健康を守るといわれています。

保存方法

キッチンペーパーで包み、温度変化をやわらげてから冷蔵庫の野菜室で保存を。デリケートで傷みやすいので、買ってきたら2~3日で食べきるのがよいでしょう。

注目の品種

「やまがた紅王」

2023年本格デビューの新品種。特徴は500円玉ほどもあるその大きさ。甘みが強くて酸味がやわらかく、果汁をたっぷり含んでいます。

追熟しない

びわ

**旬を迎えたら即手に入れて
さわやかな甘さを
存分に味わって**

みずみずしく、上品な甘みとさわやかな酸味が調和したびわは、初夏を告げる果物。暖かい季候を好み、九州を中心に栽培されています。古くから珍重されてきましたが、時代とともにより甘く、粒が大きい品種も出てきました。追熟しないので、常温での保存がベスト。また、ジャムにして保存し、初夏の味を1年中楽しむのもおすすめです。薬効が高く、古い仏教経典では「大薬王樹《だいやくおうじゅ》」と紹介されています。

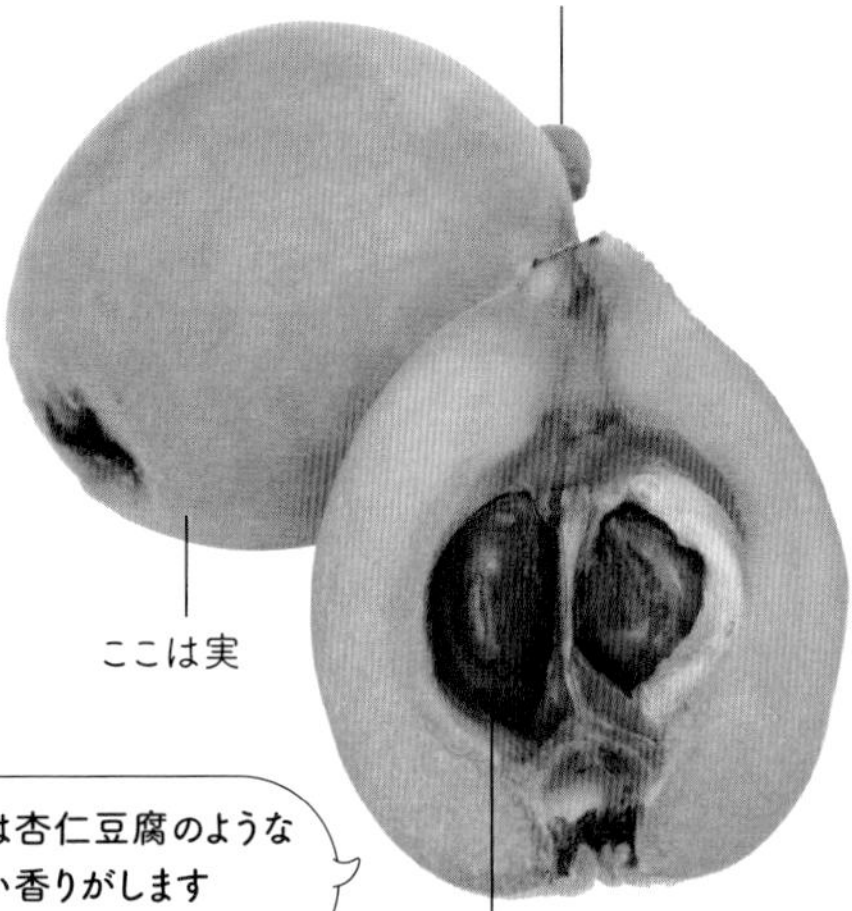

びわは鮮度が命なので、食べる直前にむいてください
──mokky farmさん

種は杏仁豆腐のようないい香りがします
──まるに農園さん

食べるときは…

縦半分に切って両手でひねり、アボカドのように種をはずすと簡単。そのままスプーンで食べれば、余すことなく実を食べることができます。

びわの葉は薬草茶に

タンニンやサポニンが含まれるびわの葉。滋養強壮や疲労回復などの効果で、昔から薬草茶としても知られています。

DATA

原産地：中国
日本伝来：
奈良時代（諸説あり）

旬

ハウス栽培のものが4月から、露地栽培のものが5〜6月頃出回ります。生産量トップは長崎県で、千葉県、香川県でもさかんです。

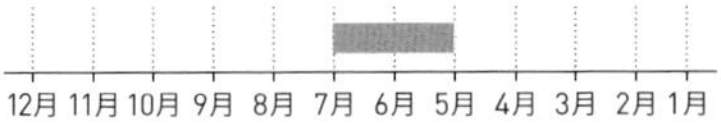

見分け方

実は色が濃いオレンジ色でふっくらとしていてはりがあり、うぶ毛に覆われているものを選びましょう。白い粉状のブルームがあるものはおいしい証拠。またへたが取れているもの、傷や変色があるものは避けて。

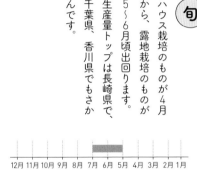

こんなふうに食べてます! そのままおいしい食べ方

やさしい酸味も特徴です
──mokky farmさん

新鮮なうちに ジャムにすれば 1年中楽しめます

主に商品にならなかったものは、ミキサーですりつぶし、レモン汁を加えてジャムにし、旬のおいしさを瓶の中に閉じ込めます。お菓子に入れたり、パンに塗っても!

びわの種類

主産地である長崎と千葉の代表品種をラインナップしました。

古くから、びわといえば茂木びわです
──mokky farmさん

茂木

シェア No.1のスタンダード品種。小ぶりな実で酸味は穏やかです。旬は5月中旬～6月中旬。

田中

糖度が高く、肉厚でジューシー。茂木の次に多く、主に千葉県で栽培。旬は6月中旬から下旬です。

長崎早生

5月から収穫できる品種で、大粒で上品な甘さが特徴。長崎県では比較的多く栽培されています。

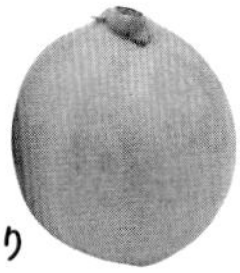

なつたより

水分が多く、糖度が高くてやわらかい、注目品種。びわとしてはかなり大粒です。旬は5月中旬から6月。

常温で保存して食べる1時間前に冷蔵室に入れるとおいしいですよ
──mokky farmさん

栄養

フルーツの中でもβ-カロテンが豊富なびわ。皮膚や粘膜を正常に保つだけでなく、高血圧や糖尿病などの生活習慣病予防に役立つとされています。またポリフェノールの一種であるクロロゲン酸には強力な抗酸化作用があり、細胞の老化を防いだり、がんの抑制に効果があると期待されています。

保存方法

乾燥しないようキッチンペーパーなどに包み、ポリ袋に入れて冷暗所に保存。ただし、買ってきたら2～3日以内に食べきりたいものです。

追熟する

高級品だからこそ
存分に贅沢に
味わいたい

メロン

高級果物の代表的存在。きゅうりやすいかと同じウリ科で、分類上はじつは野菜。表面に網目があるネット系と網目のないノーネット系があり、ネット系のほうが栽培が難しいため高値で出回る傾向があります。果肉の色でも違いがあり、赤肉メロンは味が濃いめ、青色メロンはすっきりとした味わいです。追熟すると甘さが増しますが、進みすぎるとヒリヒリとした刺激を感じることもあるので注意しましょう。つるありとつるなしで味の違いはありませんが、熟すと萎れるため食べ頃の指標に。

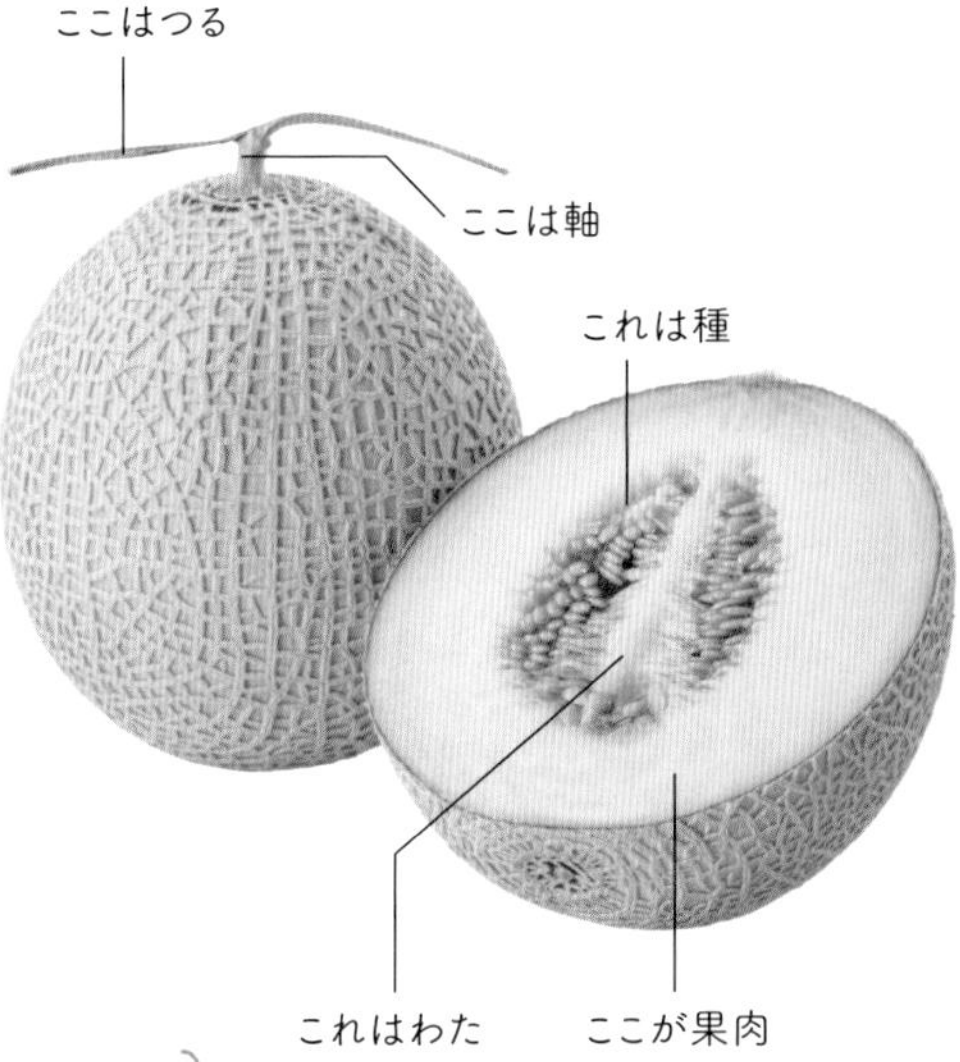

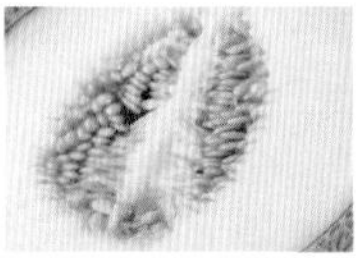

わたも活用して

種まわりが特に糖度が高く、わたに含まれる甘みも活用したいもの。ていねいに種を取れば食べられますし、絞ってジュースにするのも簡単でおすすめです。

DATA

原産地：東アフリカやインドが有力
日本に伝来：明治時代後期

旬

ハウス栽培や産地リレー栽培によって通年出回っていますが、本来の旬は5~7月頃で、甘さもみずみずしさも最高潮に。生産量トップは茨城県で、北海道、熊本県でも栽培がさかんです。

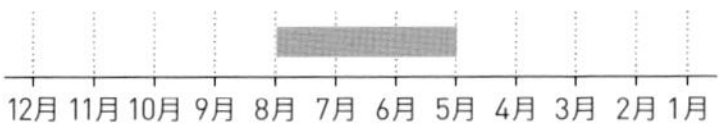

見分け方

実に丸みがあり、持ってみるとずっしりと重いもの。軸がついている場合は軸が太いものが良品です。皮の表面に網目がある品種の場合は、網目が均一でこまかく、盛り上がっているものを選びましょう。

こんなふうに食べてます! **そのままおいしい食べ方**

メロンのジューシーさを アイスが引き立てる

メロンを横半分に切って種の部分をくりぬき、切り口に好みのアイスをのせます。スプーンですくいながら半玉をわんぱくにどうぞ。

半玉を使った超贅沢なスイーツです
——長洲農園さん

ジグザグカットで 華やかな見た目に

メロンの高さ半分のところに太めの輪ゴムを巻いて、そこを目印に果物ナイフでジグザグに切り込みを入れていきます。幅を調節しながらゆっくり切っていくのがコツ。切れたら種を取り除き、切り分けた果肉を入れたり、ブランデーを注いだりしてもゴージャス!

洋酒を注げば
大人のデザートに

栄養

水分が多く、吸収されやすい糖質であるブドウ糖、果糖、ショ糖も豊富なので、水分やエネルギー補給にぴったり。カリウムも多く、余分な塩分を排出し、利尿作用やむくみ解消の効果も。果肉が濃い色のメロンにはβ-カロテンも含まれており、免疫力アップや美肌効果も期待できます。

保存方法

完全に熟すまでは常温に置いておき、お尻に弾力が出て香りがしてきたら食べ頃。冷蔵庫の野菜室に移し、早めに食べきりましょう。カットしたものはわたと種を除いてからラップをかけて保存を。

注目の品種

「キンショウメロン」

スペイン原産のノーネット系で、やや縦長の形状。果肉は固めで歯ごたえがあり、さっぱりとしたさわやかな口あたりにはファンが多くいます。

Column.2

果物の追熟

追熟する果物は室温で熟成させましょう

果物には追熟するものと、追熟しないものがあります。「追熟」とは、収穫後に一定の期間をおくことで熟成させること。甘みや香りなどの風味が増し、ぐっとおいしくなります。追熟する果物はその過程で店頭に並ぶため、購入した頃はまだ完熟前。冷蔵庫に入れずに室温で保存し、熟成させましょう。

　ちなみに、自然の中では追熟するものは木から落ち、しないものは木の上に残ります。果物などの植物は動物に種を運んでもらうことで生育環境を広げるので、この違いは、鳥やリスなど、食べてもらう動物の違いであると考えられています。

追熟するもの

メロン

マンゴー

桃

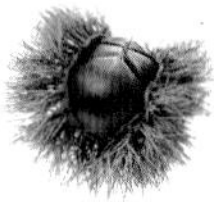
栗

りんご

キウイ

バナナ

アボカド

柿

洋梨

追熟しないもの

さくらんぼ

いちじく

ブルーベリー

梨

いちご

びわ

すいか

パイナップル

ぶどう

温州みかん

夏に食べたい
野菜＆果物

太陽の日差しが強くなってくると、
ビタミンカラーの野菜がおいしい時季。
ジューシーで甘酸っぱい果物にも
心惹かれます。

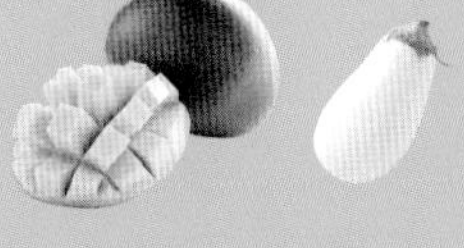

枝豆

旬のものは圧倒的おいしさ。
うまみを逃さず味わって

冷凍ならいつでも手に入る枝豆ですが、生のものは香りが強くて味も格別です。イチオシの食べ方は、蒸し枝豆。うまみが流れず閉じ込められ、ゆでるよりも味が濃く感じられます。さやや薄皮にもうまみが含まれているので、さやごと調理して口の中に含むのもおすすめ。枝豆は、さややうぶ毛の色の違いから青豆、茶豆、黒豆の3種類に大きく分けられ、さらに品種によっても味が変わってきます。旬のうちに食べ比べてみるのも楽しいですよ。

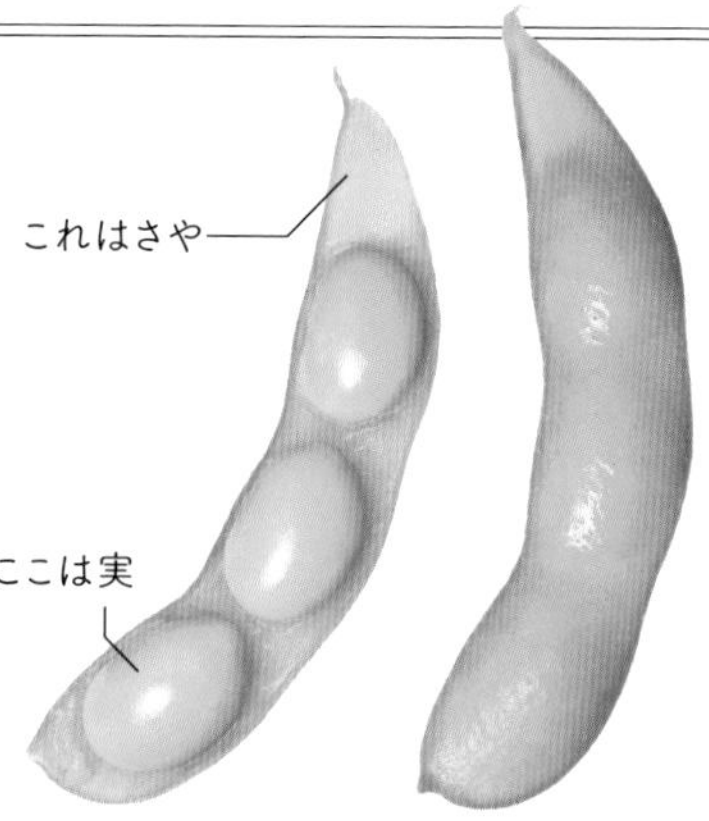

DATA
原産地：中国
日本に伝来：弥生時代が有力

枝豆の種類

黒豆

京都の丹波地方を中心に栽培されている種類。青豆と似た見た目ですが、薄皮がうっすらと黒く、粒はやわらかくて深い甘みと凝縮されたコクがあります。「丹波黒」が代表的。

茶豆

東北地方を中心に栽培されている種類。外見は青豆とほぼ同じですが、うぶ毛が茶色で豆も茶色の薄皮をかぶっています。豆は２粒入ったものが多く、「だだちゃ豆」が代表的。

青豆

全国的に栽培されており、国内で一般的に流通している種類。さやが鮮やかな緑色で、豆が２〜３粒入っているのが特徴。さやのうぶ毛が白いことから「白毛豆」ともいわれます。

旬

多くが6〜9月に旬を迎える枝豆。品種によっては5月に出回るものや、10月頃から出回り始めるものも。北海道や群馬県、千葉県、山形県などが主な産地です。

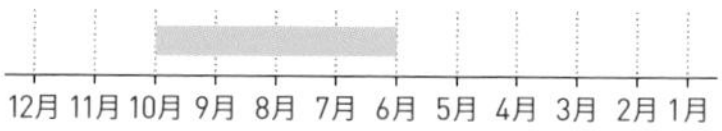

見分け方

さやの緑色が鮮やかで、うぶ毛がびっしりと生えているものが新鮮です。さやがふっくらとしていて豆が詰まっているものが良品ですが、豆が大きく育ちすぎると味が落ちるので、ふくらみすぎていないものを選びましょう。枝つきは新鮮な印。一つの枝にさやがたくさんついているものを。

こんなふうに食べてます! そのままおいしい食べ方

さやつきのまま にんにくと蒸し焼きに

フライパンにオリーブオイル、切ったにんにく、赤唐辛子を入れて弱火で炒め、洗った枝豆をイン! ふたをして極弱火で10分ほど蒸し焼きにし、塩と粗びき黒こしょうを振って完成。口の中でさやから実を出すときに、さやのうまみもジュッと吸って味わって。

オイルとにんにく風味を吸った枝豆が最高
——Crane Hills Farm（クレインヒルズ ファーム）さん

コーヒーゼリーを入れるのもおすすめ
——Uminekoほりのうえんさん

まるでずんだ! 豆が香る濃厚スムージー

枝豆は甘みとも相性ばっちり。ゆでてさやから出した実を、豆乳、砂糖とともにミキサーにかけて、スムージーに。ずんだのような味わいで、豆の風味と濃厚さが楽しめます。

栄養

良質の植物性たんぱく質が豊富で、そのほかにもビタミンC、ビタミンB_1、カリウム、カルシウム、鉄、食物繊維などを含有。女性ホルモンと似た働きをするといわれるイソフラボンや、コレステロール値の上昇を抑えるとされるサポニン、レシチンといった機能性成分も含んでいます。

保存方法

風味が落ちやすいので、買ったらすぐにゆでて食べたいもの。さやつきのままポリ袋に入れて野菜室で保存し、1～2日中に食べましょう。ゆでてから冷蔵保存するのがベター。

時期による味の違いも楽しい

枝豆の旬チャート

基本的に夏が旬の枝豆ですが、
出回る品種が時期によって
少しずつ変わってきます。

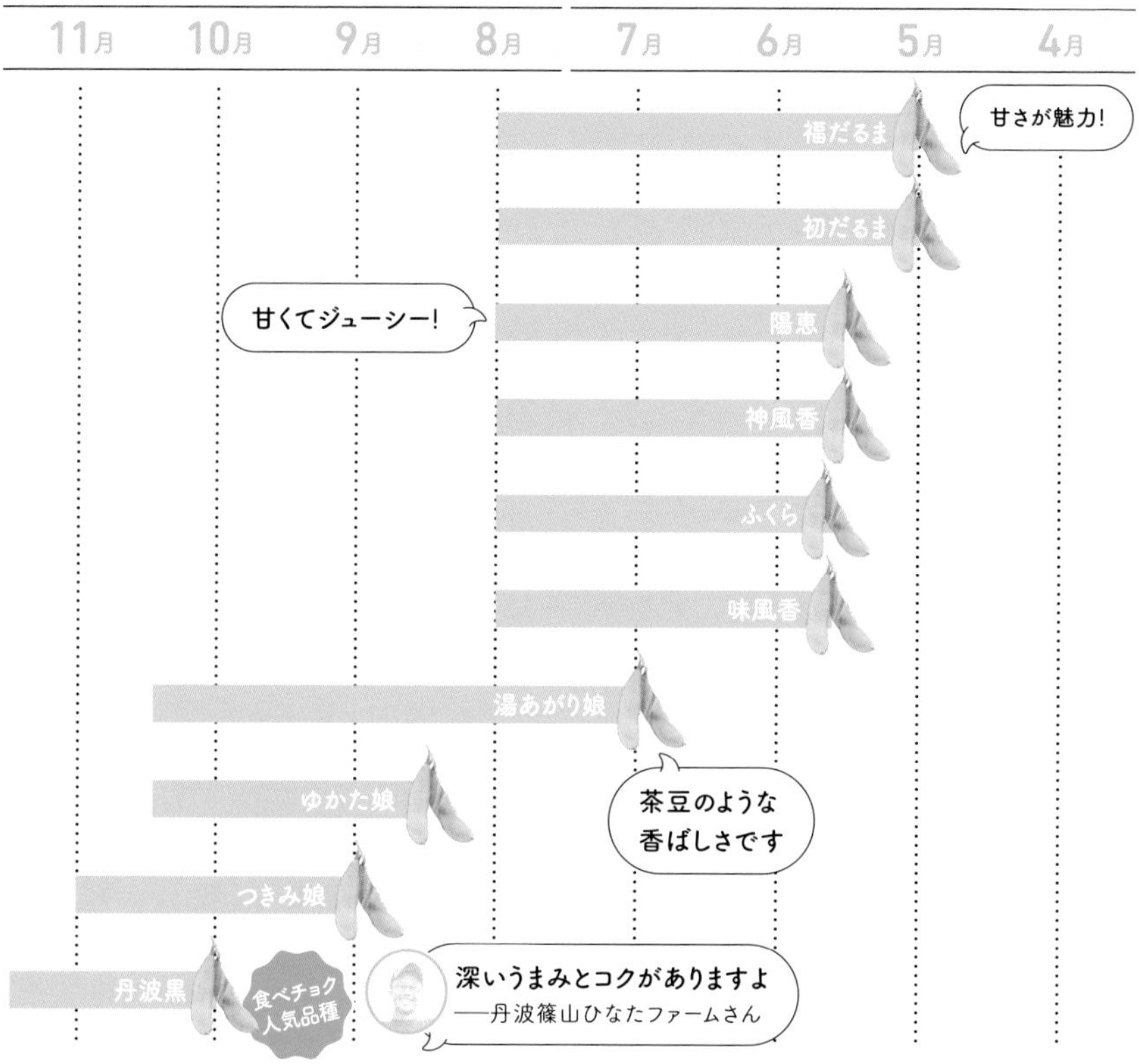

ふくら
栽培しやすく、収穫量が多い品種。なめらかでもっちりとした食感が特徴です。

神風香《かみふうか》
こちらも茶豆風味の芳香があり、加えてしっかりとした食感とうまみも楽しめます。

陽恵《ようけい》
茶豆風味の濃厚な香りがあり、香り枝豆ともいわれます。さやはやや大きめサイズ。

初だるま
特に甘みの強い品種。豆の粒が大きくて食べごたえがあり、みずみずしさも魅力です。

福だるま
寒さに強いため、収穫時期が早め。甘みと香りがあり、ぷりぷりとした食感です。

丹波黒
大きめの粒に濃厚で深みのある甘みとうまみ、もっちりとした食感が特徴です。

つきみ娘
“娘シリーズ”の一つで、茶豆のような香りで粒は大きめ。晩夏～秋に出回る品種です。

ゆかた娘
湯あがり娘の姉妹品種で、茶豆風味と甘みが抜群。夏から秋口にかけて出回ります。

湯あがり娘
茶豆風味の香りと甘みが特に強い品種です。ほかの品種に比べて出回る時期も長め。

味風香《あじふうか》
香り、甘み、うまみのすべてが優れた枝豆。特に甘みが強く、コクのある味わいです。

この種類だからおいしい！ 生産者直伝の食べ方

「丹波黒」はゆでずに蒸すのが美味

丹波黒は蒸して食べるのが一番。ゆでると流れ出てしまううまみも、時間をかけてじっくり蒸すことでギュッと閉じ込められます。塩は、とがった味のものを使うのがおすすめ。

蒸すことで豆の甘みが楽しめます
——丹波篠山ひなたファームさん

注目の品種

「丹波黒」

兵庫県丹波地方発祥の黒大豆。圧倒的な濃厚さで、「これが枝豆？」とびっくりすること間違いなし。栽培に手間と時間がかかり、希少性も高いことから、高級品とされています。

保存のポイント

＼さやのまま／

＼さやから出して／

ゆでた枝豆は、さやごとの状態とさやから出した実の状態でそれぞれ冷凍保存しておけば、料理に合わせてすぐ取り出して使えます。実はちょっと彩りがほしいときにも便利。

古代エジプトでも
栽培されていた
栄養たっぷり
ネバネバ野菜

オクラ

ネバネバ食材といえば、オクラ。夏を代表するスタミナ野菜で、ハイビスカスと同じアオイ科に属します。和の野菜のイメージもありますが、実際はアフリカ北東部原産。なんと紀元前の古代エジプトの時代から栽培されていたそう。日本への伝来はアメリカからで、呼び名も英語の「Okra」からきています。世界ではトマトとともに煮込んだ料理が多く、もちろん和食との相性も折り紙つき。生でよし、煮込んでよし、焼いてよし、栄養面だけでなく、どんな料理にも合う懐の深さも魅力です。

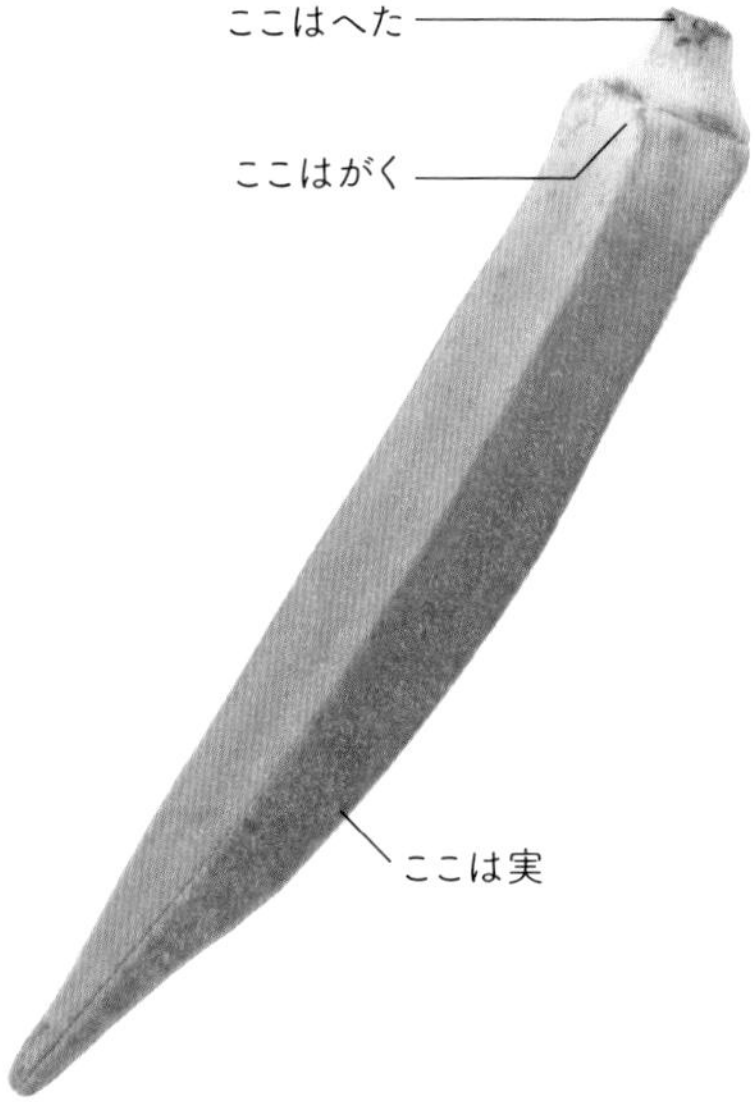

切り方で食感が変化

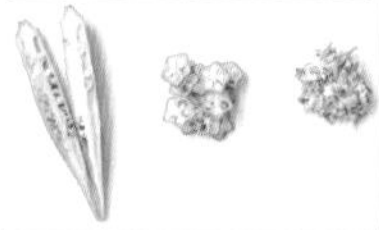

切り方により食感がガラリと変わるオクラ。刻むほどにネバネバ度が増します。星のような輪切り、ユニークな縦半分など、形もそれぞれフォトジェニック。

DATA

原産地：アフリカ北東部
日本に伝来：明治時代

旬

6～9月の暑くなる時期に旬を迎えるオクラ。寒さに弱いため、日本での生産地は九州や四国地方が中心です。40％近くを占める生産量第1位の鹿児島県では、1年を通して出荷されています。

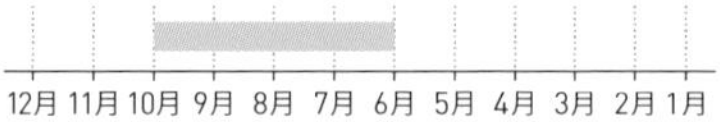

見分け方

緑色が鮮やかでうぶ毛が多いもの、切り口を見てみずみずしいもの、がくがしっかりしているものが新鮮です。へたの周辺が変色しているものや、大きすぎるものは避けて。

こんなふうに食べてます! そのままおいしい食べ方

ぜひ、島オクラで
試してみてください
──砂川農場さん

まるごとゆがいて マヨネーズやポン酢が 最高

オクラのおいしさを存分に味わうなら、シンプルにゆでるのが一番。マヨネーズやポン酢をつけて、まるごとガブリと食べます。

具もオクラだけで
十分においしいですよ
──もりやま農園さん

山いもの代わりに お好み焼きに入れる

お好み焼き粉にオクラと卵を混ぜるだけ。ポイントは刻んだオクラをたくさん入れること。ほどよいとろみがクセになります。

中に刻んだ
オクラもたっぷり!

こまかく刻んで冷凍しておくと便利。
そのままお味噌汁に入れると
おいしいですよ
──砂川農場さん

栄養

β-カロテン、ビタミンB群、C、Eが豊富。独特の粘りのもとは水溶性の食物繊維であるペクチンで、胃の粘膜を保護して消化吸収を助ける働きがあり、整腸作用が期待できます。さらに、血糖値の急激な上昇を抑えて糖尿病を防ぐ効果があるともいわれています。

保存方法

乾燥と低温に弱いので、ポリ袋や新聞紙などに包んでから常温保存を。冷蔵保存すると温度が低すぎて黒ずんでしまう場合があるので避けたほうがベター。冷蔵室で保存する場合は、先にゆでるのがおすすめです。

きゅうり

**酷暑を乗り切る
夏の水分補給に最適**

サラダや漬物などで、普段何気なく食べているきゅうり。脇役的な存在になりがちですが、水分たっぷりで、体を中から冷やしてくれる、特に昨今の猛暑にはとても頼りになる食材です。加熱してもおいしく、どんな料理にも使えるので、もっと食卓に登場させたいNo.1野菜といえそう。まっすぐ伸びているものがいいといわれますが、太さが均一ならば、形は問題なし。なぜなら、きゅうりはとても繊細な野菜で、ちょっとした変化ですぐに曲がってしまうからだそう。なんだか愛おしくなりませんか？

保存のポイント

みじん切りで冷凍すると1カ月は保存可能。そうめんのつゆや冷や汁に入れるとgood!

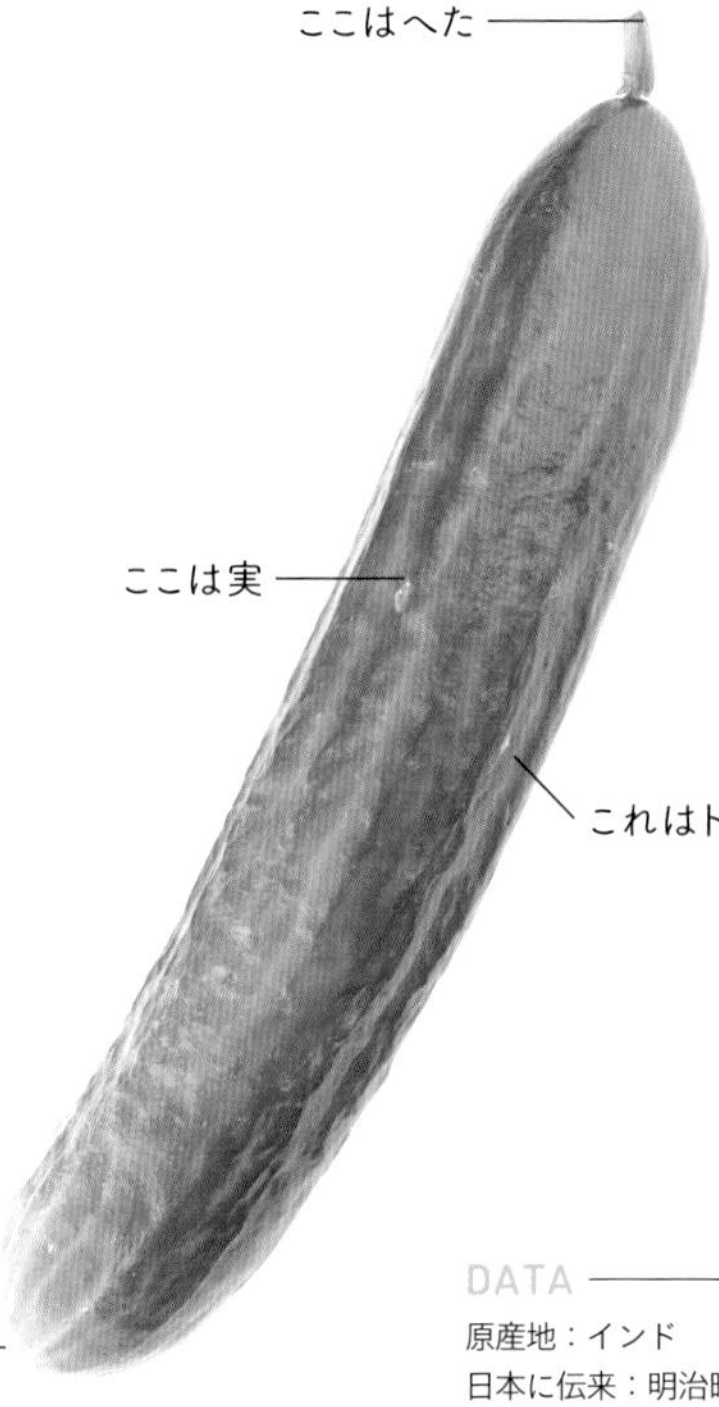

DATA

原産地：インド
日本に伝来：明治時代

旬

本来は5～9月の暑い時期にとれるものが旬。現在は、12～翌6月にとれる冬春きゅうりと、7～11月にとれる夏秋きゅうりに大別され、通年流通しています。

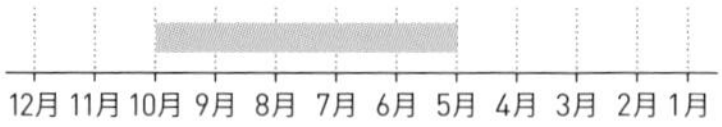

見分け方

緑色が濃く、太さが均一で、皮の筋がしっかりしたものを選んで。トゲがチクチクして、触ると痛いくらいのものが新鮮です。表面に浮き出した白い粉状のものはブルームという天然成分。みずみずしさの証で、残留農薬ではありません。

こんなふうに食べてます！ そのままおいしい食べ方

素揚げにするとまるでアスパラ！
──ちちぶ丸山農園さん

きゅうりは加熱調理してもおいしい

きゅうりをベーコンで巻いて加熱調理します。焼いてもおいしいですが、4つ割りきゅうりを1本ずつ巻いて素揚げにするとさらに食感が変わっておもしろい！ 豚肉とオイスターソースで炒めるのも定番です。

ハイボールにはレモンじゃなくてきゅうりです

ハイボールにはきゅうり！ 切り方はなんでもいいのですが、入れるとさわやかな香りになって、めっちゃおいしいです。目安は1/5本くらいですかね。

森の香りがする上質ウイスキーになります
──ちちぶ丸山農園さん

きゅうりは場所によって味が違う

きゅうりの上部と花がついていた下のほうでは味も食感も違います。縦半分に切って味わってみましょう。

上　下

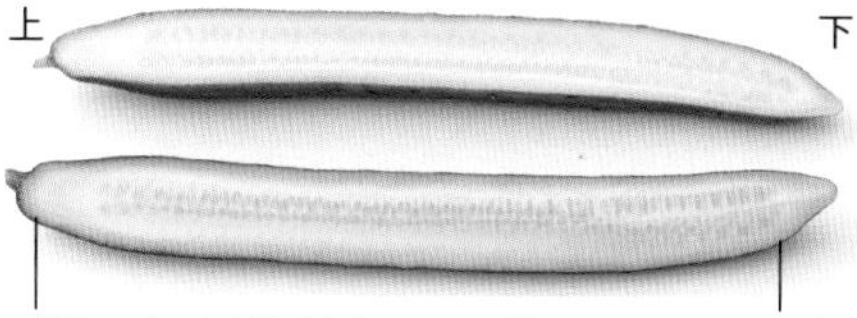

・さっぱり ・しっかり歯ごたえ　・甘い ・パリパリやわらかい

栄養

水分が多く95％以上を占め、暑い季節の水分補給や疲労回復に役立ちます。カリウムが比較的多く、体内にたまった余分な塩分の排出を促し、塩分過多によるむくみやだるさの解消につながるといわれています。また、皮に含まれる苦み成分であるクルビタシンには抗がん作用があるといわれ、注目されています。

保存方法

低温・乾燥に弱いので、軽く湿らせたキッチンペーパーに包んでポリ袋に入れ、冷蔵庫の野菜室で立てて保存。4～5日保存可能です。水分が飛ばないように1本ずつラップにくるんでおくとさらに長持ちします。

実は生でもおいしい
万能野菜です

ズッキーニ

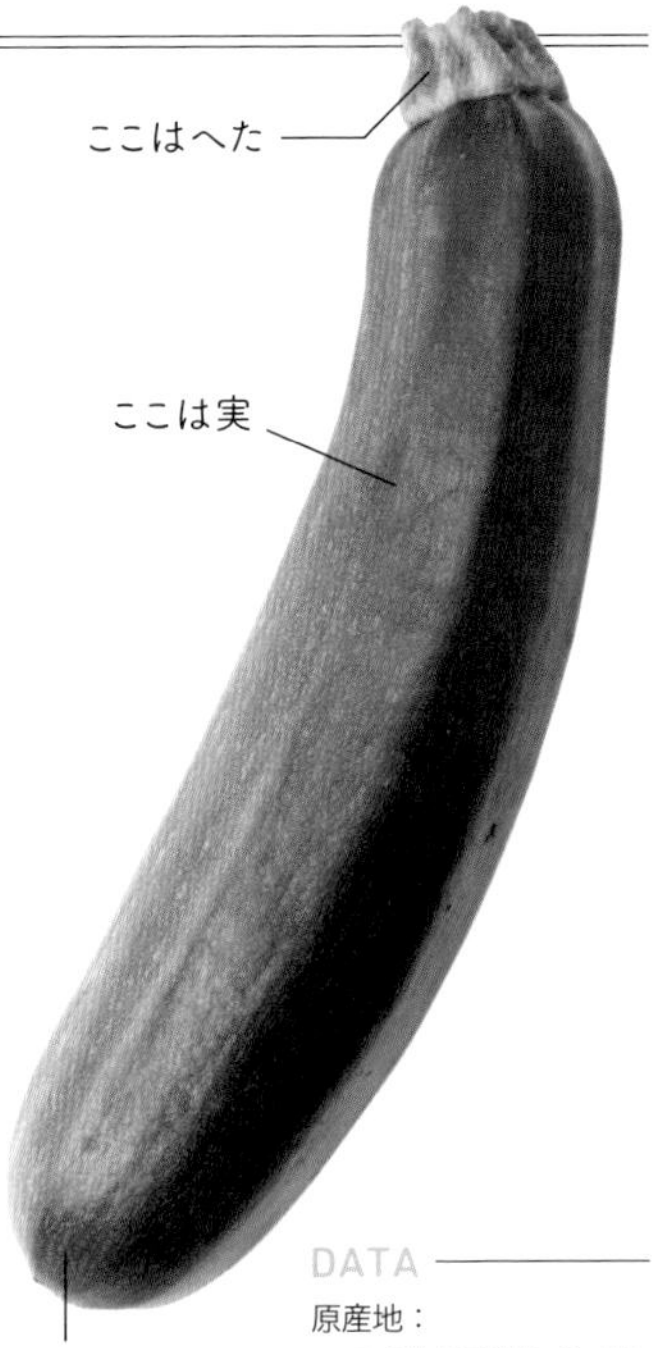

日本でおなじみの野菜になったのはバブル時代以降と、かなり新しい野菜です。ラタトゥイユなど、加熱調理の印象が強いですが、生でも美味。さらに、焼いても揚げてもおいしい万能野菜です。なお、現在主流の細長い形のズッキーニは、イタリアで改良されたもので、もとは丸い形だったようです。また、最近注目されているのがズッキーニの花。「花ズッキーニ」としてイタリアでは夏の定番野菜ですが、日本でも人気上昇中です。

こんな食べ方も

「食材のボートにする」

ズッキーニは、水分豊富で包容力があるので、辛い、しょっぱい、油っぽいものの受け皿にぴったり。一緒に口に運ぶと幸せが広がります。

DATA

原産地：
アメリカ南部からメキシコ
日本に伝来：昭和後期

旬

5月頃から旬を迎える野菜ですが、産地リレーや栽培方法の工夫により今は通年手に入ります。冬から春にかけては宮崎県や千葉県、初夏から秋にかけては長野県や群馬県からの出荷が多くなっています。

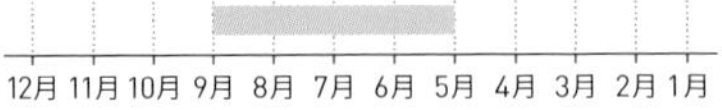

見分け方

色鮮やかで表面に光沢があり、太さが均一であまり大きすぎないもの、へたの切り口をチェックしてみずみずしいものを選びましょう。濃い緑のほかに黄色い品種もあり、こちらは皮がやわらかめで生食にもぴったりです。

こんなふうに食べてます! そのままおいしい食べ方

我が家の定番です
——たべくら農園さん

ズッキーニは生がおいしい

新鮮なズッキーニは生でも美味。薄塩でもんでしんなりさせ、醤油と、酢+ごま油少々であえた醤油漬けは我が家の定番です。

何も詰めなくてもおいしいですよ
——リューネファームさん

ズッキーニの花はカラッと天ぷらに!

イタリアでは花の中にモッツァレラチーズを詰めた「フィオーレ・ディ・ズッカ」というフライが定番ですが、何も詰めずに簡単に天ぷらにしました。

おいしいだけでなく、映えます!

栄養

淡白でクセがなく、食べやすい味わいのズッキーニ。水分量が多くカロリーが低いので、ダイエットにも役立ちます。抗酸化力の高いβ-カロテンや免疫力アップ効果があるとされるビタミンC、体内にたまった余分な塩分の排出を促すカリウムが比較的豊富です。

保存方法

キッチンペーパーか新聞紙に包み、ポリ袋に入れて冷蔵庫の野菜室で保存しましょう。

注目の品種

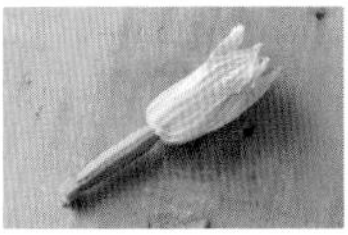

「花ズッキーニ」

ズッキーニの花は「花ズッキーニ」として流通する立派な食材です。オイルやチーズと相性がよく、おまけのようについてくるズッキーニの実もホクホクして格別。

おなじみの品種は
スイートコーン

とうもろこし

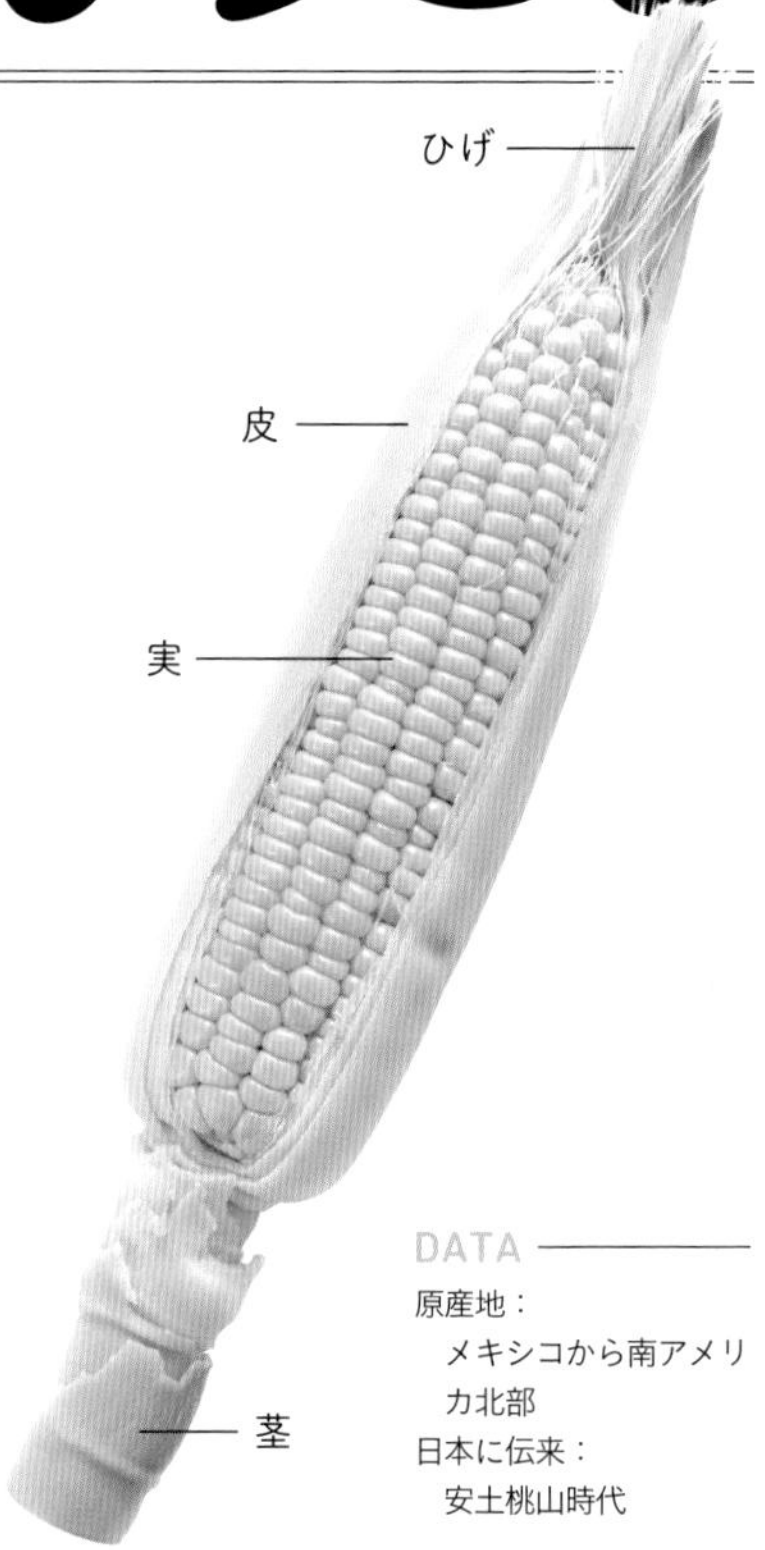

おなじみのとうもろこしはスイートコーンという品種。色や食感が多彩で、最近よく出回っているヤングコーンも別品種ではなく、実を若取りしたものです。焼いて、ゆでて、そのまま食べるのが主流ですが、炊き込みご飯やコーンスープも人気。生のとうもろこしで作ると、缶詰などの保存食品にはない、旬ならではの甘みやうまみがしっかり味わえます。ちなみに、ポップコーンになるのは別品種。手作りすれば、こちらも格別のおいしさです。

おいしいゆで方

薄皮を2〜3枚残してゆでるとうまみを閉じ込めることができます。熱湯ではなく、水からゆっくり3〜5分ほどゆでるのもポイント。沸騰させないようにしましょう。

DATA

原産地：
メキシコから南アメリカ北部
日本に伝来：
安土桃山時代

旬

6〜9月の暑い時期に一斉に収穫時期を迎え、甘みも増して一番おいしくなります。生産量は北海道が飛び抜けて多く、10月くらいまで収穫できます。

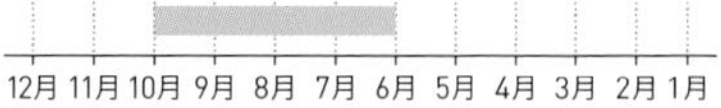

見分け方

皮つきの場合は皮の緑色が鮮やかで濃く、ひげは黒褐色でふさふさしているものを選びましょう。皮がない場合は、実の粒をチェックし、ぎっしり詰まって揃っているものが美味。

こんなふうに食べてます! そのままおいしい食べ方

余分な水分が抜けて
おいしくなります
——食べチョク
登録生産者さん

皮ごと魚焼きグリルで焼くとおいしい

生で食べられる品種もとうもろこしは加熱したほうが絶対おいしい。コンロの魚焼きグリルに皮ごと入れて、15分ほど焼いて食べるのを推奨しています。皮は少々焦げてもOKです。

隠し味に塩少々を加えると
深みが出ますよ
——ひるぜん農園さん

IH

炊き込みご飯には芯ごと入れる

とうもろこしは芯からいいだしが出るので、削いだ実と芯を一緒に入れて炊くと味も香りもよく仕上がります。とうもろこしの芯はいいだしになるので、炊き込みご飯やスープなど、料理に使うときは芯ごと使いましょう。

見栄えも
いいですよね
——ひるぜん農園さん

立てた状態で0℃で
保存するのが理想です
——食べチョク 鈴木

栄養

野菜として食べられているのはスイートコーンと呼ばれる甘みの強い品種で、野菜の中では高カロリー。糖質が多く、たんぱく質、ビタミンB_1、B_2、カリウムが比較的豊富です。粒の皮の部分には食物繊維が多く、排泄を促して腸内環境を改善する働きが期待できます。

保存方法

鮮度や糖度が落ちやすいので、皮つきのものを買ってその日に食べるのがベストです。その日に食べない場合でもすぐにゆで、冷めたらラップで包んで密閉し、冷蔵または冷凍保存するのがおすすめ。

注目の食べ方

「皮を持ち手にする」

皮をむき、むいた皮から1本抜いてそれをヒモにして縛ります。これで持ちやすくなります。

どれもまるでスイーツ!

とうもろこしチャート

品種による違いは、
粒のやわらかさ、水分量、
そして色と大きさ。
未知の品種もお試しを！

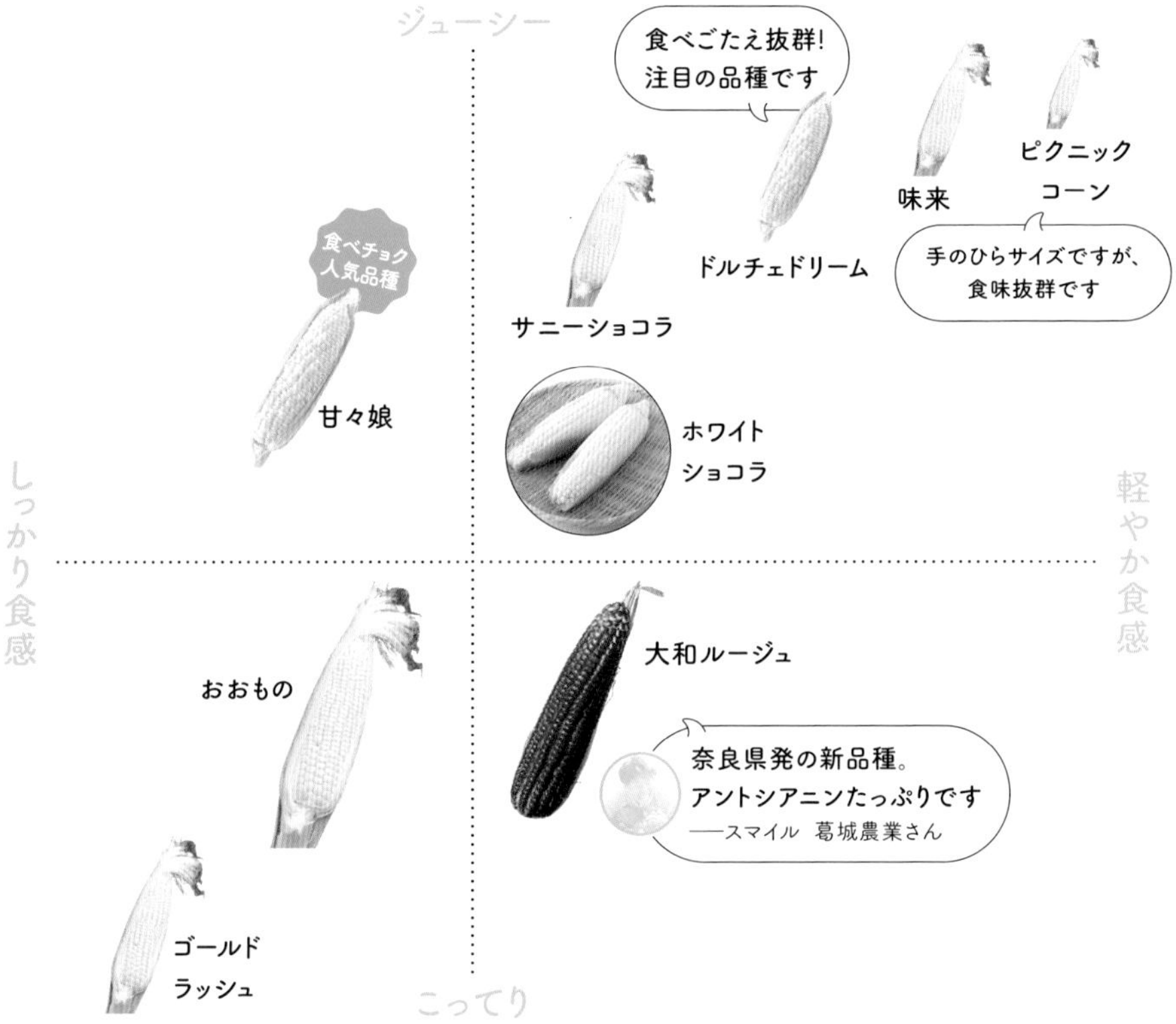

甘々娘《かんかんむすめ》
静岡県発、バイカラーの品種。歯ごたえがよく、甘さはクリーミーで濃厚です。

サニーショコラ
生でもジューシーなとうもろこしの先駆け的存在。香りがいいのも特徴です。

ドルチェドリーム
甘い黄色の粒と、ミルキーな白い粒が交ざったバイカラーの品種。甘く、ジューシーです。

味来
粒がやわらかく、甘さもしっかり。加熱するとさらに甘く、みずみずしくなります。

ピクニックコーン
小ぶりでやわらかく、フルーツのような甘さ。生でもおいしく食べることができます。

ゴールドラッシュ
粒が黄金色の定番品種。フルーツといえるほど甘く、食感もしっかりしています。

おおもの
大きさは普通の1.5倍サイズ。芯も細いため可食部が多く、甘さもしっかりあります。

大和ルージュ®
芯やひげまで赤い新品種。芯のうまみが濃く、炊き込みご飯にするとまるでお赤飯！

ホワイトショコラ
さわやかでフルーティーな風味で、雪のように白い、注目のコーンです。甘さもしっかり。

この種類だからおいしい! 生産者直伝の食べ方

「ヤングコーン」は皮ごと蒸すとおいしい

皮ごと蒸すと甘み凝縮。ひげもやわらかいので、ぜひひげごと食べてくださいね。ひげは天ぷらにするのもおすすめです。

七味やマヨをつけたり、
パルミジャーノチーズをかけても美味
──ひるぜん農園さん

「ポップコーン」はやっぱりバターで作るのが最高

サラダ油やオリーブオイルでもいいのですが、香りよく仕上がるのがバター! シンプルに塩、こしょうを振るのが一番いいです。

バターと一緒に入れて中火にかけ、ふたをして爆裂音が静まるまで、ときどき鍋をゆすりながら加熱して。

子どもにはチョコや
キャラメルをまぶしても!
──百笑農房さん

その他の とうもろこし

ヤングコーンは春先から、
ポップコーンは1年中
楽しめます。

ポップコーンの実の種類

バタフライ型

こしょう、チーズなど、粉末タイプのフレーバーがよくからみます。

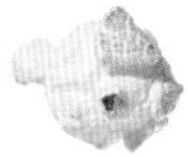

マッシュルーム型

チョコやキャラメルなどコーティングするフレーバーに合います。

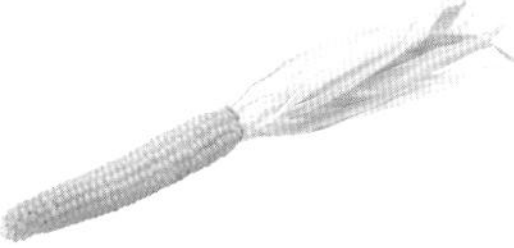

ポップコーン(爆裂種)

粒の皮がとても固い、ポップコーン専用の品種。丸く弾けるマッシュルーム型と、凹凸のあるバタフライ型があります。

ヤングコーン

実が大きくなる前に収穫した、いわばスイートコーンの子ども。ベビーコーンとも呼ばれます。

なす

**油も味もぐんぐん吸う！
あらゆる調理法を
受け止める包容力あり**

果肉が吸収力のあるスポンジ状で、味や油がしみやすい、なす。大きめに切って使うときは、皮に切り込みを入れるとよりしみやすくなります。加熱するととろける食感になるのが魅力ですが、油を吸わせたくないときは切ったあとに塩水につけると◎。ほかにも漬物や蒸しなす、汁物にと使い道は多彩。蒸しなすにするなら、レンチンが簡単でおすすめです。一言でなすといっても種類が豊富で、秋田の仙北丸なす、大阪の泉州水なす、福岡の博多長なすなど在来種もたくさんあります。

下処理は…

切り落としたへたは捨ててしまいがちですが、内側の実は食べられます。へたとがくの境目で切り、へたとがくを手でむくようにしてはずして。

DATA
原産地：インドが有力
日本に伝来：8 世紀以前

旬

旬は5～10月で、暑い夏に日光を浴びて育ったものが味が濃い傾向にあります。生産量の多い高知県や熊本県、福岡県などでは1年中栽培されており、今では通年手に入りやすい野菜です。

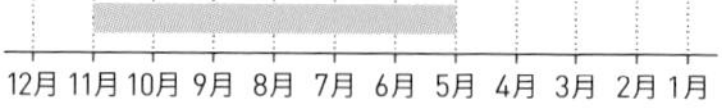

見分け方

皮につやとはりがあり、紫色が濃くて色ムラがないもの、持ったときにずっしりと重みのあるものを選びましょう。へたの下のがくが、触ると痛いくらいに鋭くとがっているものが新鮮です。

こんなふうに食べてます! そのままおいしい食べ方

ホットサンドメーカーでジューシー焼きなす

“油食い”のなすは、加熱料理と相性抜群です。オイルをひいたホットサンドメーカーに切ったなすを広げ入れて焼きつければ、手軽に焼きなすが完成。こまかく包丁を入れてじゃばら切りにすることでさらに油を吸いやすくなり、ジューシーな仕上がりに。

さっぱりとした甘さが楽しめます
──ベジLIFE!!さん

大量消費にも! フルーティーな香りのなすジャム

なすに切り込みを入れてラップで包み、レンチン。皮をむいて小さめに切り、砂糖、レモン汁とともにフライパンに入れて火にかけ、汁気がなくなるまで煮詰めたら完成。なすは大きめに切って果肉感を楽しんでも。

栄養

90％以上が水分でビタミンやミネラルの含有量は少なめですが、塩分排出を助けるカリウムやリラックス効果が期待できるコリンエステルなどを含んでいます。皮の濃い紫色はナスニンという色素で、抗酸化作用があり、がん予防やアンチエイジングに役立つといわれています。

保存方法

なすは寒さや乾燥に弱い野菜です。冷蔵室に入れると、低温で皮が固くなったり傷みやすくなったりするので要注意。水分を逃さないよう新聞紙に包んで、冷暗所で保存するようにしましょう。

なすの種類

個性がいろいろ！
向いている料理も
違ってきます。

小なす

長さ7～8cmほどのミニサイズ。しっとりと上品な食感で、コロンとした形が漬物などにぴったりです。

ひもなす

ひものように細長い形状で、25～30cmほどの長さ。肉質は緻密で締まっており、炒め物などに向いています。

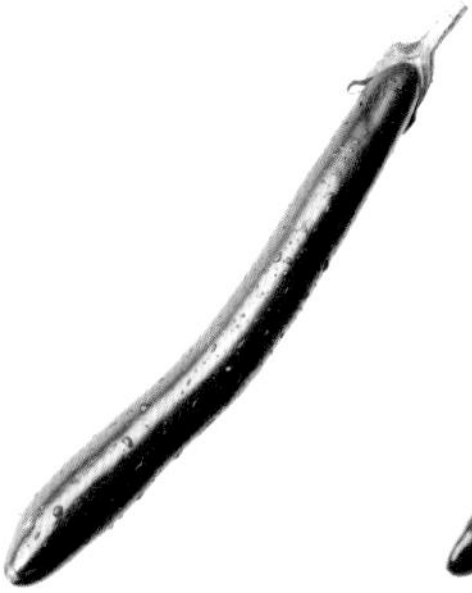

大長なす

長さは35～40cmほどで、皮が固めですが果肉はふんわり。えぐみが少なく、生のまま食べてもおいしい。

長なす

長さは20～25cmほど。甘みがあってやわらかい肉質の、万能ななす。主に西日本や東北で作られています。

青なす

紫の色素を持たず、皮が緑がかっているなす。果肉は白くて甘みがあり、加熱するととろとろの食感に。

生食におすすめ

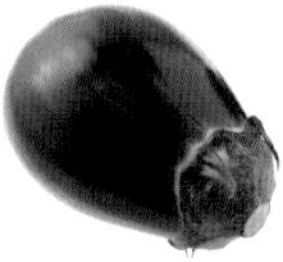

水なす

大阪南部の伝統野菜。皮が薄く、水分が多い果肉は果物のようにジューシー。えぐみも少なく生食向き。

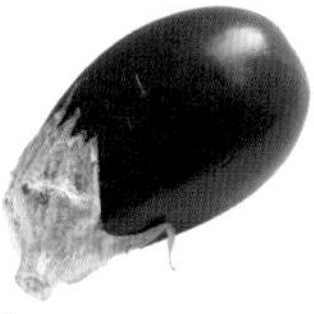

米《べい》なす

アメリカのなすを改良したもので、緑色のへたが目印。油との相性がよく、田楽やステーキにぴったりです。

丸なす

ずんぐりと丸い巾着形のなす。締まった果肉は加熱するとやわらかくなりますが、煮くずれしにくいのが特徴。

「ロッソビアンコ」とも
呼ばれます

ゼブラなす

イタリア種のなすで、白と紫の縦縞模様が特徴。果肉はやわらかいですが皮は固め。加熱料理向きです。

白なす

皮も果肉も白いなすで、どちらも固めの質感。変色や色移りが気にならないのがうれしいポイントです。

この種類だからおいしい! 生産者直伝の食べ方

えぐみもなくて
おいしいですよ
──川崎農園さん

「水なす」は生のまま ガブリ! がおすすめ

水なすは水分が多くアクが少ないため、生のままおいしく食べられます。新鮮なものなら、切らずにそのまま豪快にかぶりつくのがベスト。さわやかな香りとみずみずしさが広がります。好みで塩をつけても。

「とろーり旨なす」を グラタンにして 最上級のとろとろ感!

ねっとり感が最高!
──ユーザーmomiさん

とろーり旨なすを輪切りにして、切り口に味噌とチーズをのせてオーブンで焼けば、味噌グラタンに。加熱されてとろりとした質感の果肉に味噌とチーズがからんで、たまらないおいしさ!

注目の品種

「とろーり旨なす」

白なすの中でも注目の品種。表面につやがあって果肉がやわらかく、加熱することでとろとろ食感になることからこの名前に。グリルやソテー、揚げ物などにしてどうぞ。

パプリカ ピーマン

**ウイルスを撃退する
万能薬で
わたが話題に!**

ピーマンとパプリカはトウガラシ属で、ピーマンが中型種でパプリカは大型種。生のパリッとした食感も、加熱したジューシーな食感もよく、食卓を彩る鮮やかなビタミンカラーからもわかるように栄養満点です。さらに、最近注目されているのが、種とわた。なんと、ウイルス撃退や冷え症改善効果も期待できるとか。実より苦みが強めですが、香りもよく、取り除く手間もないのでまるごと食べましょう。

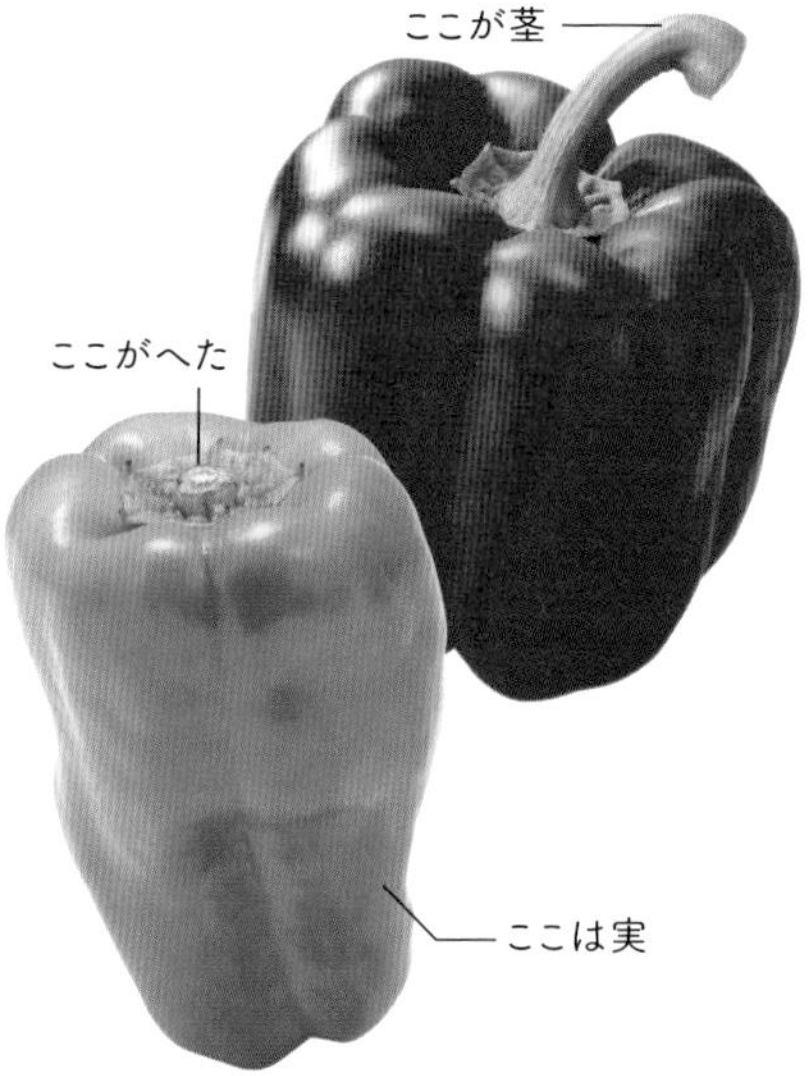

**わたははずさないほうが
香り豊かに仕上がりますよ**
──食べチョク 鈴木

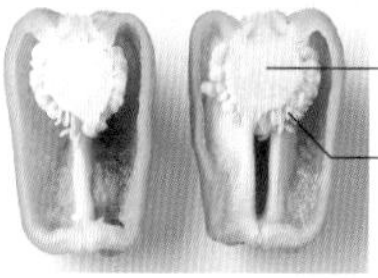

DATA
原産地：熱帯アメリカ
日本に伝来：
明治時代が有力

特にパプリカはへたが新鮮なものがおいしいですよ
──Tedyさん

旬

パプリカ、ピーマンともに旬は6～9月。ピーマンの生産量が多い茨城県、宮城県、高知県などでは通年出荷されています。パプリカは韓国やニュージーランドからの輸入が多く、国内では宮城県、茨城県での生産がさかんです。

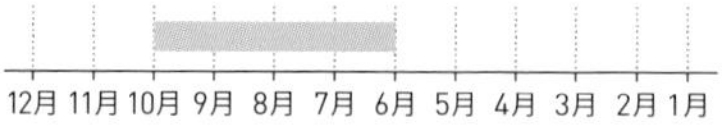

見分け方

色が濃く、はりとつやがあり、肩が盛り上がっているものを。へたの切り口もチェックし、黒ずんでいたり、周りの皮にしわが寄っているものは避けましょう。パプリカは大きすぎないものがやわらかくおすすめです。

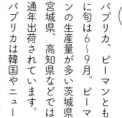

こんなふうに食べてます! そのままおいしい食べ方

特に焼酎が合います
――ユーザーのびさん

生のピーマンならではのパリパリの食感がたまらない!

居酒屋メニューで、生のピーマンのおいしさに開眼! そのままでもいいですが、塩や味噌があれば完璧です。

パプリカは生でも加熱してもおいしいですよ
――Tedyさん

パプリカは加熱すると甘さが倍増!

表面を炙って皮をむくと、甘くてジューシー! 塩とオリーブオイルだけで食べるとおいしいですよ。その前に、まずは生でガブリといってください。

家庭でも意外と簡単に手作りできますよ
――Tedyさん

栄養

野菜の中でもビタミンCが豊富で、しかも加熱によって壊れにくいとされています。β-カロテンも豊富で、免疫力アップやシミ、そばかす予防のサポートとして積極的に食べたい野菜。パプリカはピーマンを上回るビタミンCを含みます。

保存方法

ポリ袋に入れるかラップに包み、冷蔵庫の野菜室へ入れておけば1~2週間ほどはおいしさをキープできます。

保存食はコレ

「ハリッサ」

最近話題の北アフリカの「ハリッサ」や、ポルトガルの「マッサ」もパプリカベースの調味料。作っておけば、長期保存可能です。

店頭での種類の多さは
ピカイチ。
加熱してもおいしい!

レタス

レタスの種類は大きく分けて3つ。くるんと丸い「結球レタス」、丸くならずに葉が開いた「非結球レタス」、そしてその中間の「半結球レタス」に分けられます。最近、茎を食べる茎レタスも話題を集めていますが、これは非結球レタスの一種で、ステムレタスとも呼ばれます。生で食べるイメージが強いですが、結球レタスや半結球レタスは耐熱性があり、加熱してもシャキシャキの食感が残るので美味。食卓の主役にもなります。ちなみに日本に伝わったのはかなり古く、和名は「チシャ」。当時はサンチュのような形だったようです。

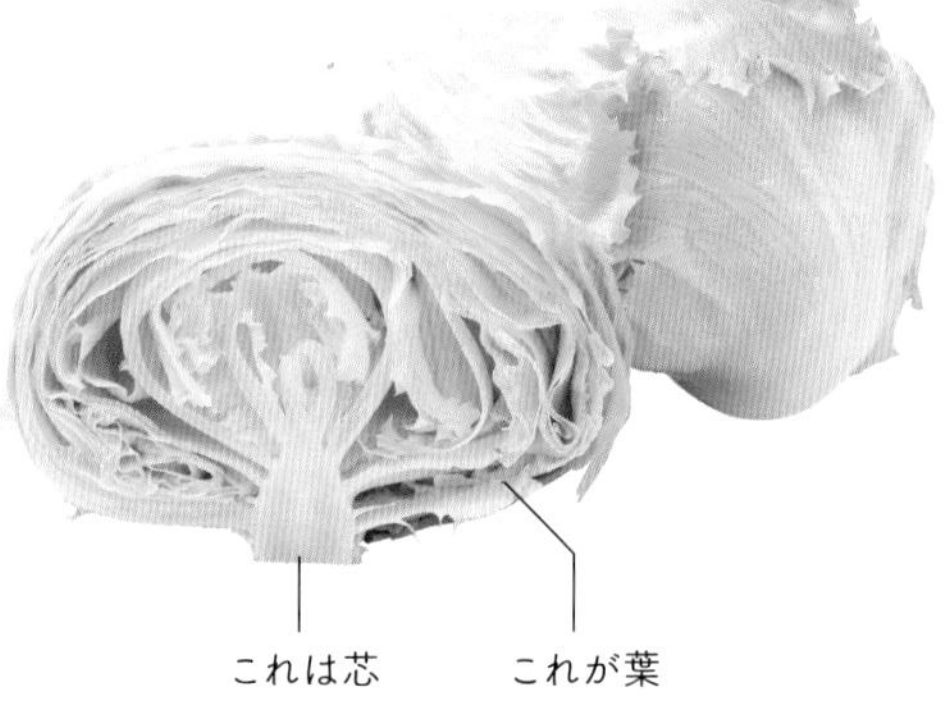

切り方は…

レタスは包丁で切らずに手でちぎって水にはなし、シャキッとさせるとおいしさがアップします。

食感がまるで違います
──淡路島ほっこりファームさん

DATA

原産地：
西アジア、地中海沿岸
日本に伝来：
奈良〜平安時代

旬

本来の旬は6〜9月ですが、産地リレーや栽培方法の工夫により、現在は通年手に入ります。夏は長野県や北海道といった冷涼地、冬は茨城県や長崎県、香川県での栽培がさかんです。

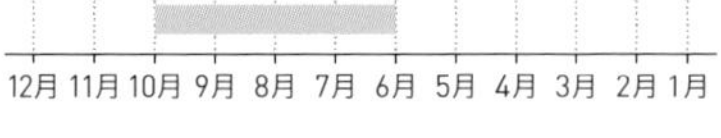

見分け方

外葉はやや濃い緑で、重すぎず軽すぎず、適度に巻いているものが美味。茎の切り口がきれいで、茶色っぽく変色していないかもチェックしましょう。

レタスの種類

おなじみのレタスだけでなく、珍しい品種も紹介します。

茎レタス

葉ではなく、主に茎を食べるレタス。縦にこまかく裂き、乾燥させた食材が「山くらげ」です。

ロメインレタス

半結球レタスの一種で、エーゲ海のコス島原産。シーザーサラダの主役です。

サラダ菜

結球レタスの一種で、緑色が濃く、葉に厚みがあり、食感がやわらかいのが特徴です。

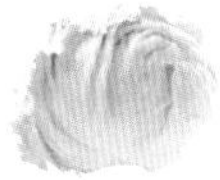

玉レタス

パリッとした歯ごたえが特徴の結球レタスで、別名「クリスプヘッドレタス」。

スライスして炒めるのがおすすめ! 豚肉によく合います
——Nihao Farmさん

サンチュ

焼き肉でおなじみのレタスで、非結球レタスの仲間。肉厚で大きめの楕円形の葉が印象的です。

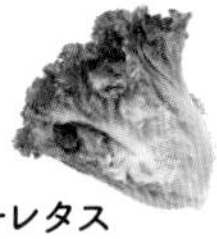

サニーレタス

非結球レタスの一種で、赤紫色でやわらかい葉が特徴。料理の彩りに大活躍!

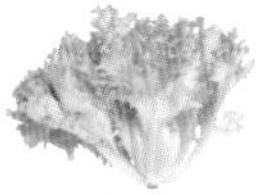

フリルレタス

スカートのフリルからの連想でこの名がついた非結球レタスの一種。苦みがマイルド。

生産者だからこそ知っている おいしい食べ方

シンプルにガーリック炒めでも!
——淡路島ほっこりファームさん

特にレタスの外の葉は加熱してもgood

レタスは炒め物やチャーハン、ササッと煮物やスープにも! 甘辛く調味したひき肉や野菜を包んで食べてもおいしいですよ。

栄養

水分が多く、栄養価は高くありませんが、食物繊維、β-カロテン、ビタミンC、カルシウム、カリウムなどがバランスよく含まれており、低糖質、低カロリーでダイエット中でも安心。また、サニーレタスは一般的な結球レタスよりもβ-カロテンや鉄分が豊富です。

保存方法

ポリ袋に入れるか新聞紙で包み、冷蔵庫の野菜室で保存。できれば芯の部分をくりぬいて湿らせたキッチンペーパーを入れておき、外側からはがして使うと長持ちします。

これで長持ちします!

レタスの成長点があるのが芯。ここに楊枝をブスッと刺しておくと成長が止まり、シャキシャキ感が長持ちします。3〜4本刺しても。

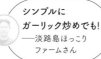

追熟しない

さっぱり&ねっとりが クセになる。 じつは花を食べる果物

いちじく

クセがなくさっぱりとした味わいで、ねっとりとジャムのようにもなるいちじく。買ってきたらすぐに食べるか、冷凍保存するのもいいでしょう。干して自家製ドライフルーツにしても長く楽しめます。肥大化した茎の中で花を咲かせるという珍しい習性があり、普段食べている部分は、じつは実ではなく花。いちじくは漢字で「無花果」と書きますが、外からだと花が見えないのが由来とされています。じつは歴史が古く、アダムとイブがその葉を身につけていたとされ、世界最古の果実という一説もあります。

皮むきは…

へたを折ってそのままゆっくり引っ張れば、手でも簡単に皮をむくことができます。新鮮なものや旬のものなら皮ごと食べるのもおすすめです。

DATA
原産地：アラビア南部
日本に伝来：
江戸時代初期が有力

色よりやわらかさを基準に選んで
――小さな自然農園 にゃんモコさん

旬

いちじくは旬が2回あり、夏に実をつける夏果は6～7月、秋に実をつける秋果は8～11月に旬を迎えます。生産量が多いのは和歌山県や愛知県で、最も流通している品種「桝井ドーフィン」は、夏秋どちらにも実をつける兼用果です。

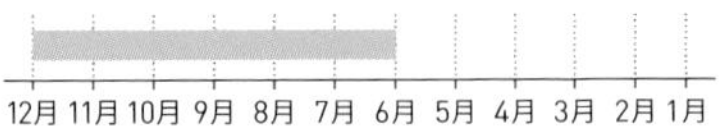

見分け方

ふっくらと大きく、皮にはりがあって赤く色づいた箇所が多いもの、実が割れそうになっているものが美味。固いものは、まだ熟していない可能性があります。逆にやわらかすぎるものや、実が割れてしまっているものは熟しすぎているので避けましょう。

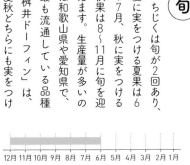

あなたは濃厚派？ さわやか派？

いちじくの旬チャート

いちじくは、ねっとり濃厚系とさっぱりさわやか系の2系統。11月まで出回るものもあるので食べ比べながら楽しんでみて。

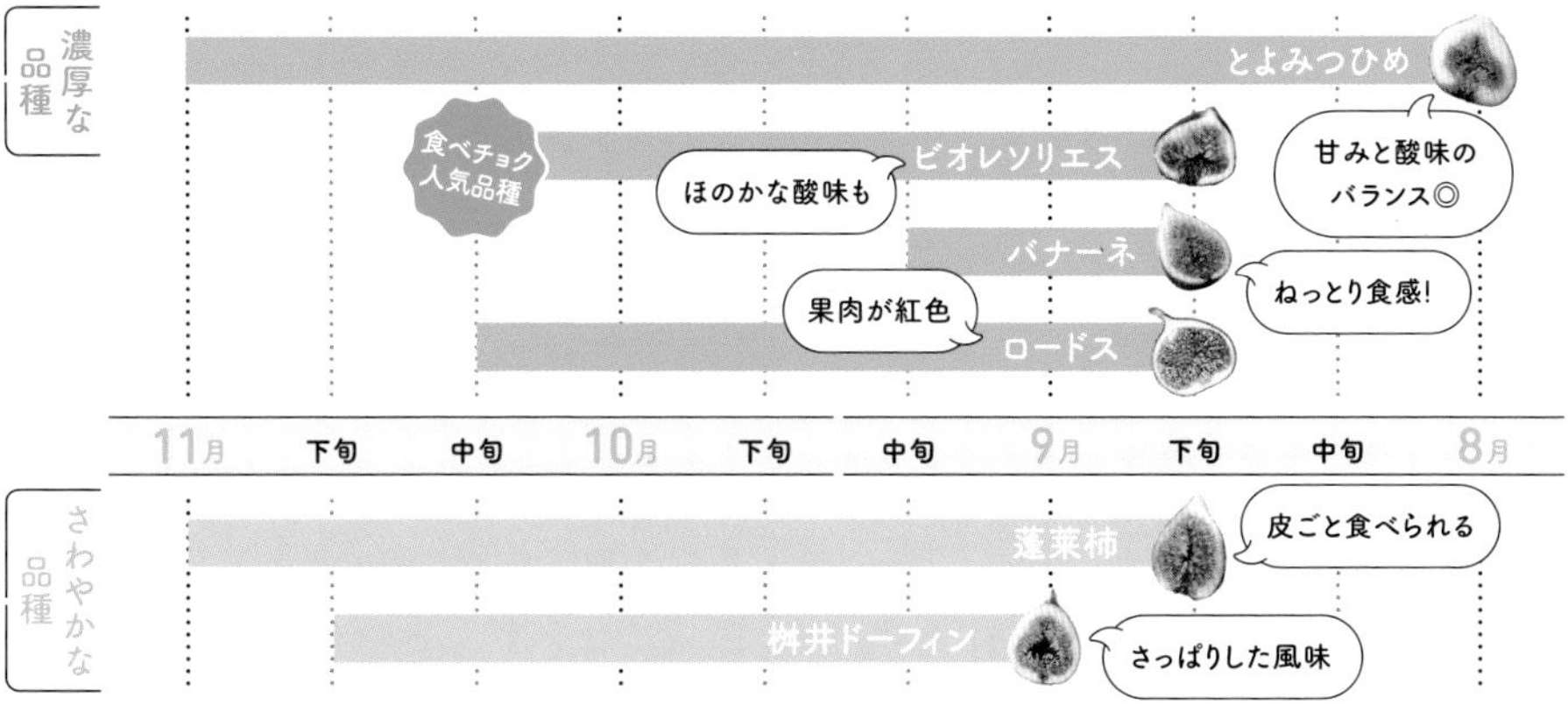

生産者だからこそ知っている おいしい食べ方

まるのまま冷凍すれば使い道いろいろ!

——食べチョク 登録生産者さん

そのまま冷凍保存しておくのがおすすめ。皮ごと煮たらジャムやシロップ、赤ワインと煮たらコンポートに。ミキサーにかけたらスムージーやヨーグルトのお供にもなりますよ。

こんなふうに食べてます

カットしてサラダに!

——食べチョク 登録生産者さん

生のままサラダに加えると、クリーミーな甘さが加わって◎。生ハムやチーズともよく合います。

栄養

血圧を正常に保ち、むくみや高血圧を予防するとされるカリウムが豊富。食物繊維のペクチンには整腸作用が期待できます。乾燥いちじくなら食物繊維の量もアップ。また、フィシンというたんぱく質分解酵素が含まれており、胃腸の働きを助け、胃もたれを緩和するといわれています。

保存方法

やわらかくデリケートなので1個ずつラップで包み、重ならないように保存容器などに入れ、冷蔵庫の野菜室へ。

追熟しない

すいか

猛暑に力を発揮する
天然のスポーツドリンク

すいかは夏の風物詩。この姿を見ると、幼い頃の夏休みを思い浮かべる人が多いはずです。おいしいのはやはり切りたてなので、まるごと買うのが正解。食べきれない分は、カットして即冷凍しておきましょう。含まれる水分と栄養成分は、まさに天然のスポーツドリンク。夏は毎日食べれば最適な熱中症対策になります。糖度が高いもの、種が少ないもの、小ぶりのものなど、新しい品種も増えています。

DATA
原産地：南アフリカ
日本に伝来：江戸時代が有力

分ける場合の切り方は…

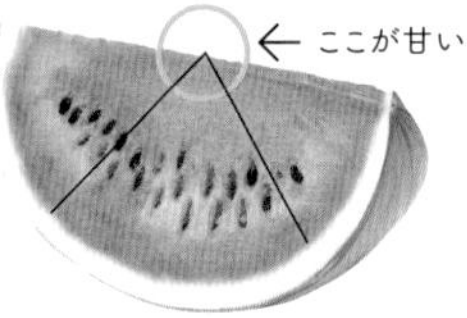

すいかは中央部が一番甘く、外側にいくほど味が薄れていきます。甘い部分が偏らないように、中心部を軸にして放射状に切ると均等に分けることができます。

ここも捨てないで!

種は食べても問題ありません。種には抗酸化作用が期待できるリコピンをはじめ、ミネラルやビタミンも含まれ、むしろ実より栄養が豊富。種を食べる地域も多く、ローストしたものも売られています。

旬

旬は6～8月ですが、熊本県では早く4～5月。6～7月は鳥取県や千葉県、それ以降は長野県や山形県での栽培がさかんで、産地リレーをしながら出荷されます。

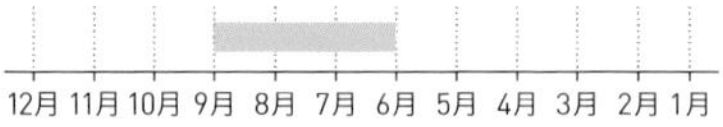

見分け方

まるごとのものは縞模様がくっきりしているもの、たたいてみてコンコン・カンカンといういい音がすれば食べ頃。熟しすぎているとボコボコといった低く鈍い音になります。カットしてあるものは、果肉が色鮮やかで種が黒々としているものを選んで。

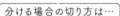

こんなふうに食べてます! そのままおいしい食べ方

スティックカットにすると おしゃれで食べやすい

SNSで見つけて早速やってみました。見た目不思議でしたけど、けっこう簡単。縦半分に切って上下を落とし、あとは格子状に切ればOKです。

手も口も汚れず、食べやすいですよ
——ユーザーのびさん

カットして冷凍! 我が家の夏のおやつの定番です
——ぜんべ農園さん

冷凍してそのまま スムージーにすると濃厚

そもそもすいかは冷やしたほうがおいしいので、夏はこれが定番。氷で薄まらない分、すいかのおいしさをまるごと堪能できます。

切りたてのすいかは食感が違います。できればまるごと購入してください
——ぜんべ農園さん

栄養

水分が90%を占め、エネルギーは低めですが、ビタミンC、むくみを改善するといわれるカリウムなどをバランスよく含みます。赤いすいかにはリコピン、黄色いすいかにはβ-カロテンが含まれ、どちらも抗酸化作用があるため、がんや生活習慣病予防が期待できます。

保存方法

まるごとのものは冷蔵室ではなく風通しのよい場所で保存を。冷やしすぎると甘みが落ちるので、食べる3時間前頃から冷やし始めるのがいいでしょう。カットものはラップをぴっちりかけて冷蔵庫の野菜室へ。

注目の品種

「ピノ・ガール」

小玉すいかの一つで、皮が薄いので可食部が多く、種が小さくて気にならない品種。甘く、シャリシャリの食感も注目されている理由です。

追熟しない

まるごと買って
切りたての
おいしさを堪能

パイナップル

南国のフルーツといって真っ先に思い浮かべるパイナップル。同じ南国のココナッツからの連想か、木に実ると勘違いしている人も多いようです。スーパーではカットされたものが主流ですが、切りたてのパイナップルは香りがよくてジューシー！　見かけによらず切り方も簡単なので、まるごとを手に入れてみましょう。食感や味わいも多彩なので、品種で選ぶのもいいですね。また、消化を助けてくれる成分が含まれるので、夏バテで消化力が落ちているときには積極的に食べましょう。

DATA
原産地：南アメリカ
日本に伝来：江戸時代末期

パイナップルはこんなふうに育ちます

ココナッツのように木に実ると思っている方も多いですが、じつは間違い。地面から出た茎の先に花が咲き、そして実になるフルーツです。

しわの少ないものが新鮮です
――ハナナス農園さん

旬

フィリピンや台湾、タイといった年中温暖な熱帯地方で育ったものが輸入されており、通年出回っています。ただ、沖縄県と鹿児島県産の国産パイナップルも少ないながら流通しており、5～6月から旬を迎えます。

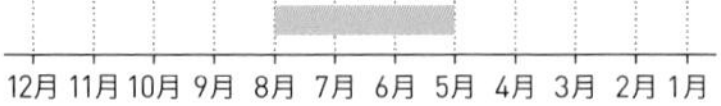

見分け方

全体が丸くこんもりとした下ぶくれの形で、葉は枯れておらず長すぎないもの。持ってみるとずっしりと重量感があり、甘い香りが漂っていたり、お尻のほうにやや弾力を感じるものが完熟しています。

パイナップルの種類

国産のパイナップルにも、さまざまな種類があります。

果汁が多く甘さは上品です
──ハナナス農園さん

手でちぎって食べられます

スナックパイン

果肉がやわらかく、手でちぎってスナックのように食べられる珍しい品種。甘く、香りが芳醇です。

ピーチパイン

甘酸っぱく、桃のような香りが特徴的な品種で、近年人気上昇中！　やや小ぶりのサイズです。

サンドルチェ®

酸味は少なく、名前の通り、ドルチェ（スイーツ）のように甘いタイプ。生産者が少なく希少な品種です。

ゴールドバレル

樽のようにずっしりした形が特徴。味のバランスがよく繊維質が少ないので、食べやすい利点もあります。

まるごとパイナップルの切り方

両端を切り落とします。先端はちょっと固いですが食べられますよ

縦に置いて放射状にカット

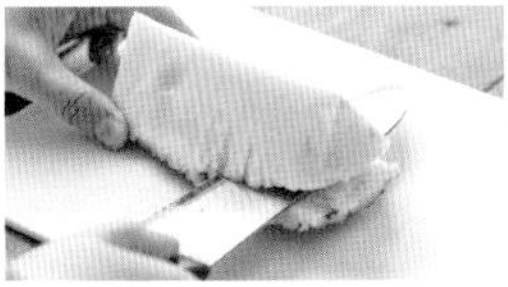

皮と果肉の間に包丁を入れ、一口大に切ります

まるごと買ったら食べる分だけカットしましょう
──ハナナス農園さん

葉が邪魔なときは…

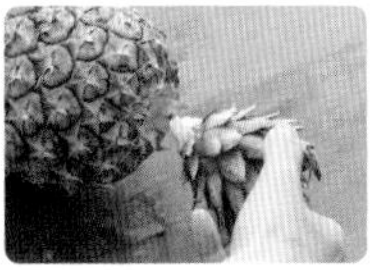

ねじると簡単にはずれます。トゲがあるので、痛いときはタオルなどを巻きましょう。

ココナッツの香りがけっこうクセになります
──ゆうなfarmさん

栄養

酸味のもとは疲労回復に効果があるといわれるクエン酸。また、たんぱく質分解酵素であるブロメラインを含み、胃もたれや胸焼けを防いでくれます。そのほか、ビタミンB_1、B_6、C、カリウム、食物繊維などをバランスよく含みます。

保存方法

パイナップルは追熟しないので、買ってきたら冷蔵庫の野菜室に入れ、2～3日以内には食べたいもの。葉がかさばって収まりきらない場合は、少し葉を残して切り落とし、新聞紙などに包んでおきましょう。

注目の品種

「ホワイトココ®」

2021年に登録された新品種で、果肉が白く、ココナッツの香りのさわやかな甘さが特徴です。

追熟しない

生で、冷凍して……
甘酸っぱさを
どうやって楽しむ?

ブルーベリー

目の健康にいい果物として知られているブルーベリー。たくさん手に入ったら、一部は新鮮なうちに冷凍してみましょう。凍ったままアイスのように食べるもよし、半解凍してとろりとした食感を味わうのもよし。また、天日干しにすれば、スイーツなどに使えるドライブルーベリーにもなります。いろいろな品種がありますが、日本で作られているのは寒冷地向きのハイブッシュ系と暖地向きのラビットアイ系の主に2種類。ハイブッシュ系は酸味があって大粒、ラビットアイ系は甘みがあって小粒のものが多いです。

白い粉状のものは新鮮な証

表面についているブルームはブルーベリーから自然に分泌されるもので、乾燥などから実を守る役割があります。取ると鮮度が落ちやすくなるため、洗う場合は食べる直前に。ブルーム自体は食べても問題ありません。

DATA
原産地:アメリカ北部
日本に伝来:1951年

色が濃いものが完熟しています
――佐々木 香　ガーデンベリー佐々木　佐々木農園さん

旬

寒冷地で育つハイブッシュ系は6~7月、温暖な地で育つラビットアイ系は7~8月に旬を迎えます。生産量1位は東京都で、長野県、群馬県、茨城県、千葉県でも栽培がさかんです。

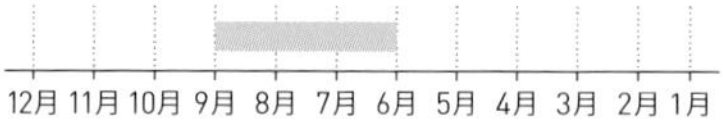

見分け方

黒に近いくらいの濃い紫色で粒が大きく、平たい形のものが美味。また、表面が白く粉っぽいブルームが出ているものが新鮮です。パックに入っているものは下のほうがつぶれていないかチェックしましょう。

こんなふうに食べてます! そのままおいしい食べ方

パンにのせて トーストすれば 粗めのジャム風に

食パンに生のままのせてトースターで焼けば、加熱されてとろけたブルーベリーが粗いジャムのような質感に。ほどよく残った果実感が美味!

普通のジャムより果肉感があっておいしい!
──ユーザーnicoさん

高級アイスの味に!
──佐々木 香
ガーデンベリー佐々木
佐々木農園さん

冷凍ブルーベリーで いつものデザートが ランクアップ

すぐに使わない場合は冷凍するのが正解。凍らせたブルーベリーは、バニラアイスにトッピングしたり、ジェラートやジャムにしたりと使えて便利です。そのままシャリシャリと食べたり、半解凍して食べたりしても◎。

栄養

アメリカ原産のフルーツで、特徴的なのは紫色の色素成分であるアントシアニン。優れた抗酸化作用があり、特に眼精疲労や視力低下の予防など、目の働きを助けるとして注目されています。また、アンチエイジング効果の高いビタミンE、整腸作用のある食物繊維も豊富に含まれます。

保存方法

キッチンペーパーで包んでからポリ袋などに入れて密閉し、野菜室で保存。傷みやすいので、すぐに食べない場合はそのまま冷凍して。水洗いして水気をしっかり拭き取り、保存用ポリ袋などに入れて冷凍室へ。

追熟する

マンゴー

トロピカル気分にひたれる
鮮やかさとねっとり濃厚味

南国フルーツといえばこれ。濃厚な甘みになめらかな舌触りで、食べればたちまち異国のムードに。かつては輸入のイメージでしたが、近年では国産マンゴーも多く出回っています。生産量では沖縄県が50％を占めており、次いで宮崎県、鹿児島県が多く、まさに南国の恵み。日本で多く出回っているマンゴーは、皮が赤くなるアップルマンゴーの一種「アーウィン」種。果肉の中心に平たく大きな種があるので、それを避けるように切り分けるのが食べるときのポイントです。

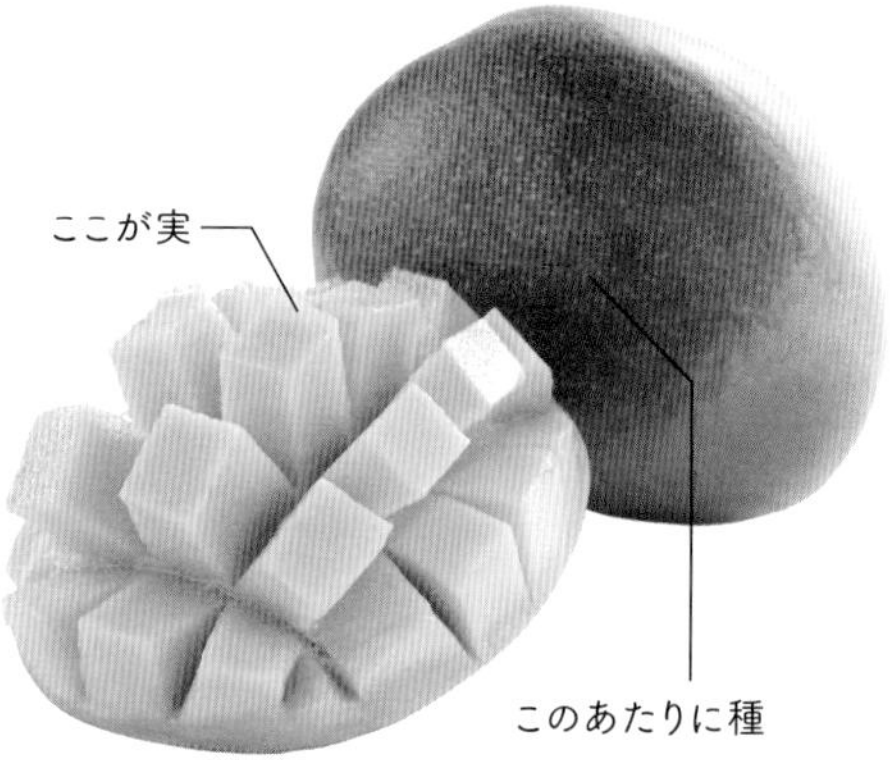

こんな品種も

国産マンゴーには「アーウィン」のほか、大玉で濃厚味の「キーツ」、酸味があってとろける質感の「金煌」、蜂蜜のような甘みのある「金蜜」などの品種も。

キーツ

金蜜《きんみつ》

金煌《きんこう》

DATA

原産地：
インド～インドシナ半島周辺
日本に伝来：明治時代

旬

4月頃から出回り始め、7～8月に旬を迎えます。熱帯原産のため、産地は宮崎県、沖縄県、鹿児島県がほとんどを占めています。

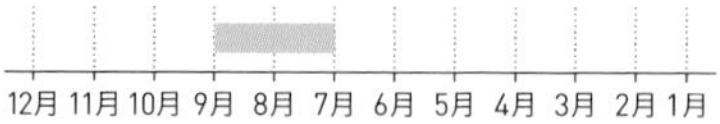

見分け方

表面に光沢があるものを選び、傷や黒い斑点があるもの、皮にしわが寄っているものは避けましょう。皮が鮮やかな赤色（国産のアップルマンゴーの場合）で全体に弾力を感じるもの、甘い香りがしているものが完熟しています。

こんなふうに食べてます! **そのままおいしい食べ方**

まるで花が咲いたよう

見た目がきれいで食べやすい花咲カットで

マンゴーを食べるときは「花咲カット」がおすすめです。まず、中心部にある平らな種を除くために、三枚おろしにするイメージで切ります。切り分けた両側のマンゴーに格子状に切り目を入れ、皮側から押し込むようにして反り返せば完成。

手作りの味は格別です
──食べチョク 大嶋

自然な甘さがおいしい自家製ドライマンゴー

食べやすい大きさの薄切りにして、ザルなどに並べて2～3日ほど天日干しに。干す時間を短くすればねっとり食感のセミドライにもなるので、好みで試して。乾燥させることで保存できるのもいいところです。

栄養

免疫力アップや細胞の老化予防につながるとされるβ-カロテン、ビタミンC、E、葉酸などの栄養を含みます。また、黄色の色素成分であるエリオシトリンは、過酸化脂質の生成を抑える働きがあるとされ、がんや糖尿病予防の効果も期待できます。

保存方法

完熟していない固いものは、上手に追熟させましょう。新聞紙などで包んで常温の風通しのよい場所に置き、2~7日ほど様子を見ながら保存を。皮がしっとりして甘い香りが出てきたら食べ頃です。冷蔵室で2~3時間冷やしてからどうぞ。

追熟する

ジューシーさが魅力!
フレーバーとしても
活躍します

桃

夏のお楽しみの一つで、甘くさわやかな香りとみずみずしさに魅了される人も多いはず。特に皮の香りが強く、料理や飲み物にちょこっと加えるだけで芳香をプラスできます。果肉や皮の色によって白桃と黄桃の2種類に分けられ、白桃は甘みがあって果汁が多め、黄桃は甘み少なめで締まりがいい傾向があります。黄桃のほうが形がくずれにくいため、缶詰に使用されることが多いです。また、縫合線という割れ目があり、これは成長する過程でできた桃特有のもの。良品を選ぶチェックポイントにもなります。

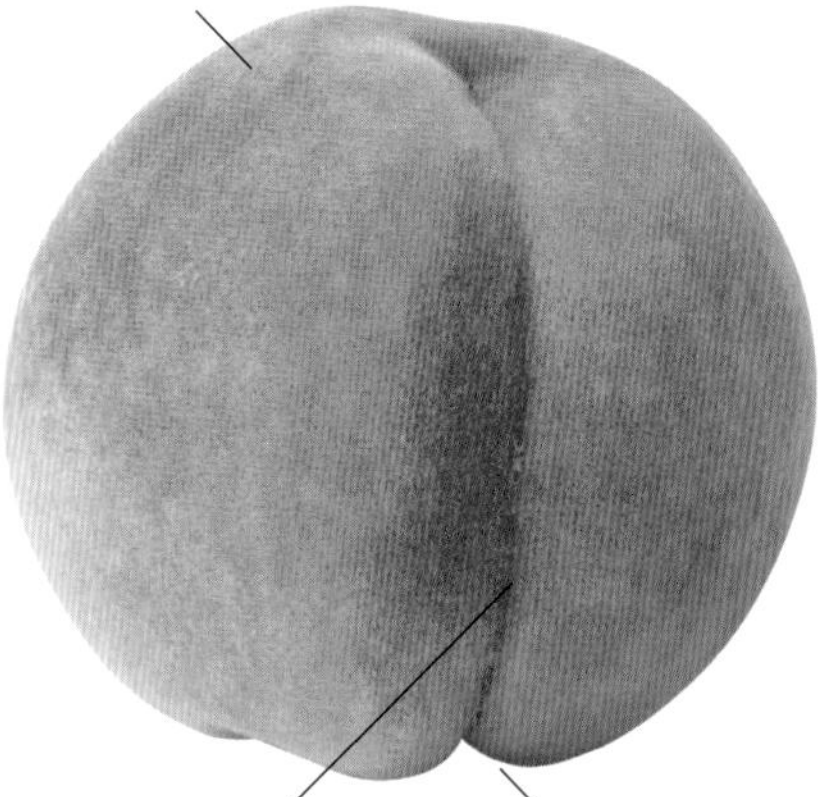

切り方は…

くし形切りにするのがおすすめ。へた側とお尻側で味が異なるため、縦に切ることで味のバラつきがなくなります。

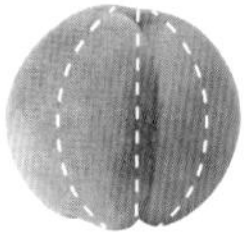

DATA
原産地：中国が有力
日本に伝来：縄文時代頃

皮に果点があるのが甘い印
──おさだ農園さん

旬

主に早生・中生・晩生に分けられ、早いものは6月、遅いものは9月頃出荷されます。最もおいしい時期は7月頃。山梨県が生産量の半分近くを占めていますが、福島県や長野県、岡山県でも栽培がさかんです。

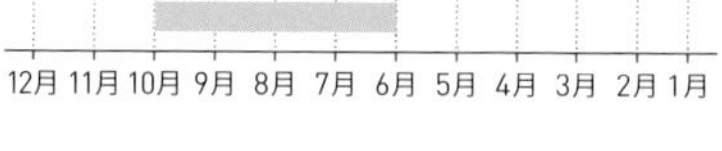

見分け方

ふっくらと丸く、赤みが濃いもの、割れ目を中心として左右対称に近いもの、うぶ毛が全体的に生えているものが美味。色の濃い部分に白い斑点が出ているものは甘みも強くなっています。

こんなふうに食べてます! そのままおいしい食べ方

桃の甘みにモッツァレラの塩気を合わせて

食べやすく切った桃とモッツァレラチーズを盛り合わせて、おしゃれなサラダに。桃のとろける甘さとモッツァレラのクリーミーさと塩気は好相性です。交互に重ねれば見た目のかわいさもアップ。

食べ比べてみました

食べチョクには桃愛の強い社員が多数。人気の食べ方が、桃モッツァレラです。このメニューに合う品種を探るべく、定期的に食べ比べを開催。「それまではやわらかめの桃が好きでしたが、この食べ比べ会で固い桃を食べてからハマるようになりました」という声も。

果実や皮を加えたピーチティー

ドリンクやスイーツに桃の皮や実を加えれば、果実感が加わって、いつものメニューがぐっと贅沢に。皮を2cm角程度に小さく切って加えると、実だけより風味が行き渡りやすくなります。

皮だけでも風味が格段に増します
——おさだ農園さん

栄養

みずみずしい果肉には体内に吸収されやすい果糖が多く、水分とエネルギー補給におすすめ。カリウムや食物繊維も含まれます。また、皮の近くには緑茶でおなじみのカテキンが含まれるのが特徴。カテキンには高い抗酸化力があり、がん予防や老化の抑制につながるといわれています。

保存方法

一つずつ新聞紙で包み、さらにビニール袋に入れて冷蔵庫の野菜室で保存を。また、桃には固いままのものと、最初だけ固く徐々にやわらかくなるものがあります。後者はお尻のほうからやわらかくなり、香りが出始めたら食べ頃。冷やすのは食べる数時間前からがよいでしょう。

やわらかさと旬で見極める

桃の旬チャート

桃は品種によって
果肉の固さが大きく変わります。
出回る時期とあわせて
好みのものを選びましょう。

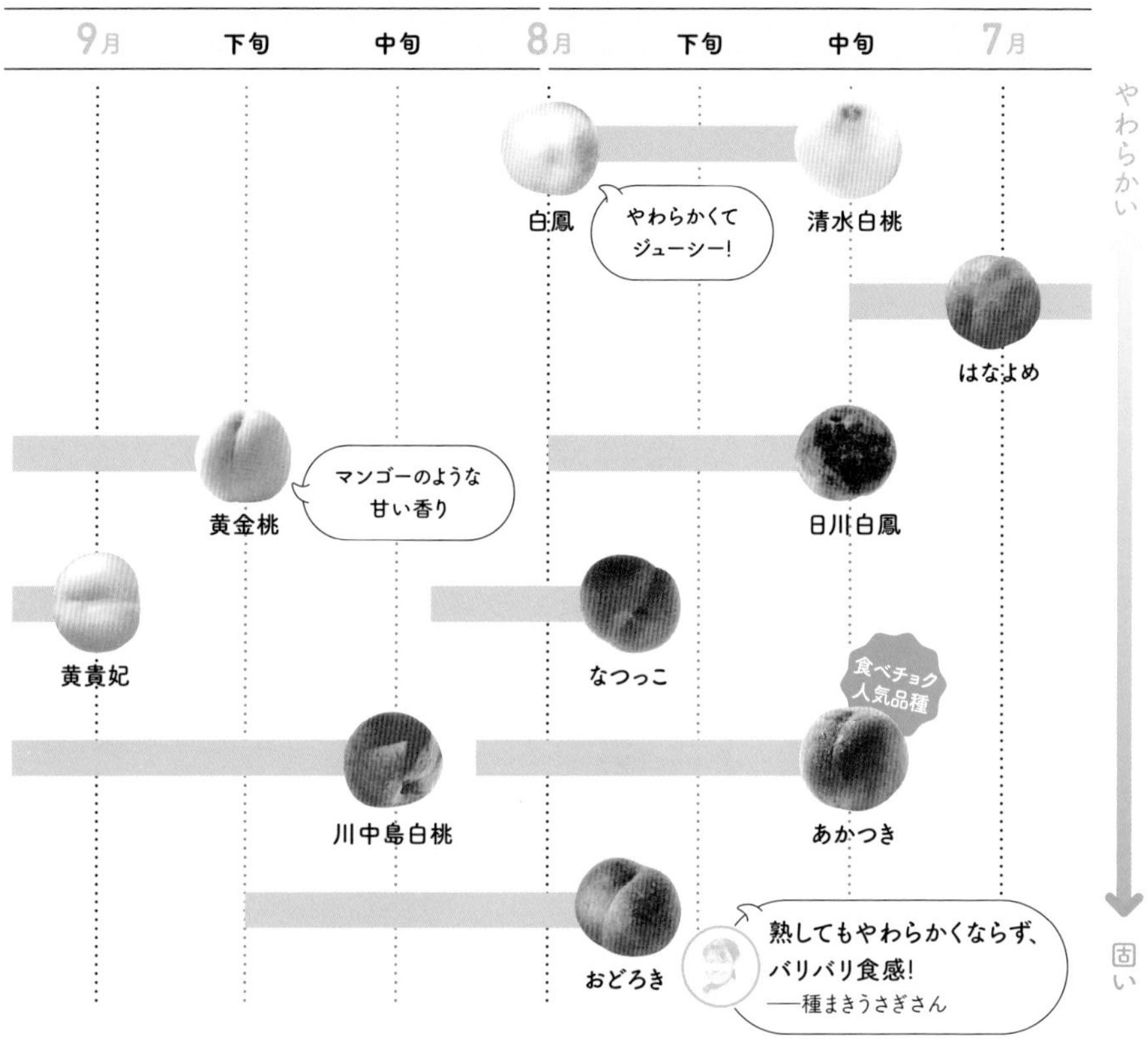

なつっこ

甘みがあって酸味が少なく、果肉はやや固めでコリコリとした食感が楽しめます。

あかつき

日本で最も多く作られている品種。しっかりした固さ、強い甘みとジューシー感が人気。

日川白鳳

さっぱりとした甘さに、香りと食感のバランスも◎。古くから親しまれてきた定番種。

清水白桃

岡山県の白桃の代表種。上品な甘さで手でむけるほどやわらかく、ジューシーな味わい。

はなよめ

6月中旬頃から出回り始める品種。甘く華やかな香りで、繊維が少なくてとろける食感。

黄貴妃

桃を好んだとされる楊貴妃が名前の由来。黄金桃よりやや固く、心地よい酸味も。

黄金桃

濃厚な甘みと南国風の独特な香りがあり、果肉は黄桃種らしいしっかりめの肉質です。

川中島白桃

白桃の代表的存在で、大玉の品種。果肉は締まっていて歯ごたえがあり、甘みもあります。

白鳳

酸味や渋みが少なくて甘く、果汁をたっぷり含みます。数ある白鳳系のもととなる存在。

おどろき

おどろくほど固いことからついた名前。固さには熱狂的なファン多数。甘さは控えめです。

Column.3

香味野菜

いつもの料理に使うだけでグレードアップ

香味野菜とは、料理に香りや風味をつけてくれるもの。彩りにもなり、味でもビジュアルでも、使うだけでいつもの料理をぐっと底上げしてくれます。おなじみの薬味野菜やとうがらしのほか、ハーブも含めれば、味わいも多種多様。単品はもちろん、組み合わせて使う楽しさもあります。代表的なものを紹介しますので、せっかくならフレッシュな生の香味野菜で、その効果を試してみてください。

どうやって使えばいいのか迷うこともありますが、まずは使ってみることが一番。続けるうちに自然と好みやコツもわかってくるはずです。

風味よく仕上げる

にんにく

食欲を刺激する強い香りが特徴の、世界中で使われる万能野菜。味に深みを出してくれます。

バジル

ほのかに甘く、さわやかな香りで、オリーブオイルやチーズ、トマトとの相性が抜群です。

セロリ

独特な香りで食材の臭みをやわらげてくれる洋食に欠かせない香味野菜。刻み玉ねぎの代用にも。

しょうが

食材の臭みを消し、うまみを引き出します。独特の香りとさわやかな辛みが料理のアクセントに！

オレガノ

スッキリとしたさわやかな香りが特徴の、肉や魚のローストによく使われるハーブです。

セージ

生クリームなどの乳製品や肉料理とも合う、香りの強いハーブです。バターに混ぜ込むことも。

タイム

清涼感のある香りとほろ苦さも感じる、強い抗菌作用があるハーブです。ピクルスや魚介料理に。

ローズマリー

オーブンやグリル料理で多く使われるハーブ。強い香りが食材の魅力を引き立ててくれます。

いつまでも新鮮に食べられます
——クレオさん

保存のポイント

水に挿して保存

ハーブ類はお花のように挿しておきます。長持ちするだけでなく、キッチンにおいておけばすぐに使え、香りもいいので一石三鳥です。

Column.3

彩りや香りを楽しむ

パセリ

緑色が鮮やかで、彩りとして多用されるハーブ。ちょっぴり苦く、さわやかな香りで味もアップ。

みょうが

冷や奴やそうめんなど、夏に欠かせない香味野菜。食欲を刺激する香り成分が含まれます。

三つ葉

ほのかでさわやかな香りが特徴。シャキシャキとした食感がアクセントにもなります。

青じそ

さわやかな風味でおなじみの和の香味野菜。殺菌作用があるため、よく刺身に添えられます。

ディル

サーモンと合わせることが多い、北欧で定番のハーブ。乳製品やマヨネーズとも好相性です。

パクチー

タイ料理でおなじみの、強い独特な香りのハーブ。香菜、コリアンダーとも呼ばれます。

ミント

スイーツによく使われる清涼感のあるハーブ。アップルミント、スペアミントなど種類があります。

イタリアンパセリ

パセリよりも香りがさわやかで、クセのないハーブ。肉料理やスープ、サラダによく添えられます。

辛みをプラス

ホースラディッシュ

ローストビーフによく添えられ、清涼感のある辛みが特徴。山わさび、西洋わさびともいいます。

とうがらし

鷹の爪など、国内にもいくつもの在来種があるとうがらし。種類によって辛みもさまざまです。

山椒

キリッとした辛みの実はアクを抜いてから使います。「木の芽」として使用される若芽も人気。

わさび

本わさびは数少ない日本原産の野菜。刺激的でさわやかな辛みは、和食に欠かせません。

自家製ドライハーブになります
——クレオさん

保存のポイント

乾燥させて保存

大量にあるときはレンジで乾燥させて、ドライハーブにします。加熱時間は約2分。保存瓶に入れれば香りもキープでき、長く料理に使うことができます。

秋に食べたい
野菜＆果物

秋は根菜類ときのこの季節。
滋味深いそのおいしさに、
ますます食欲が刺激されます。
おいしい果物も百花繚乱！

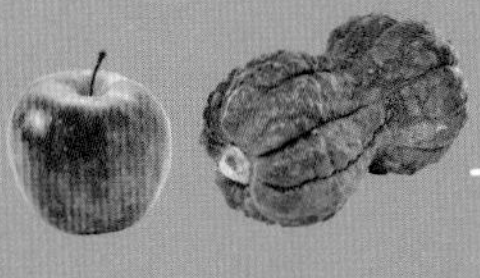

皮も種も食べ尽くして。
いつもと違った
新しい種類も楽しみたい

かぼちゃ

ホクホクと甘く、スイーツに使われることも多い野菜。皮ごと使えるのもいいところです。いろいろな種類があり、皮がでこぼことして淡白な味わいの「日本かぼちゃ」、ねっとりとして甘みの強い「西洋かぼちゃ」、それ以外の「ペポかぼちゃ」(別名「おもちゃかぼちゃ」)に大きく分けられます。日本でよく食べられるのは、じつは西洋かぼちゃ。カットされたものも出回っていますが、まるごと買って、豪快にそのまま調理するのもおすすめです。種まで活用すれば完璧なるかぼちゃマスターに。

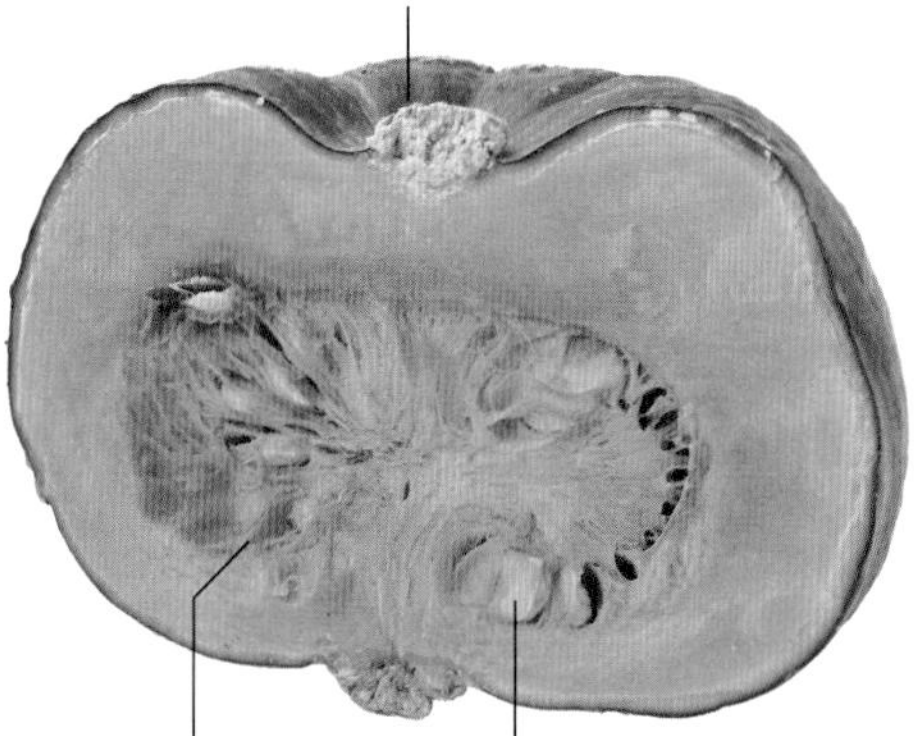

切りにくいときは…

固い皮の上からだとカットしづらい場合は、レンジで加熱して少しやわらかくすると切りやすくなります。まるごとのかぼちゃを調理するときにおすすめ。

種も食べられる

捨ててしまいがちなかぼちゃの種は、じつは食べられます。おやつやトッピングに活用して。

DATA

原産地：アメリカ大陸
日本に伝来：16世紀半ば

旬

収穫されるのは夏から秋にかけてですが、しばらく貯蔵したほうが甘みが増し、10〜12月の寒くなる時期に旬を迎えます。生産量第1位は北海道ですが、関東地方や九州地方でも栽培がさかん。沖縄では2〜4月に収穫されています。

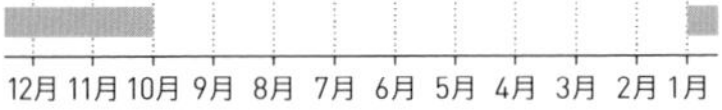

見分け方

皮の緑色が濃く、ずっしりと重量感のあるものを。へたが乾燥しきってコルクのような見た目になっているものは完熟しておいしさが増しています。カットされたものは果肉の色が鮮やかで、種とわたがしっかり詰まっているものを選びましょう。

こんなふうに食べてます! そのままおいしい食べ方

炊飯釜にまるごとイン! 豪快炊きかぼちゃ

炊飯釜にかぼちゃをまるごとと水200〜300mℓを入れ、普通に炊けばOK。ふっくらとした炊き上がりで、切ったりほぐしたりしやすくてラクちん。サラダやスープ、スイーツなど使い道はいろいろです。

甘〜いかぼちゃ煮をチーズと一緒に春巻きに

かぼちゃの煮物をたくさん作ったときにおすすめのアレンジレシピ。かぼちゃの煮物を小さめに切り、溶けるチーズとともに春巻きの皮で包み、170℃に熱した揚げ油で色づくまで揚げたら完成。

好みでケチャップを
つけても

栄養

β-カロテン、ビタミンCが豊富で、「若返りのビタミン」ともいわれるビタミンEの宝庫でもある優秀野菜。血行促進や風邪予防、貧血予防、美肌づくりはもちろん、がんの抑制にも効果を発揮するといわれています。β-カロテンと食物繊維は特に皮に多いので、皮も含めて調理するのがおすすめ。

保存方法

まるごとの場合は新聞紙などに包んで冷暗所に置いておくと、2〜3カ月長期保存できます。カットしたものは、傷みやすい種とわたを取り除き、ラップで包んで冷蔵庫の野菜室へ。

かぼちゃの種類

見た目も味も
多様なかぼちゃは
3つに分類できます

日本かぼちゃ

鹿ヶ谷かぼちゃ

京野菜の一つで、ひょうたんのような独特な形状です。肉質はきめこまかく、しっとりとしています。

島かぼちゃ

沖縄の島野菜で、ぽってりとしたフォルム。甘みが少なくあっさりとしており、水分を多く含みます。

バターナッツ

縦に長い形で、皮につやのあるかぼちゃ。ナッツのようなコクと甘みがあり、なめらかな肉質です。

小菊かぼちゃ

真上から見ると菊の形に見えることからこの名に。小型サイズで皮はごつごつ、果肉はしっとりしています。

西洋かぼちゃ

コリンキー

皮は黄色〜オレンジ色で、生のまま食べられる珍しい種類。クセが少なく、コリコリとした食感です。

栗のような甘さ!

ロロン

ラグビーボールのような形が個性的。きめこまかくてなめらかな舌触りで、上品な甘みが楽しめます。

栗っプチ

手のひらサイズのミニかぼちゃ。皮や果肉の質感は黒皮栗かぼちゃに似ていて、甘くほっくりとしています。

黒皮栗かぼちゃ

最も多く流通している種類で、皮が黒くて果肉はオレンジ色。栗のように甘くてホクホクとした食感です。

ペポかぼちゃ

ハロウィンで
おなじみ

ジャックビーリトル

観賞用に使われることが多いですが、甘さがマイルドで皮もおいしく、ほかのかぼちゃと同様に使えます。

プッチィーニ

手のひらサイズの小ぶりな種類。鮮やかな黄橙色で、栗やさつまいもを思わせるやさしい甘みがあります。

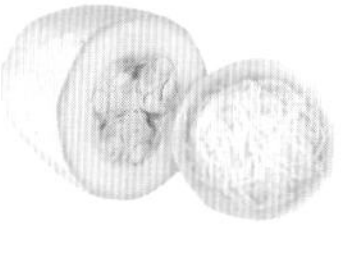

金糸瓜

果肉が繊維状になっており、加熱すると麺のようにほぐれることから「そうめんかぼちゃ」の別名も。

この種類だからおいしい! 生産者直伝の食べ方

新食感コロッケです
——ワダケン(リアルソイルハウス)さん

「バターナッツ」の甘みにザクザク食感が絶品なスコップコロッケ

バターナッツは皮つきのまま縦半分に切り、果肉を少しくりぬいてくぼみを作ります。油を熱したフライパンで合いびき肉、玉ねぎを炒め、塩、こしょうで調味したらバターナッツのくぼみにのせ、パン粉をかけて180℃のオーブンで15分加熱。スプーンですくいながらどうぞ。

グラタンやスイーツ、サラダ、スープなどを入れて
——もりやま農園さん

小ぶりの「栗っプチ」がかわいい器に早変わり

栗っプチを湿らせたキッチンペーパーで包み、へた側を下にして耐熱皿にのせ、ラップをかけて電子レンジ（500W）で3分、裏返して2分加熱。粗熱がとれたら上部を切り落とし、1～2cmの厚みが残るように果肉、わた、種を取り出せば完成です。

カレー風味でやみつき!
——百笑クラブさん

もう捨てられない! 種がおつまみに変身

かぼちゃの種をフライパンで焦げ目がつく程度に軽く煎って、カレー粉や塩を少しずつ振ります。ポリポリとした食感に手が止まらなくなるはず。

菊いも

糖尿病対策で一躍注目の野菜に!

江戸時代に伝来したものの、食用としてはほとんど広まらなかった菊いも。注目されたのは最近で、血糖値の上昇をゆるやかにする、腸内環境をととのえるといった健康効果にスポットライトがあたりました。見かけは少しごついですが、味はいたって淡白。ほのかに甘く、ごぼうのような香りがあり、生はシャキシャキで、加熱するとホクホクになります。皮むきが大変という声が多いですが、むかなくてもOK。よく洗って皮ごといただきましょう。食べ方を覚えて、毎日の食卓にいかがですか?

ここは根

ここも捨てないで!

見た目は手強そうですが、菊いもの皮はとても薄いので、むかなくてOK。ただし、間に土が入っているので、よく水洗いしてから調理して。

DATA

原産地：北アメリカ
日本に伝来：江戸時代

旬

菊いもの甘みや味わいが増すピークは、根が食べられる大きさになるまで肥大した11～12月。収穫は、11～翌3月にかけて行われます。

見分け方

ある程度の大きさがあり（5㎝以上）小粒すぎないもの、コロコロしていて丸みがあるもの、しっかりと固さがあるものを選びましょう。傷がついているものは避けましょう。

こんなふうに食べてます! **そのままおいしい食べ方**

ホクホクとねっとり感が絶妙です
——えがおファームさん

ふかして シンプルに塩で

生だとシャキシャキとした食感ですが、加熱するとほっくりしつつ、ねっとりした感じの食感に変化して、それもまた美味。シンプルに塩がおすすめです。

ごま油を食べる直前に加えてください
——たいら農園さん

うまだれに漬ければ 毎日おいしく食べられます

めんつゆとポン酢、とうがらしを合わせたうまだれに一晩漬けるだけなので、簡単。きんぴらや佃煮もおすすめです。菊いも250gに対し、めんつゆ50mℓ、ポン酢30mℓ、とうがらし少々、ごま油10mℓが適量。

「毎日、少しずつ」が一番効果的です
——たいら農園さん

栄養

キク科の根の部分で、炭水化物はじゃがいもよりやや少なめ。イヌリンという食物繊維が豊富に含まれているのが特徴で、腸の働きを促し、腸内環境をととのえます。また、血糖値の上昇をゆるやかにする働きがあり、糖尿病の予防につながるともいわれています。

保存方法

洗わずに新聞紙などに包んで冷蔵庫の野菜室で保存を。しなびてやわらかくなる前に食べきりましょう。可能なら土に埋めておくと長く保存できます。

食べ方は白い菊いもと同じです
——えがおファームさん

注目の品種

「紫菊いも」
外は紫ですが、中は白。白い菊いもと比べ、食物繊維とイヌリンが多いとされ、特にイヌリンの含有量は野菜一とも。

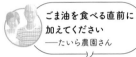

どちらの食感が好き?
そのままでおやつになる
唯一無二のスイーツ野菜

さつまいも

さつまいも選びの基準といえば、ホクホク系orねっとり系。近頃ではねっとり系の人気が高まっていますが、昔ながらのホクホク系にも熱狂的なファン多数。食べ方としては、焼きいもがやはりおすすめです。干しいもも健康スイーツとして見直され、ブームが到来しています。もちろん、料理に使える優秀さも。中が黄色い種類が一般的ですが、鮮やかな紫色をしたいわゆる紫いもも、さつまいも好きなら試したいもの。いろいろな種類を食べ比べて、自分の好みを発見するのも楽しいですよ。

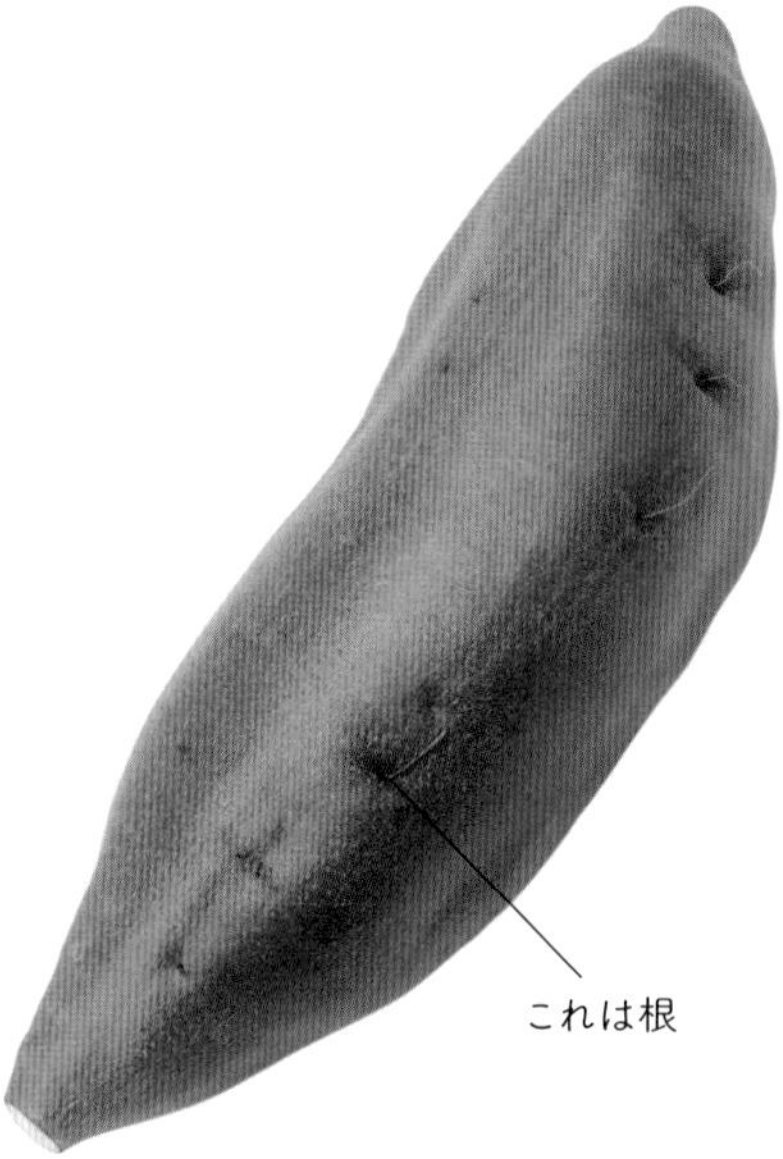

皮ごと食べて

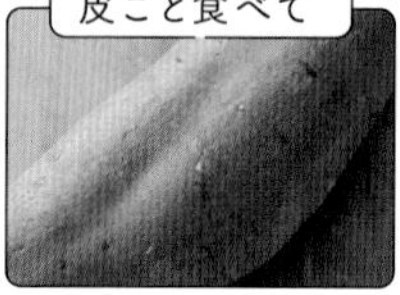

さつまいもの皮は栄養を豊富に含みます。食べづらさもないので、むかずにそのまま使いましょう。皮の色味が彩りにもなります。

DATA

原産地 : 中央アメリカ
日本に伝来 :1600 年頃

旬

7月頃から収穫され、10～12月の寒い時期に旬を迎える野菜です。通常、収穫してから1～2カ月ほど貯蔵し、糖化、熟成させてから出荷されます。温暖な気候を好むため、主に北関東以南で栽培されています。

見分け方

ずっしりと重みがあり、ふっくらとした形でつやのあるものが良品です。表面の皮がむけているものや、凹凸や傷、シミがあるもの、ひげ根が生えているものは避けましょう。

こんなふうに食べてます！ **そのままおいしい食べ方**

とにかくじっくり焼いて
——好作豊吉さん

みんな大好き！ おうちで甘〜い焼きいもが作れる

さつまいもといえば、やっぱり焼きいも。自宅でおいしく作るコツは、低めの温度で時間をかけて焼くこと。アルミホイルに包んで160℃のオーブンで90〜120分焼けば、甘みが引き出されてホクホクの仕上がりに。

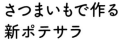

甘さとマヨがマッチして大人にも子どもにも喜ばれます
——たけSUN農園さん

さつまいもで作る新ポテサラ

さつまいもを3㎝幅の輪切りにし、やわらかくなるまでレンジ加熱。皮をむいてつぶし、塩、こしょう、塩もみして水気を絞った玉ねぎのみじん切り、マヨネーズとともに混ぜます。おかずにもおつまみにもなる一品に。

使う直前まで水洗いはしないで
——ふれあい農園さん

栄養

炭水化物が主成分で消化・吸収がよく、甘みがあるのに脂質は少なめなので、ダイエット中のおやつにぴったり。ビタミンC、E、食物繊維が豊富で、肌にはりやつやを与える美肌効果や、整腸作用が期待できます。皮には抗酸化作用の高いアントシアニンが含まれており、皮ごと食べる調理がおすすめです。

保存方法

低温に弱いので冷蔵室に入れないほうがいいでしょう。キッチンペーパーか新聞紙で包み、風通しのよい冷暗所に置けば、6カ月ほどおいしく保存できます。

甘みと食感の好みで選ぶ

さつまいもチャート

ねっとり派とホクホク派に
分かれる、さつまいも。
甘みの強さとあわせて、
好みの品種を見つけて。

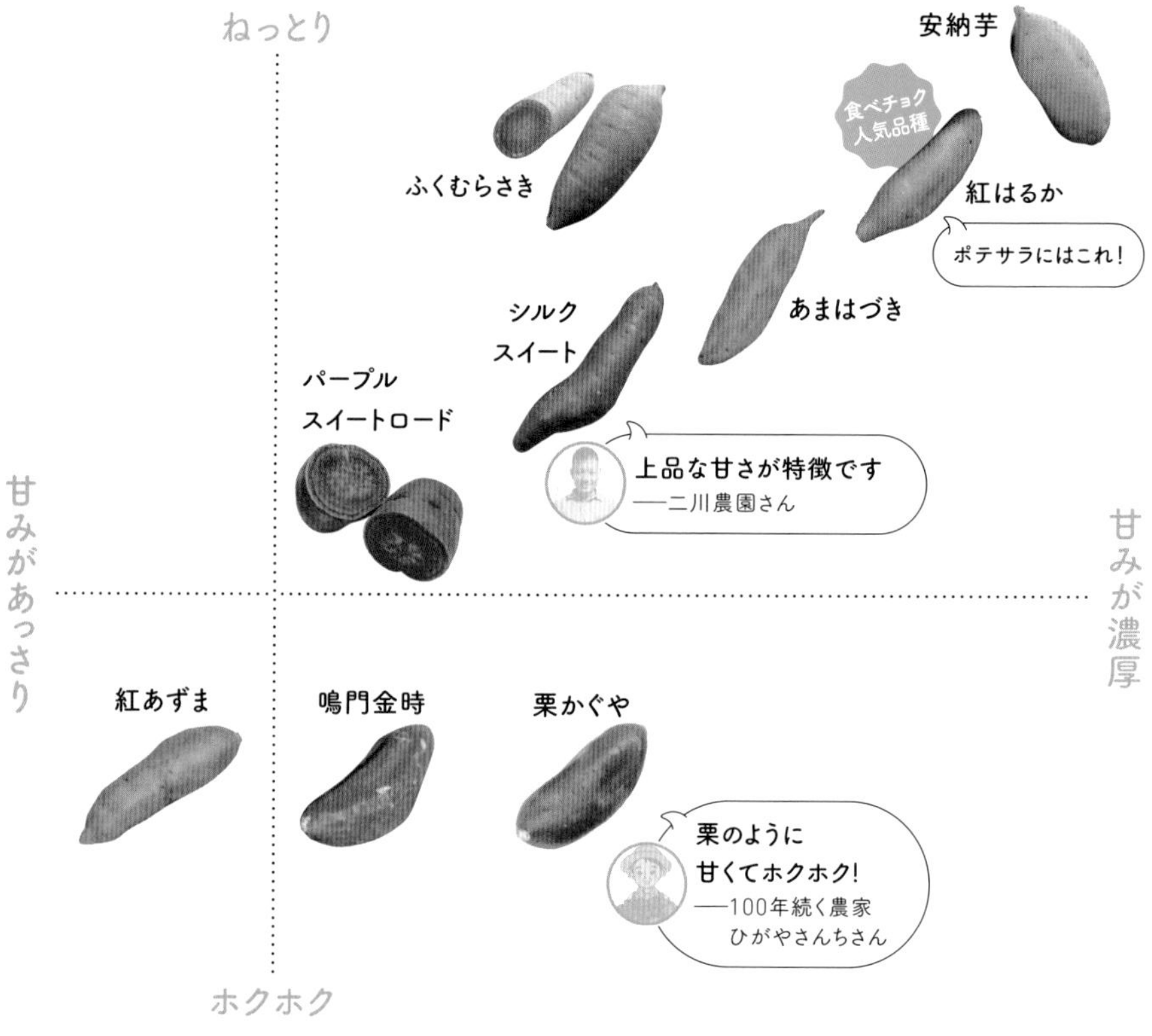

シルクスイート
名前の通り、シルクのようななめらかな舌触り。甘さはほどよく品のある味わいです。

ふくむらさき
鮮やかな濃い紫色の果肉を持ち、ねっとり感が強い品種。紫いもの中では一番の甘さ。

あまはづき
収穫直後の時点で糖度が高く、ほかの品種に比べて黄色みが強い果肉も特徴です。

紅はるか
上品ながら濃い甘みがあり、加熱することでしっとりとクリーミーな質感になります。

安納芋
種子島発祥の品種で、ねっとり感と甘みが強い品種。じっくり焼くと糖度は40度にも。

紅あずま
ほっくり食感にクセのないやさしい味で、昔ながらのさつまいもの味が楽しめます。

鳴門金時
甘さが穏やかで主張しすぎないため、料理に使っても。粉がふいたようなホクホク感。

パープルスイートロード
ふくむらさきの父親にあたる存在ですが、特徴は大きく異なり、粉質で甘さはあっさり。

栗かぐや
加熱すると黄色くなる果肉は月をイメージさせ、食感や甘さ加減は栗に似ています。

紅はるか画像 © 田端啓一

この種類だからおいしい! 生産者直伝の食べ方

ねっとり甘さにバターが芳醇!
──五島こばさんち農園

「安納芋」の焼きいもを使った濃厚ブリュレ

甘みの強い安納芋で作った焼きいもを使います。冷ました焼きいもを縦半分に切り、切り口に格子状に切り目を入れてバターを好きなだけのせ、グリルで焼いたら完成!

手が止まらないおいしさです
──丹波ファーム・たかはしさん

「紅はるか」でさつまいもチップス

スライサーで紅はるかを薄切りにし、水にさらして水気を拭いたら素揚げにします。味つけは塩だけであっさりと。輪切りにしたり縦に切ったり、好みの切り方でOK。

普通のさつまいもとは違った甘さです
──ワダケン(リアルソイルハウス)さん

「パープルスイートロード」を紫色が鮮やかなジャムに

パープルスイートロード150gをこまかく切り、水150mℓとともに鍋に入れて火にかけ、煮立ったらやわらかくなるまでゆでます。汁ごとマッシャーでつぶし、砂糖75g、レモン汁大さじ1と½を加えて弱火にかけ、練りながら混ぜたらできあがり。

栽培の歴史は古く
神様の供え物にも

里いも

いも類の中では比較的味はあっさりしていますが、ねっとりした食感は格別。煮ても焼いても、ふかしても、揚げても、独特の存在感があります。ちなみに、里いもには親いもと、親いもの芽から成長した子いも、そして孫いもがあり、私たちが食べているのは、主に子いもと孫いも。あまり出回りませんが、親いもはねっとり感が少なく、ホクホクとしています。食材としての歴史は古く、中秋の名月には里いもを供える習慣もあります。

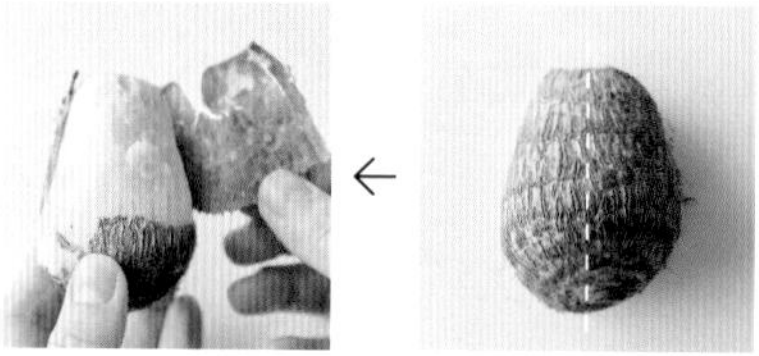

皮むきは…

ぬめりがあって皮がむきにくい里いもは、レンジが便利。皮に縦1本包丁を入れ、水を振って加熱するとスルッとむけやすくなります。600Wで5分が目安。

DATA
原産地：マレー半島
日本に伝来：縄文時代

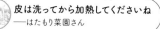

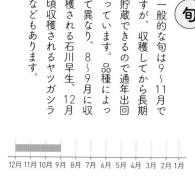

皮は洗ってから加熱してくださいね
──はたもり菜園さん

旬

一般的な旬は9～11月ですが、収穫してから長期貯蔵できるので通年出回っています。品種によって異なり、8～9月に収穫される石川早生、12月頃収穫されるヤツガシラなどもあります。

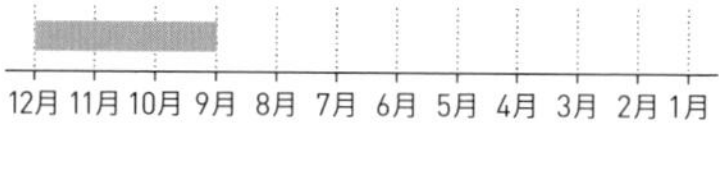

見分け方

実が固くしっかりしていてふっくら丸いもの、皮に入っている筋目の間隔が均一のものが美味。泥つきで、皮が湿った状態で売られているもののほうが風味豊かです。

こんなふうに食べてます！ **そのままおいしい食べ方**

新潟・五泉の里いもでぜひ！
——農園 陽だまりの芽さん

里いもの小いもは衣かつぎに

衣かつぎは皮のまま蒸して、皮をむいて食べる秋の味覚。とろっととろける食感が楽しめます。

「里いもチップス」いけますよ～
——本多農園さん

スライスして揚げるとめっちゃおいしい！

里いもというと、煮たり、おでんに入れたり、汁物のイメージがありませんか？　じつは揚げても美味。厚さはお好みで、塩やガーリックパウダーが合いますよ。

噛まずにとろける食感です
——はらぺこ畑 杉正農園さん

注目の種類

「とろりん」
名前の通りのとろける食感と、皮がむきやすくて早く煮えるという特徴で、ただ今人気上昇中。

栄養

水分が多く、いも類の中ではエネルギーが比較的低め。体内の塩分を調節する働きがあり、むくみや高血圧を予防するといわれるカリウムが豊富。また、腸の働きをととのえて便秘を予防するなど、整腸作用が期待できる食物繊維も豊富です。

保存方法

乾燥と低温に弱いので、新聞紙などに包んでから冷暗所で保存を。ポリ袋での保存はカビが生えやすくなるので避けましょう。

きのこ

旬は秋でも菌床栽培で
1年中おいしく食べられる

秋の味覚といえば、きのこです。菌床栽培によって1年中食べられる品種が多いですが、やはり秋になると恋しくなるもの。うまみたっぷりで、特に油と相性がよく、加熱するとうまみが凝縮します。ちなみに、天然きのこと菌床栽培のものとの大きな違いは、香り。例えば炊き込みご飯にするとあきらかで、天然きのこは家中に香りが満ちるそう。せっかくなら天然きのこを入手して秋の恵みを満喫しましょう。

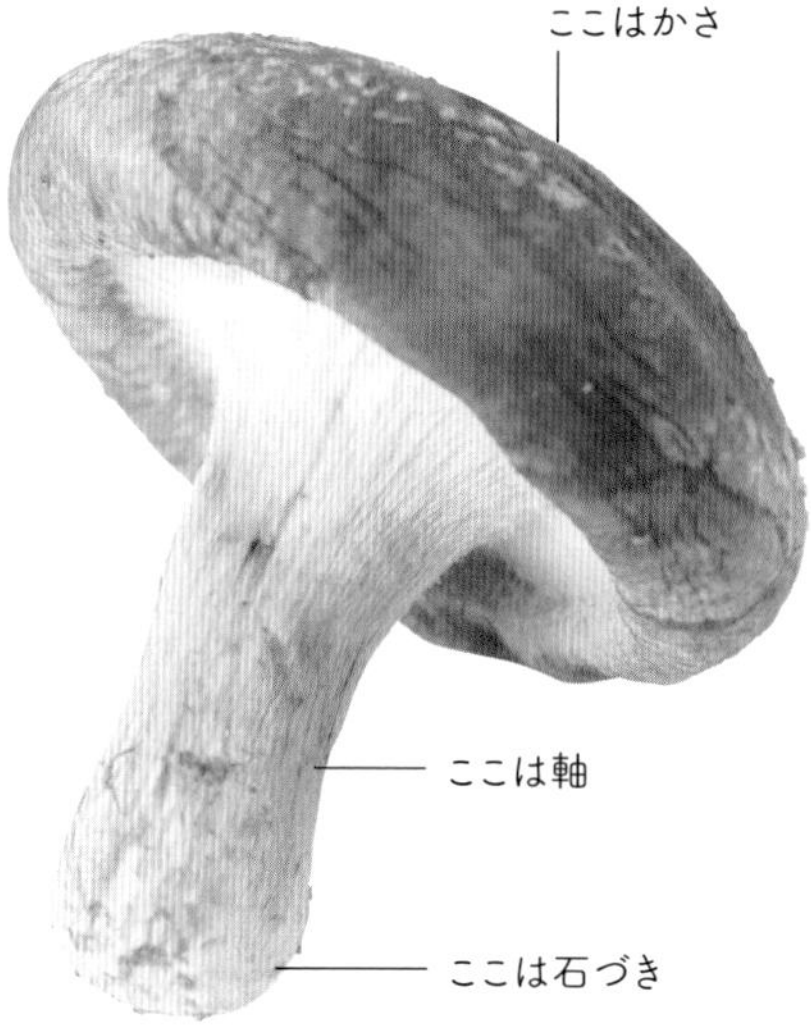

風味が落ちるので水洗いは絶対しないでくださいね
──宮入きのこ園さん

下処理は…

きのこは洗わずに使います。汚れが気になるときは、清潔な布巾やキッチンペーパーでサッと拭けばOK。ただし、なめこだけはサッと水で洗いましょう。

ここも捨てないで!

しいたけの軸は食べられます。むしろ一番だしが出るので、こまかく裂いてチャーハンに入れたり、甘辛く煮るのもおすすめ。

DATA

原産地：種類により世界に分布
日本に伝来：──

旬

えのきたけ、ぶなしめじ、まいたけの天然ものは9～11月が旬ですが、人工栽培によって通年供給され、価格も安定しています。しいたけは菌床栽培のものは通年出回りますが、原木栽培のものは、3～5月と9～11月に収穫されます。

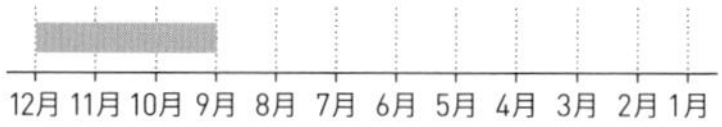

見分け方

共通でかさが開ききっていないもの、なめこ以外は表面にベトつきがないものを選びましょう。しいたけは軸が太くて短いもの、ぶなしめじはバラではなく1株になっているもの、まいたけはかさが肉厚なものが美味。

こんなふうに食べてます! そのままおいしい食べ方

干ししいたけでもOKですよ
——野本農園さん

アヒージョにすると最高においしい!

しいたけなどのきのこ類は油との相性が抜群なので、アヒージョが最高においしいですよ。ちなみに、シンプルに焼く場合はサッと塩水にひたすとパサパサになりにくいですよ。

軽く炒めてわさび醤油で!

おいしいしいたけを手に入れたら、スライスしたあとサッと炒めて、わさび醤油で食べてみてください。食べると違いがよくわかります。

ビールに最高です!
——MCD/松ちゃん堂さん

まいたけは一口大に切って冷凍保存もおすすめです。解凍するとえぐみが出て味が落ちてしまうので、凍ったまま使って!

——しぶたの毎日きのこさん

栄養

低エネルギーで食物繊維が多めなのが共通の特徴。ぶなしめじ、しいたけにはビタミンDに変化するエルゴステロールが豊富でカルシウムの吸収を促進します。えのきたけ、まいたけは疲労回復を助けるビタミンB群、血行促進に効果的といわれるナイアシンが豊富。

保存方法

しいたけはかさを下にしてキッチンペーパーに包み、ポリ袋に。えのきたけ、ぶなしめじ、まいたけはパックのまま水気を避けて冷蔵庫の野菜室へ。いずれも鮮度が落ちやすいので、1~2日以内に食べきりましょう。

この種類だからおいしい! 生産者直伝の食べ方

「マッシュルーム」は生のままスライス

マッシュルームは生で食べられる珍しいきのこ。スライスしてオイルと塩をかけ、そのまま食べてみてください。食感もよく、香りも広がります。

生で食べると香りがよくわかります
──きのこ屋でんべえさん

「まいたけ」はじっくり加熱

まいたけはサッと熱を通すのではなく、低温〜中温であまり動かさず、まいたけからプツプツと水分が出てくるまでじっくり熱を加え芯まで火を通すと、うまみたっぷりに仕上がります。

サッと焼くのとは全然味が違いますよ
──しぶたの毎日きのこさん

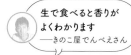

きのこの種類

それぞれ単体で食べても魅力的ですが、味わいが増すので合わせて使っても美味。

ぶなしめじ

和洋中に使いやすく、うまみ成分のグルタミン酸がたっぷり！　人工栽培は長野県が発祥です。

まいたけ

風味と歯ごたえがよいきのこで、白まいたけも。捨てるところはなく、軸まで食べられます。

しいたけ

菌床栽培だけでなく、原木栽培も多いしいたけ。干ししいたけは和のだしに欠かせない食材。

しいたけは30分ほど
天日と寒風にあて、
その後冷蔵庫で保存すると
長持ちします
──MCD/松ちゃん堂さん

ひらたけ

最近、よく目にするようになったきのこで、歯ごたえと香りが抜群。料理を選びません。

マッシュルーム

新鮮なものは生でも食べられるきのこ。うまみ成分のグアニル酸とグルタミン酸が含まれます。

エリンギ

比較的味は淡白ですが、縦に裂く、輪切りにするなど、切り方で食感の違いが楽しめます。

えのきたけ

シャキシャキとした歯ごたえが特徴で、根元の部分を輪切りにして食べるのもおすすめです。

まつたけ

芳醇な香りが特徴の、秋の恵み。人工栽培は難しく、国産のまつたけは希少です。

きくらげ

ぷりぷりっとした食感が特徴のきのこ。乾燥したものも多く出回っています。

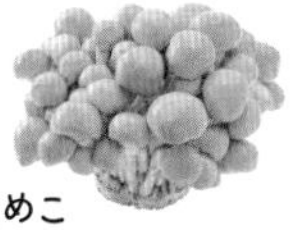

なめこ

独特のぬめりに包まれた日本原産きのこ。シャキシャキとした食感も魅力です。

生産者だからこそ知っている **おいしい食べ方**

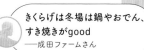

きくらげは冬場は鍋やおでん、
すき焼きがgood
──成田ファームさん

「きくらげ」は黒蜜ときなこをかけて

きくらげは炒め物が一般的ですが、夏場はスイーツにも！　サッと湯通ししてから冷水ですすいで使ってくださいね。

山いも

**調理法によって変化する
食感を楽しんで**

山いもは品種名はなく、ヤマノイモ科に属するいも類の総称。おなじみの長いものほか、イチョウの形に似たイチョウイモ、山で自生する日本原産の自然薯《じねんじょ》などがあります。どれもいも類には珍しく生で食べられますが、粘りや食感には個性があり、特に自然薯の粘りは驚くほど。すりおろすとその違いがはっきりとわかります。風味が増すので、皮ごとすりおろしてください。また、切り方や調理法によって変化する食感も、山いもの楽しみの一つです。

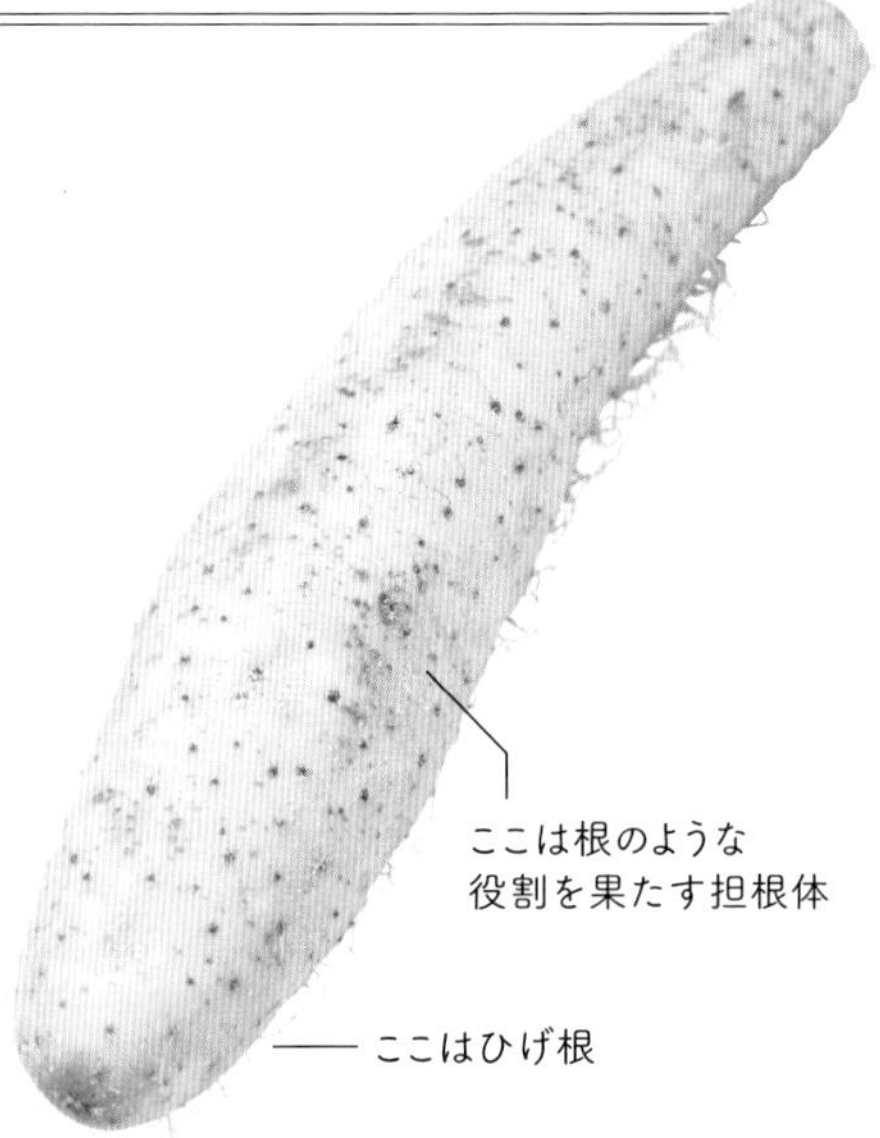

下処理は…

長いもの皮はスプーンでこそげるように削ると簡単にむけます。

DATA

原産地：
日本、熱帯、亜熱帯地方、中国
日本に伝来：——

自然薯はややスリムなほうが粘り気が強いですよ
——ひろ農林さん

旬

10～12月が旬ですが、収穫してからも長期貯蔵ができるため、春にもおいしいものが出回ります。青森県、北海道での生産がさかん。「自然薯」は掘りたての11～12月が美味。

見分け方

共通で、表面に傷などがなく、皮が薄くはりがあるものを。長いもはでこぼこが少なく太めのもの、ひげ根が出ていないものを。カットされているものは切り口が変色していないものを選んで。

こんなふうに食べてます! そのままおいしい食べ方

無限に食べられます
——食べチョクユーザーさん

半月切りにして塩とごま油であえる

長いもは醤油をかけることが多いと思いますが、ごま油と塩をかけてもおいしいですよ。半月切りがジャストサイズです。

自然薯の粘り気はすごいですよ
——ひろ農林さん

すりおろしてわさび醤油で

自然薯はとろろ汁で食べることが多いですが、すりおろしをそのままわさび醤油で食べてみてください。本来の風味が楽しめます。

栄養

体内の塩分を調節する働きがあり、むくみや高血圧を予防するといわれるカリウムが豊富。生食できるのは、でんぷんを分解する消化酵素のアミラーゼが含まれているためで、胃腸の働きをサポートする効果が。胃もたれや胸焼けを防ぎ、疲れた胃腸をいたわります。

保存方法

まるごとなら新聞紙で包んで冷暗所で保存を。使いかけのものは切り口にラップをし、ポリ袋に入れて野菜室へ。おがくずに入っているものや真空パックのものはそのままの状態で野菜室に入れましょう。

注目の品種

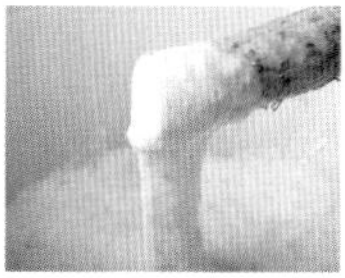

「自然薯」

自然薯は「山薬」と呼ばれるほどの健康効果と、お餅のような粘り気がクセになる野菜。山菜の王者ともいわれ、数少ない日本原産の野菜です。

輪切りにすると
モチモチ
縦に切るとシャキシャキ

れんこん

れんこんの穴は空気孔のようなもの。泥の中で育つれんこんは、この穴から酸素を取り込んで育ちます。ちなみに穴の数は中央に1個、周りに9個が主流です。繊維が縦に入っているため、輪切りと縦に切るのでは食感がまるで違うのがおもしろいところ。独特の粘りがあり、おろしてもおいしくいただけ、意外と洋食にも合います。生産量第1位は茨城県ですが、加賀れんこんなど各地に伝統野菜が残ります。

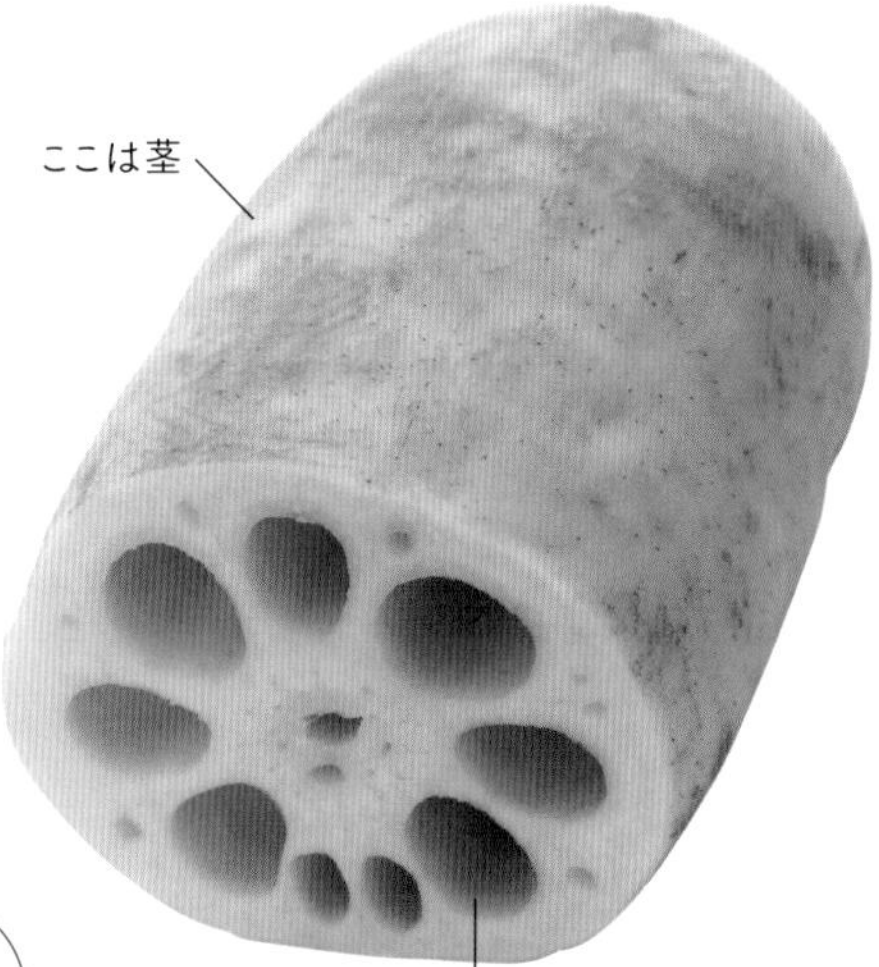

皮をむくのは白く
仕上げたいときだけでOK
──近藤FARMさん

下処理は…

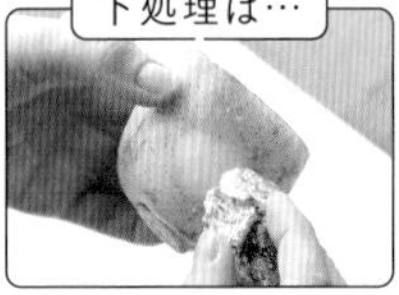

皮ごと食べたほうがおいしいですが、気になるときは丸めたアルミホイルでこすると簡単です。

DATA
原産地：
インド、または中国
日本に伝来：江戸時代

穴の中が白く、連結部が
ピンク色のものがおすすめです
──近藤FARMさん

旬

11月~翌3月にかけて旬を迎えますが、通年で流通しています。旬より早めの6~9月頃に収穫されるものが新れんこんで、みずみずしくあっさりした食感が特徴です。

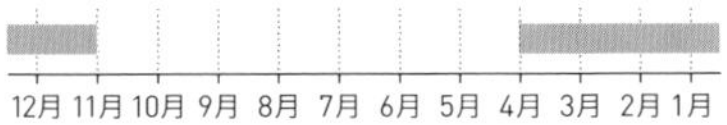

見分け方

ずんぐりしていて重く、表面に傷がなく、穴が比較的小さいものを選びましょう。切り口を見て穴が黒ずんでいるものや、色ムラがあるものは鮮度が落ちているので避けましょう。

こんなふうに食べてます! そのままおいしい食べ方

ソテーするときは輪切りにします

輪切りにして繊維を断つと、もちもち食感になります。バターでソテーして、塩、こしょうで食べるのが一番。

チーズをのせて焼いてもおいしいですよ
──近藤FARMさん

きんぴらは縦に切るのが定番

繊維に沿って縦に切るとシャキシャキ食感に! お弁当のおかずにもちょうどいい大きさになります。

食べごたえも抜群
──近藤FARMさん

栄養

ビタミンCや食物繊維、カリウムが豊富。れんこんのビタミンCは加熱しても損失が少なく、コラーゲンを生成して皮膚を強化したり、色素の沈着を防いで美白効果をもたらすなど、肌にうれしい働きが期待できます。また、独特の粘り成分には整腸作用があるといわれています。

保存方法

湿らせた新聞紙に包んでポリ袋に入れ、冷蔵室か冷暗所で保存。カットしてあるものはぴっちりとラップで包み、冷蔵庫の野菜室へ。

こんな食べ方も

「すりおろす」

すりおろすとほどよいとろみが出るので、汁物に加えたり、つみれに入れても美味。食物繊維もたっぷりとれます。

追熟する

アボカド

国産アボカドは とってもフルーティー

生産率は1％未満とわずかながら、国産もあります。生産量1位は愛媛県松山市。市内の二神島では、広葉樹の豊かな森の中で育てられています。国産はピンカートンやフェルテ、福徳利など、品種が幅広く、木の上で完熟させるためジューシーでフルーティー！ 分類上はフルーツであることを実感します。食べ頃がわかりにくいですが、生産者の方に伺うと、見分けるポイントはへた。ポロリと取れて食べ頃を知らせてくれるそう。小売店で売られているアボカドも、チェックしてみてください。

縦半分に切って種を取ったあと、皮つきのまま格子状に包丁を入れ、そのままスプーンで取り出します。これでまな板も手も汚れず、簡単に食べることができます。

DATA
原産地：中南米
日本に伝来：明治時代

へたがポロリと取れてから2～3日後が食べ頃です
──ふたがみマルシェさん

旬

わずかですが国産品があり、旬は11～翌2月です。ほとんどがメキシコ、ペルーからの輸入でまかなわれており、年に何度も収穫できるため1年中出回っています。

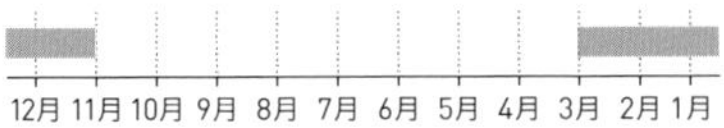

見分け方

持ってみて弾力を感じるものがおすすめ。へこみがあったり筋っぽい箇所があるものは避けましょう。また、表面があまりボコボコしておらず、つるっとしているもの、卵形よりも球形に近いものが美味とされています。

こんなふうに食べてます! そのままおいしい食べ方

ハッシュブラウン・アボカドトーストに!

以前、SNSで流行った、ハッシュブラウンにアボカドをのせる栄養満点レシピ。食べてみたらおいしくて、休日のブランチの定番になりました。

卵やベーコンをのせたり、アレンジも自由自在
──ユーザーれいさん

これはフェルテ

これはベーコン

「国産のアボカド」
国産のアボカドはまだまだ希少ですが、ほんのり甘く、驚くほどジューシーでフルーティー! 栽培されている品種は、脂肪分が多くクリーミーなフェルテ、なめらかで甘みのあるベーコン、濃厚なピンカートン、あっさりした福徳利などさまざま。お取り寄せして食べる価値アリ!です。

冷蔵室に入れると食べ頃を遅らせることができます
──ふたがみマルシェさん

栄養

ねっとりとクリーミーな口あたりが特徴のアボカドは、果実の中では群を抜いて脂質が豊富。その脂質はオレイン酸やリノール酸、リノレン酸などの不飽和脂肪酸が多くを占め、善玉コレステロールを増やすといわれています。また、抗酸化力の高いビタミンEや、整腸作用のある食物繊維も豊富です。

保存方法

すぐに食べない場合は緑色の未熟果を買い、室温に置いて追熟させても。黒に近い緑色になり、へたの周りにしわが寄り、へたがポロリと取れたらポリ袋に入れて冷蔵室へ。1〜2日のうちに食べきりましょう。

追熟しない

梨

じつは加熱してもおいしい!
まずは好みの品種を見つけて

みずみずしさでは、果物の中でも最高クラス。品種による違いが大きく、選ぶ指標は「甘さ」と「やわらかさ」。追熟しない果物なので、甘さもやわらかさも品種による違いが大きいのです。皮の色違いで赤梨と青梨に分類でき、「幸水」や「豊水」が赤梨、「かおり」や「二十世紀」が青梨にあたります。赤梨は成熟すると皮にざらざらした斑点ができます。メジャーなのはやはり幸水と豊水で、幸水は関東、豊水は関西でより人気が高い傾向が。じつは加熱してもおいしいのでぜひお試しあれ。

切ったあとは…

梨の果肉は空気に触れると変色します。食べる直前に切るのがおすすめですが、切ったあとすぐに食べない場合は塩水につければ変色を防げます。

DATA
原産地：中国南西部
日本に伝来：
7世紀が有力

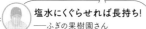

塩水にくぐらせれば長持ち!
——ふぎの果樹園さん

旬

7月から出回り始め、8月下旬〜9月上旬に出荷のピークを迎え、12月頃まで続きます。「幸水」↓「豊水」「二十世紀」↓「新高」と、時期によって味も香りもさまざまな品種を楽しむことができます。

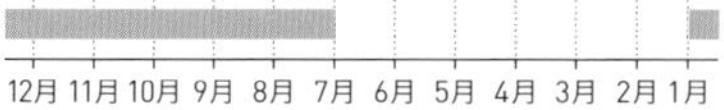

見分け方

皮にはりがあってずっしりと重いものを。赤梨と呼ばれる「幸水」や「豊水」は、表面のざらつきが目立たず、なめらかになっているものが食べ頃。「二十世紀」などの青梨は青みがとれて黄色っぽくなったら食べ頃です。

こんなふうに食べてます! そのままおいしい食べ方

バターで焼き梨に。皮ごとじゅわっと焼いて

梨は皮つきのまま洗い、横に半分に切ります。芯をくりぬいてバターと砂糖を入れ、皮が色づくまでトースターで5～10分焼けばできあがり。好みでシナモンを振って、熱いうちにスプーンですくいながらどうぞ。

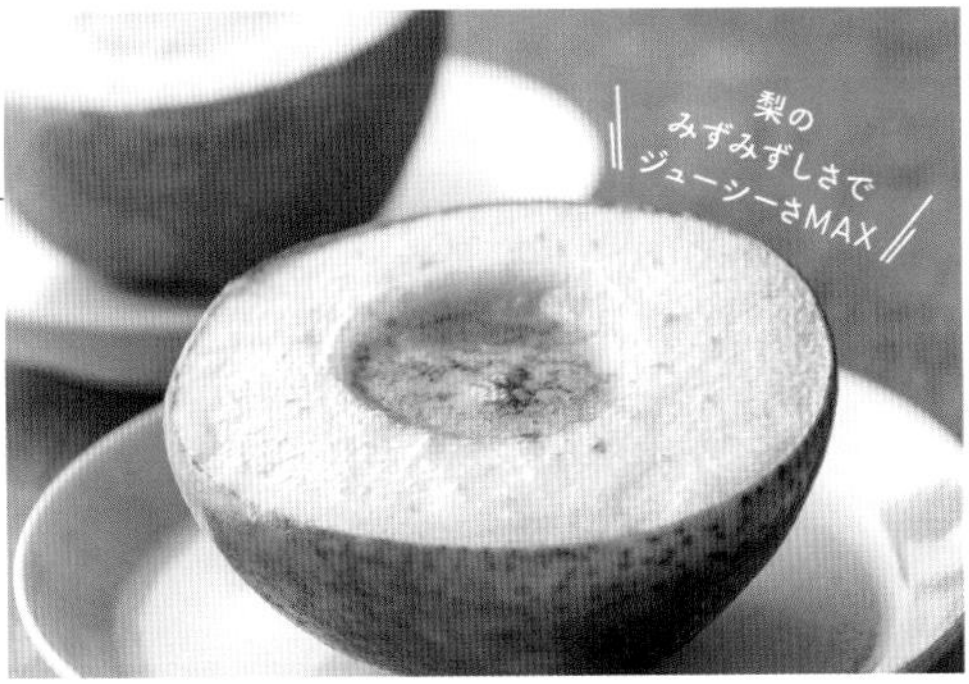

切り方は“スティック切り”がベスト

子どもにも食べやすい!
──食べチョク 登録生産者さん

梨はお尻のあたりが甘く、縦切りにすることで味のバラつきがなくなります。皮つきのまま縦に輪切りにしてから、細く切るだけ。この切り方なら皮が口に残ることもなし。

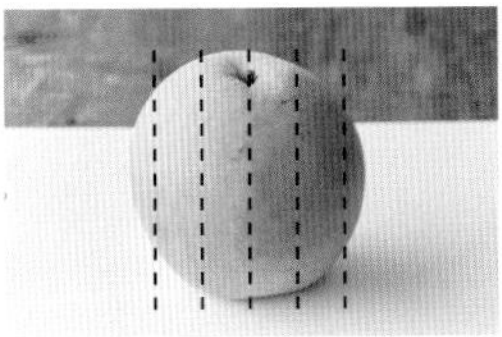

栄養

90%近くが水分で果糖がたっぷりと含まれており、水分補給にぴったり。薬膳では体に潤いを与える食材とされています。体内の余分な塩分を排出するカリウムや、疲労回復効果が高いといわれるリンゴ酸やクエン酸、アスパラギン酸も含まれています。

保存方法

みずみずしさが失われないよう、新聞紙に包んでポリ袋に入れ、冷暗所で保存しましょう。食べる1時間ほど前に冷蔵室に入れて冷やしておくのが◎。暑い時期は冷蔵庫の野菜室で保存するのが安心です。

固さと後味の好みを知ろう

梨チャート

梨は品種によって
味と食感が大きく変わります。
自分が好きな味の
品種をチェック!

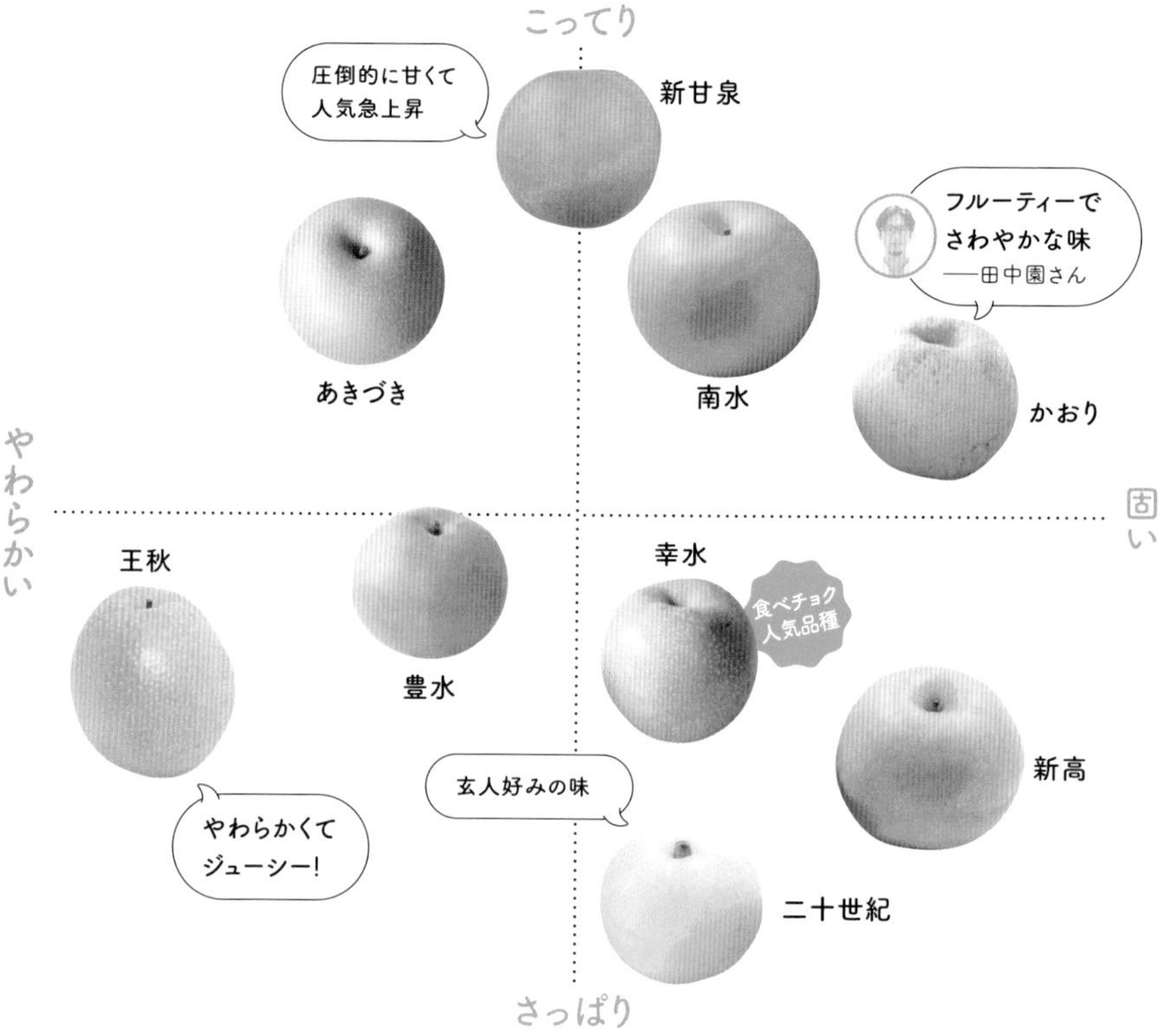

新高《にいたか》

幸水、豊水に続いて生産量の多い赤梨。シャキシャキ食感にさわやかな香りがあります。

あきづき

果肉は緻密でやわらかく、甘みがあります。果汁たっぷりでジューシーな口あたり。

新甘泉《しんかんせん》

酸味がほとんどなく、甘みが濃厚でみずみずしさもあり、今人気が高まっている品種。

南水

酸味は少なく、すっきりとした甘さのある品種。シャリッとして食べやすい大玉梨です。

かおり

大きめサイズの青梨で、りんごに似たさわやかな香りと歯切れのいい食感があります。

王秋

比較的大きめで、楕円に近い形状。果汁が多くてやわらかく、上品な甘さが特徴です。

豊水

代表品種の一つで、名前の通り果汁たっぷりでみずみずしく、甘みと酸味が好バランス。

二十世紀

青梨の代表品種。甘さ控えめでさっぱり感が際立ち、玄人好みの梨ともいわれています。

幸水

和梨の中で最も生産量が多い品種。果肉は緻密でやわらかく、甘みもあります。

追熟する

柿

熟す前と完熟したもの、好みがはっきり分かれる

柿には渋柿と甘柿があり、ごまのような斑点があるものが後者。この斑点はポリフェノールで甘くなった証です。また気になる渋柿も、熟したり、渋抜きすることで甘くなります。『源氏物語』にも出てくるように古くから身近な果物ですが、熟したあとの甘くとろける実は好みが分かれるところ。若い人ほど熟す前の柿や、コリッとした食感の品種を好むようです。柿の甘みは食材や調味料とのなじみがよく、料理に使っても美味。鮮やかな朱赤はテーブルを彩るアクセントにもなります。

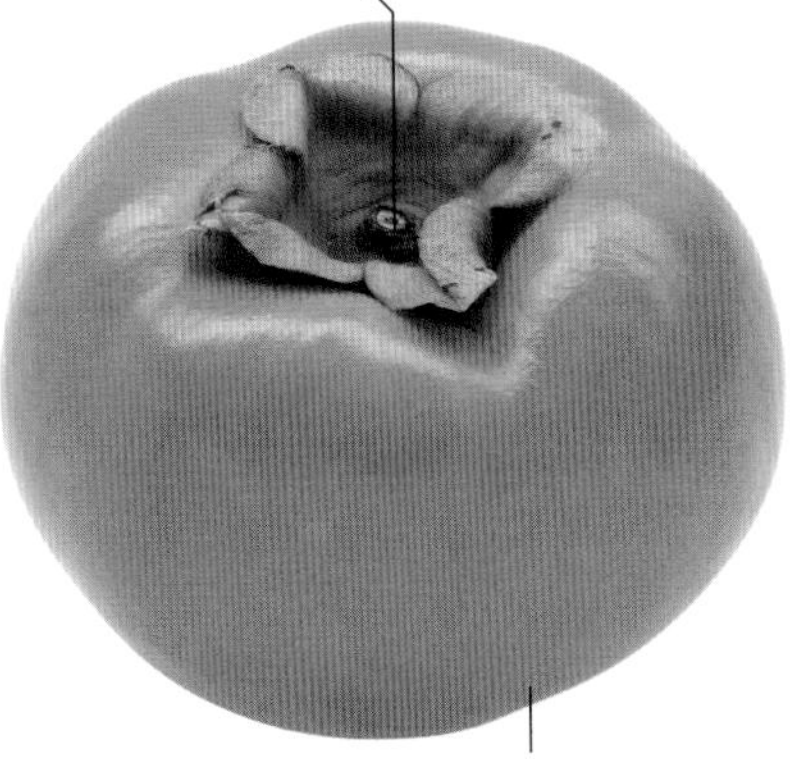

ここも捨てないで

栄養があるのは実より皮。栄養をまるごといただくには、皮ごと食べるのがおすすめ。皮が気になるときは、完熟させましょう。

DATA

原産地：中国

日本に伝来：奈良時代が有力

旬

9月中旬から収穫が始まり、10～11月に旬を迎え、12月頃まで広く出回ります。夏でも手に入るのはハウス栽培もので、1月以降は長期保存のために真空パック包装されたものが出回ります。

見分け方

へたが実とぴったりはりついているかをチェック。色味のよしあしはあまり関係がありません。色鮮やかでつやとはりがあるもの、重量感があるものが美味。また、条紋と呼ばれる黒いひび割れは傷みではなく、糖度が増している証です。

種がない柿もあります

柿の旬チャート

食感や味の
特徴を知って、
好みの柿を見つけましょう。

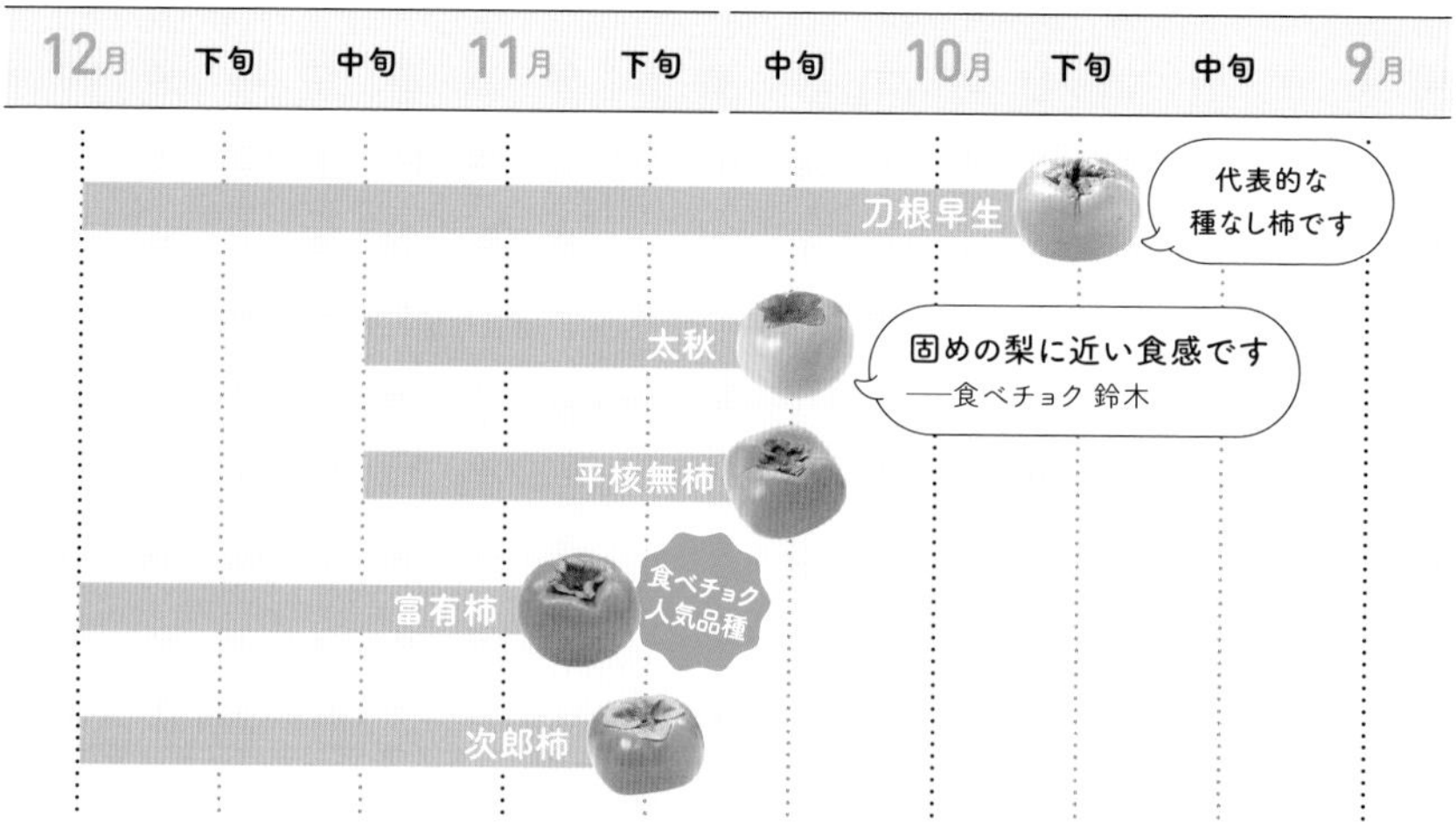

次郎柿
コリコリとした食感が特徴の甘い柿。熟してくるとやわらかく、とろとろに変化します。

富有柿
ふっくらと丸みがある「柿の王様」。シャキシャキとした食感で、深みのある甘さが特徴。

平核無柿《ひらたねなし》
名前の通り、平たくて四角い種なし柿。上品な甘みで人気ですが、じつは渋柿です。

太秋《たいしゅう》
サクッとした固めの梨に近い食感で、種が少なく、甘さがストレートな甘柿です。

刀根早生
渋柿の一つで、サクサクとした食感の種なし柿。やわらかく、甘みがあります。

栄養

フルーツの中でもビタミンC、β-カロテンが豊富な柿。さらに注目されているのがβ-クリプトキサンチンという色素成分です。β-カロテンを上回る抗酸化力があり、アンチエイジングや生活習慣病予防に働きかけるだけでなく、骨粗しょう症やがん、糖尿病を防ぐ働きがあるとして期待されています。

保存方法

常温に置いておくとどんどんやわらかくなっていくので、好みのやわらかさになった時点で食べるか、ポリ袋に入れて冷蔵庫の野菜室へ。固いほうが好みなら最初から野菜室へ入れましょう。いずれもへたを下にしておくと長持ちします。

こんなふうに食べてます! そのままおいしい食べ方

豚肉と柿の オイスター炒めに

牧場で育てたおいしい豚には、「富有柿」を合わせます。柿の甘くてシャキッとした食感と、オイスターソースの濃い味、そして豚肉が合わさって、深みのある一品の完成です。

熟す前の固めの柿が合います
──菖蒲谷牧場さん

柿とクリームチーズはベストコンビ

桃がモッツァレラなら、柿にはクリームチーズ。舌の上でまったりとろけると、極上の気分になります。

どんなお酒とも合うのも素敵なところ
──ユーザーnicoさん

どこか懐かしい味がする! というご意見もあります
──にしぐち農園さん

注目の品種

「紀ノ川柿」

木になったまま完熟させることにより、果皮の色が濃く、糖度が高く、果肉が黒くなるのが特徴です。また、横半分に切ると断面が星のような模様になります。

熟しすぎた柿は冷凍してシャーベットで

半解凍で食べるのがポイント。最初はシャリシャリ、だんだんとろんとしてきて、贅沢な味わいが楽しめます。

熟しすぎたくらいがとてもおいしいです
──食べチョク 登録生産者さん

追熟する

栗

食べているのはじつは種!
気軽に楽しみたい秋の味

甘露煮に、栗ご飯に、渋皮煮に、スイーツにといろいろな食べ方で楽しめる秋の味覚。普段食べている部分は、渋皮も含めて、じつは種にあたります。それを覆っている鬼皮が実で、さらに外側のとがっているイガが皮なのです。渋皮は取り除かれがちですが、風味やうまみがあって栄養も豊富なので、新鮮なものならむかずに食べるのがおすすめ。調理に手間のかかるイメージのある栗ですが、ゆでたり、焼いたり、揚げたりするだけでも甘みが際立って美味。旬だけの味をもっとラフに楽しんでみてください。

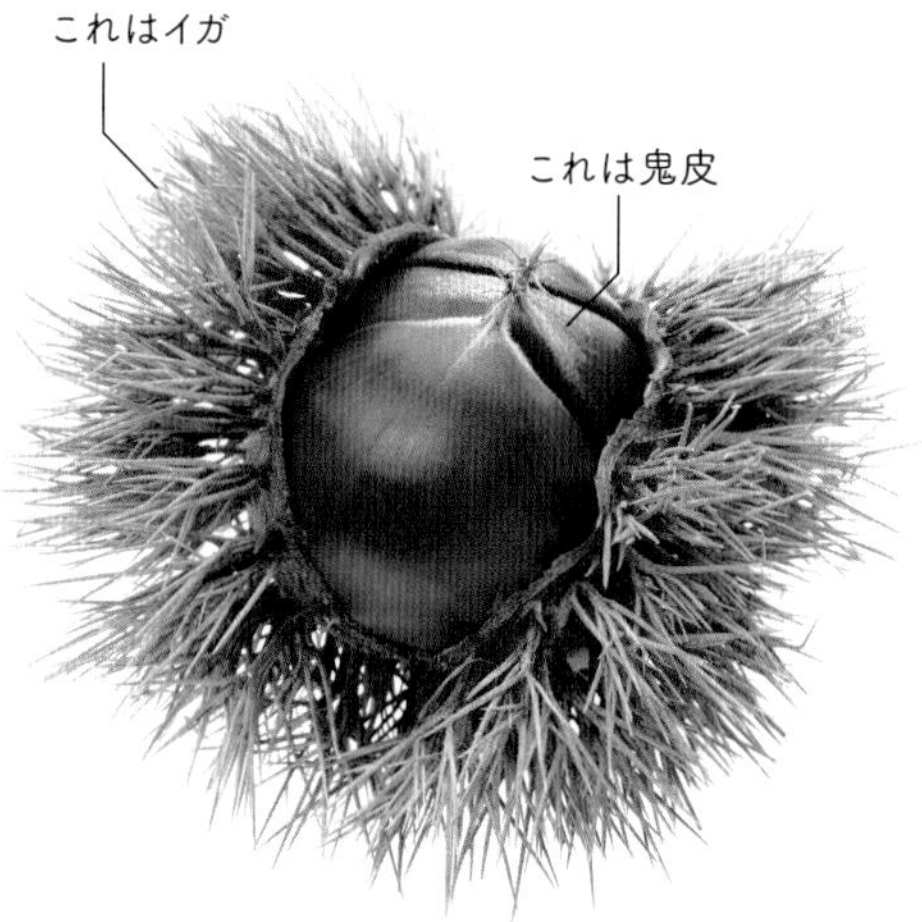

皮をむく前に

栗の鬼皮は固く、そのままだとむきづらいもの。熱湯に15分ほどつければやわらかくなり、むきやすくなります。

DATA

原産地：
アジア、ヨーロッパ、アメリカ、アフリカなど広範囲

日本に伝来：
縄文時代から栽培していた記録あり

旬

早生、中生、晩生の3つの時期に分かれており、早生は8月下旬から、中生は9～10月、晩生は10月中。遅くなるほど甘みの強い品種が増える傾向です。生産量第1位は茨城県で、熊本県、愛媛県と続きます。

見分け方

鬼皮に光沢とはりがあり、深いこげ茶色のもの、ずっしりと重いもの、虫食いの穴がないものが新鮮で美味。つやがなくへこんだように見えるものは避けて。

ホクホクとねっとり、どちらを選ぶ?

栗の旬チャート

粉感の強いホクホク品種と粉感弱めのねっとり品種、好みのものを選んで。手に入りやすい代表品種をご紹介。

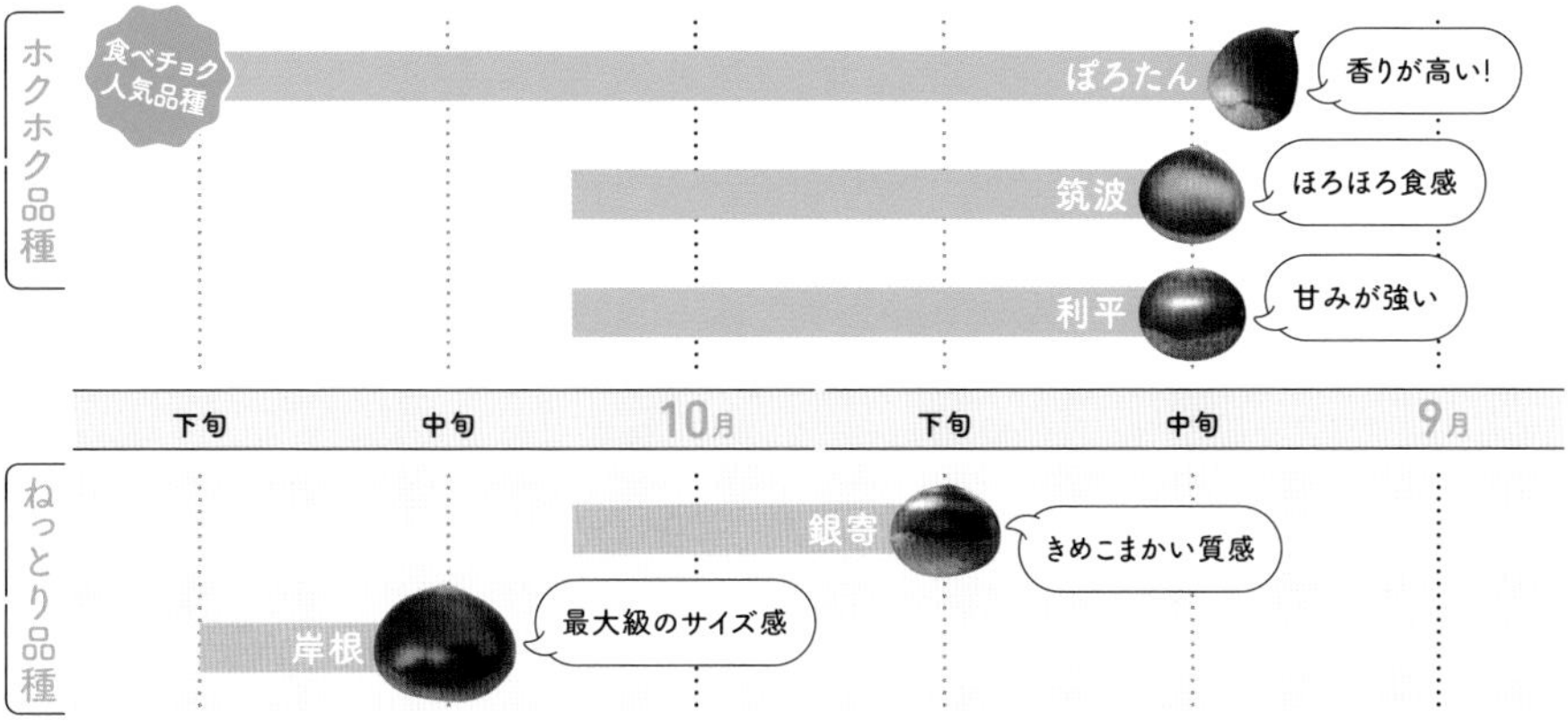

生産者だからこそ知っている **おいしい食べ方**

渋皮はパリッと中はホクホク!

――かねこ農園さん

生栗の鬼皮をむき、130～140℃の揚げ油で12分ほどじっくりと素揚げに。仕上げに塩を振れば、栗の甘みが引き立ちます。鬼皮をむくとき、渋皮を多少傷つけてしまっても問題なし。

\\こんなふうに食べてます//

渋皮の味も楽しみます

――やさい畑 酒井さん

新鮮な栗は渋皮も食べられます。あえてむききらずに少し残して、栗ご飯などに。

栄養

炭水化物が豊富でエネルギー値が高く、便秘予防に役立つ食物繊維も豊富。渋皮に含まれる渋み成分・タンニンには強力な抗酸化作用があり、渋皮煮などにしてまるごと食べるのがおすすめです。ビタミンB_1、B_2も含み、糖の代謝を助けて効率よくエネルギーに変えてくれます。

保存方法

乾燥に弱く、鮮度が落ちやすいため買ったらすぐに食べたいもの。保存する場合は新聞紙などに包んでからポリ袋に入れ、冷蔵庫のチルド室で約2週間ほど保存可能。長期保存する場合は保存袋に入れて冷凍室へ。

注目の品種

「ぽろたん」

渋皮が簡単にむける画期的な品種。鬼皮に傷を入れて加熱するだけでポロッとむけるので、下ごしらえがぐんとラクに。実はホクホク系で、甘みと香りがあります。

ぽろたん画像 © 那須栗園

追熟しない

シャインマスカットに続く話題の品種も続々

ぶどう

つい最近まで、高級なぶどうといえば巨峰でした。今でも人気ですが、勢いではシャインマスカット。10年ほど前に登場してから、ぶどう市場を席巻しています。酸味が少ないさわやかな甘さと透明感のあるビジュアルもさることながら、粒が大きくて種がなく、皮ごと食べられる点も支持を集める理由。同じ特徴を持つ、シャインマスカットに続く品種も続々登場し、ぶどう市場は花盛りです。そのまま食べることがほとんどですが、冷凍すれば保存ができ、シャリシャリ食感も楽しめます。

DATA
原産地：西アジア、北アメリカ
日本に伝来：奈良時代

シャインマスカットの場合、黄色すぎるくらいのほうが糖度が高くなりますが、その分、特有の爽やかな香りは薄くなります
――東御こもだ果樹園さん

旬

ハウス栽培やリレー栽培、輸入によって通年出回っていますが、8~9月がピーク。山梨県、長野県、山形県での生産がさかんです。

見分け方

茎が緑色で太く、しっかりとしているもの、実ははりがあって大きさが揃っているもの、黒や赤系は色が濃いもの、グリーン系は色が鮮やかなものが美味。皮についている白い粉状のブルームは新鮮さの証です。

こんなふうに食べてます! そのままおいしい食べ方

半年以上楽しめます
——東御こもだ果樹園さん

1粒ずつ冷凍すると シャーベットになります

「クイーンセブン」を冷凍すると、サクサクとした食感のシャーベットになります。

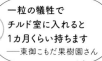

皮だけでもいけますよ
——サンワファームさん

黒系のぶどうは 皮ごとスムージーに

皮ごと使うと味が複雑になり、ワインのよう! ノンアルなので、お酒が飲めない人も楽しめます。

一粒の犠牲で
チルド室に入れると
1カ月くらい持ちます
——東御こもだ果樹園さん

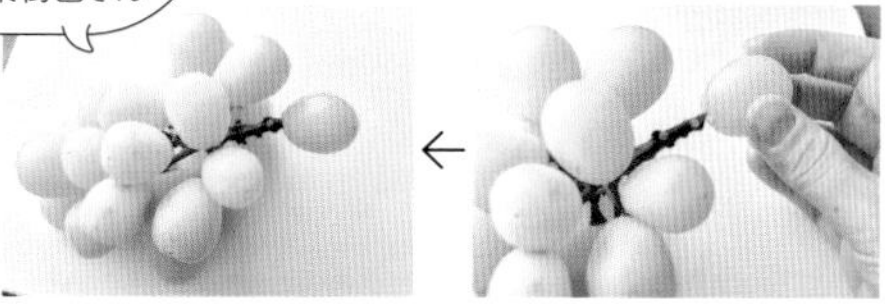

長持ちさせる裏技

茎の先端を斜めにカットし、ぶどうを1粒刺し入れます。これで乾燥を防ぎ、栄養を補充。もちろん、刺した1粒も食べられます。

栄養

体内ですぐに吸収されてエネルギーになるブドウ糖、果糖が豊富で、すみやかな疲労回復に役立ちます。赤ワインで有名なぶどうのポリフェノールは黒皮の品種の皮や種に含まれており、体内の活性酸素を取り除き、生活習慣病予防やアンチエイジングが期待できるとされています。

保存方法

乾燥しないようキッチンペーパーなどに包み、ポリ袋に入れて冷暗所または冷蔵庫の野菜室で保存。ただし、買ってきたら2~3日以内に食べきりたいものです。

皮ごと食べられる品種が人気

ぶどうの旬チャート

緑、赤、黒と３色あるぶどう。
色にかかわらず、
さわやかな甘さと深みのある
甘さに分けられます。

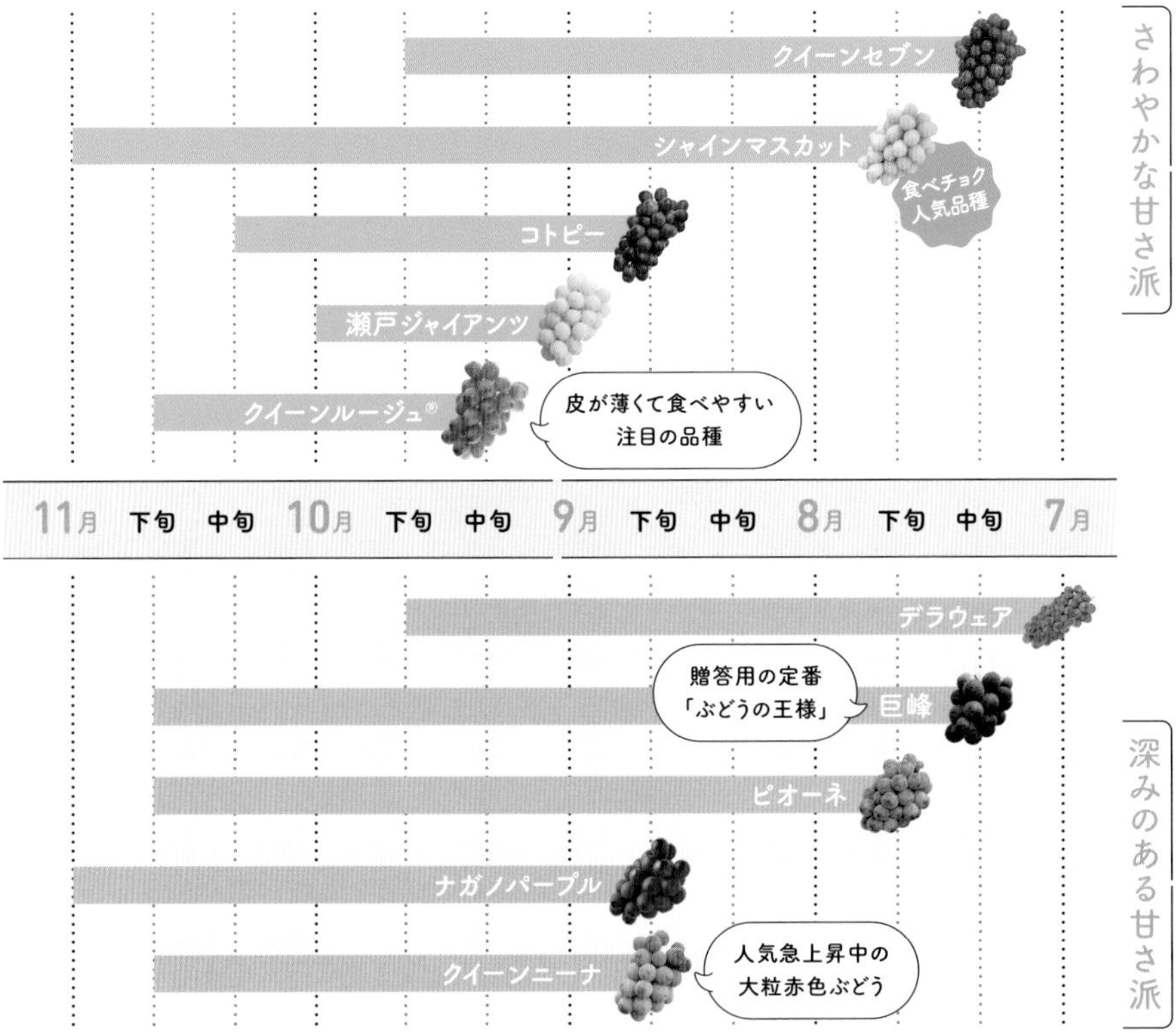

クイーンルージュ®
長野県発、シャインマスカットの子ども。芳醇な甘みで、皮ごと食べられるのも魅力。

瀬戸ジャイアンツ
甘く酸味が少ないので、甘いぶどうが好きな人におすすめです。ハート形もキュート。

コトピー
赤いシャインマスカットとも呼ばれる、ジューシーでさわやかな甘さの品種です。

シャインマスカット
さわやかな甘さで不動の人気を誇る品種。種がなく、パリッとした食感が特徴です。

クイーンセブン
フルーツの中でもトップクラスの甘さ。果肉が締まっていてパリッとした食感です。

クイーンニーナ
ワインのような芳醇な香りで注目の新品種。粒が大きく食べごたえも満点です。

ナガノパープル
長野県生まれの、大粒高級品種。種なしで皮ごと食べられるため、人気上昇中です。

ピオーネ
強い甘みとほどよい酸味が調和する、ジューシーな品種。種なしもあります。

巨峰
濃厚な甘みで粒が大きく、果汁たっぷりの、昔から人気の品種。贈答用の定番です。

デラウェア
小粒ながら糖度が高い種なしの人気品種。甘さの中にもほどよい酸味が感じられます。

追熱する

りんご

加熱すればジューシーに、冷やして生で食べればシャキッとおいしい!

シャキッと食感と甘酸っぱさで食べやすく、日持ちすることから果物の中でもなじみ深い存在。生ではもちろん、アップルパイや焼きりんご、コンポートなど、加熱調理にも向いています。そのまま食べるときは、とにかくよく冷やすのがポイント。基本的には秋～冬が旬ですが、中には夏に収穫されるものも。「夏りんご」と呼ばれ、さわやかな味わいですが、鮮度が命のためなかなか出回ることのない種類です。一般的に蜜入りのりんごが好まれますが、じつは日本特有の傾向といわれています。

皮ごと食べて

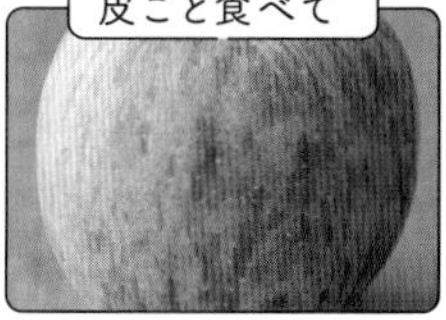

りんごの皮には食物繊維などの栄養がたっぷり。皮ごと食べることで余すことなく摂取でき、食感や果汁感も楽しむことができます。

DATA

原産地：
中央アジアが有力
日本に伝来：
19世紀後半

旬

10～12月に収穫されますが、長期貯蔵できる果物なので1年を通して流通しています。生産量は青森県が半分以上を占めており、長野県や山形県、岩手県でも栽培がさかんです。

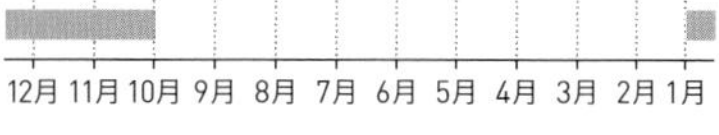

見分け方

全体が色づいて緑色の部分が残っていないもの、皮にはりがあり、重量感があって形が左右対称に近いもの、軸を見て太めのものを選びましょう。お尻がボコボコとして黄色く色づいているものが、蜜があって甘いといわれています。

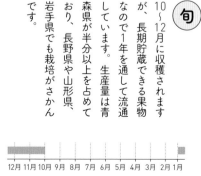

こんなふうに食べてます! そのままおいしい食べ方

皮つきなら味も
濃く感じられます
——鎌田林檎園さん

切り方は
“スターカット”で

カットして食べる場合は、スターカットにするのがおすすめです。皮はむかず、横向きにして輪切りにするだけ。皮をむいてくし形切りにするよりも簡単で、捨てる部分が少ないのもいいところ!

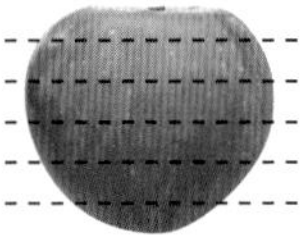

レンチンで手軽に
ジューシーコンポート

耐熱容器に皮をむいて食べやすく切ったりんごと、むいた皮を入れます。砂糖、レモン汁、水を加えて混ぜ、ラップをして電子レンジで加熱。粗熱がとれたらできあがりです。皮も入れることで、風味と食感をプラスできます。

むいた皮も捨てずに使って
——ユーザーあおこさん

栄養

食物繊維のペクチンやカリウムを含み、「1日1個のりんごが医者を遠ざける」ということわざもあるように、昔から体にいいフルーツとして知られています。皮が赤い品種は色素成分・アントシアニンが含まれ、抗酸化作用が期待できます。

保存方法

乾燥予防のためにポリ袋に入れ、冷暗所または冷蔵庫の野菜室で保存を。じゃがいもを一緒に入れておくと、りんごからのエチレンガスが作用して芽が出にくくなる効果も。

注目の種類

「葉とらずりんご」

葉を取らずに栽培されたりんごのことで、「葉とらずふじ」など各品種で作られています。従来では見た目のために葉を取る栽培法が一般的でしたが、じつは葉には実に養分を送る働きが。葉がついたまま育ったりんごは甘みが強く味も濃厚です。

甘みと酸味の最適バランスは？

りんごチャート

りんごの品種選びの
キーワードとなるのは、
甘みと酸味。好みの
バランスを探ってみて。

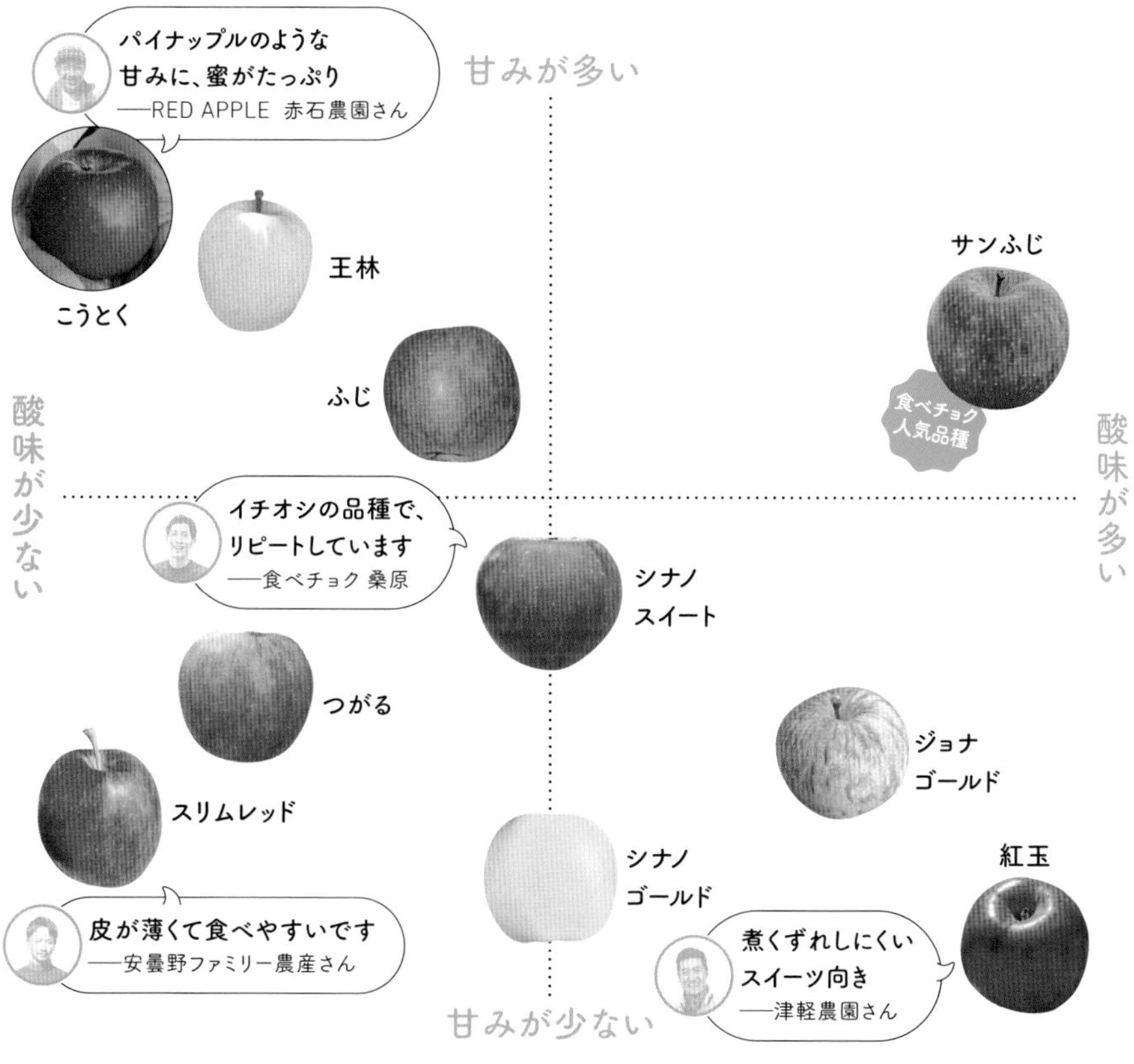

紅玉
真っ赤な皮と、強い酸味が特徴です。煮くずれしにくいため、スイーツに多く使われます。

こうとく
小ぶりなサイズで、蜜を豊富に含んだ甘さ抜群の品種。トロピカルな香りが漂います。

王林
黄緑色に茶色の斑点があり、「そばかす美人」の異名も。甘みとやわらかな食感が特徴。

ふじ
全生産量の半分を占める品種で、甘さと酸味のバランスがよく、シャキッとした食感。

サンふじ
太陽の光をたくさん浴びた実はジューシーな味わい。甘みと酸味があって、コクが魅力。

スリムレッド
やや縦長でスリムなフォルム。薄くパリッとした皮にジューシーな果肉はまるかじり向き。

つがる
ふじに次ぐ生産量を誇る品種。酸味は少なく、歯ごたえとともにみずみずしさもあります。

シナノゴールド
黄色系の品種。ほどよい酸味に甘み、柑橘のようなスッとした香りがあります。

シナノスイート
ふじとつがるの交配種。ほどよい甘みと酸味でりんごを食べ慣れない人でも食べやすい。

ジョナゴールド
やや酸味があってさわやかな味にはファン多数。シャキッとした食感も魅力です。

追熟する

洋梨

とろける食感の極上スイーツ

和梨よりやわらかく、独特の歯触りの洋梨。香りが芳醇で、ラ・フランス、ル・レクチエなど、品種名もなんだかおしゃれで、スイーツに近い存在感があります。シャーベットにしたり、ブルーチーズと合わせたり、そのまま食べる以外にもお楽しみはいろいろ。疲労回復効果が期待できる栄養成分が含まれるので、頑張った自分へのごほうびフルーツとしてもよさそうです。さわやかな甘さ、こってりした甘さなど、品種による違いは想像以上。旬にも幅があるので、食べ比べてみませんか?

スプーンで食べる

完熟した洋梨の皮はむきにくいもの。そんなときは、縦半分に切ってそのままスプーンで食べるのがおすすめです。

DATA

原産地:フランス
日本に伝来:明治時代

旬

旬は9~12月。生産量では山形県が6割以上を占め、代表的な品種であるラ・フランスで有名です。そのほか、新潟県、青森県、長野県、福島県でも生産されています。

見分け方

形が安定した洋梨型で重みがあり、変色した箇所や傷がないものを選んで。熟したものは軸が茶色く枯れたようになっており、皮の色も黄色がかって周りに弾力を感じます。緑がかった未熟なものは、好みの熟れ具合になるまで追熟させましょう。

こんなふうに食べてます! そのままおいしい食べ方

くしゃくしゃに砕いて
器に盛ってくださいね
──みやぎ農園青果物出荷組合さん

ソルベにして手軽なデザートに

こまかく切った洋梨をジンジャーシロップと水で煮て、ミントを加えて凍らせます。これで、口直しにもぴったりなスイーツに!

洋梨の種類

さわやかな甘さ系と、濃厚な甘さ系の品種に分かれます。

洋梨の中でも
人気の品種です
──アンスリーファームさん

濃厚な甘さ系

バラード

洋梨の中では一番といわれる高い糖度とやさしい酸味が特徴で、熟すと黄色に。山形生まれの品種で、旬は10月中です。

ル・レクチエ

芳醇な香りと、甘くとろけるような食感が特徴で、「洋梨の貴婦人」とも。旬は11月下旬から12月中旬です。

さわやかな甘さ系

ラ・ネージュ

高い糖度で人気上昇中! 現在ではフランスでも栽培されていない、栽培が難しい貴重品種です。旬は12月中旬から1月中旬。

ラ・フランス

見た目はごつごつしていますが、ジューシーでなめらかな口あたりと、上品な甘さが特徴です。旬は10月下旬から12月初旬。

栄養

和梨よりエネルギー量がやや多めですが、食物繊維量も多めで整腸作用を期待できます。体内の塩分を調節する働きがあり、むくみや高血圧を予防するといわれるカリウムや、疲労回復効果が高いといわれるアスパラギン酸も含まれています。

保存方法

新聞紙に包んでポリ袋に入れ、冷暗所で保存を。追熟させる場合は、軸が茶色くなり、香りがするまで様子を見ながら待ち、食べる少し前に冷やすとよいでしょう。暑い時期や、追熟のスピードを遅くしたい場合は冷蔵庫の野菜室へ。

Column.4

注目の野菜「食用ほおずき」

甘くおいしく デザートにもなる野菜です

「ほおずき」と聞いてイメージするのは、縁日で売られている観賞用の植物。あれを食べるの？と勘違いされる方もいますが、「食用ほおずき」は別種で南米ペルー原産。昔からヨーロッパでは食べられてきた、立派な野菜です。酸っぱそうな見た目の印象とは違い、味を例えるならマンゴー。それでいてほどよい苦みもあって後味はさっぱり、上品な香りも口の中に広がります。現在はどちらかというと健康効果で注目されていますが、甘くおいしく、デザートにも合う野菜として、今後ますます注目されそうです。夏に旬を迎えたら、ぜひ。

知る人ぞ知る！ スーパーフード

ビタミンA、ビタミンC、カルシウムやマグネシウムなど、ビタミンやミネラルが豊富で、ビタミンAはトマトより豊富とも。さらに、生活習慣病予防や脳の活性化などで知られるビタミンB群のイノシトールも含まれ、スーパーフードとしても世界中で注目されています。

こんなふうに食べてます！ そのままおいしい食べ方

食用ほおずきは生のままサラダに！

ミニトマトなど生野菜と合わせてサラダにしても美味。甘みと酸味、ほどよい苦みが加わると、味に広がりが出て、彩りもよくなります。

トマトの味に似てる！
という人もいます
──百笑農房さん

食用ほおずきを
ドライしたものでもOK！
──百笑農房さん

スイーツの素材としても優秀です

野菜ですが、甘酸っぱく、チーズや乳製品との相性もいいのでチーズケーキに！ヨーグルトにのせてもおいしいですよ。

冬に食べたい
野菜＆果物

温かい料理でぽかぽかしたい冬は、
加熱しておいしい野菜を
選びたくなります。
柑橘やいちごがおいしい時季。

かぶ

栄養たっぷりの葉も食べたい!

気温が下がってくると、ぐっと水分と甘みを増してくるかぶ。生でも、火を入れても、甲乙つけがたい味わいがあります。葉がついたまま売っていることも多いので、栄養たっぷりの葉とともにいただきましょう。ところで、栽培の歴史があるかぶには各地に受け継がれている伝統野菜が多いのをご存じですか? 島根県には首が紫色で勾玉《にがたま》の形をした津田かぶ、山形県には扁平で外は紫で中は白い温海かぶなど、個性的。それぞれに伝わる食べ方を調べてみるのもおもしろそうです。

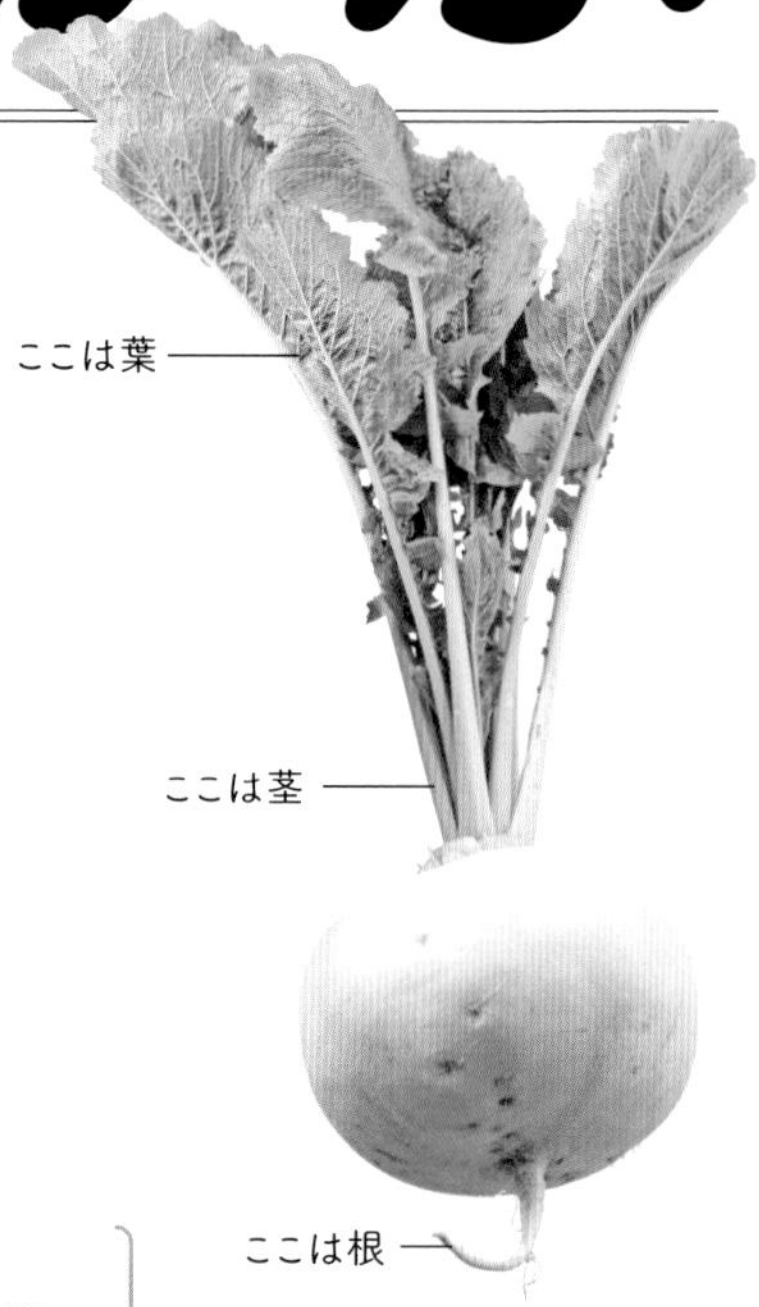

ここも捨てないで!

かぶの葉は栄養たっぷり! こまかく刻んで甘辛く炒めれば、ご飯のお供になります。また、青菜として野菜炒めに活用してもOK。ただし、保存するときは、葉は実(茎)から切り離しておきましょう。

DATA

原産地:
中央アジア、
ヨーロッパ西南部
日本に伝来:弥生時代

旬

7~9月の暑い時期を除いて長い期間流通していますが、一番おいしくなるのは12~翌3月の寒い時期です。また、4~5月の春の時期に収穫されるかぶもやわらかくて人気があります。

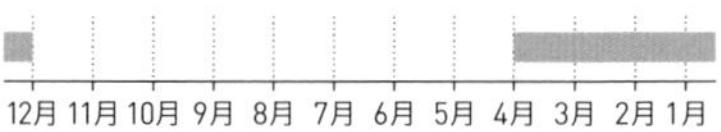

見分け方

形が丸くととのっていてつやがあり、重いもの、ひげ根が少ないものがおいしいです。葉つきの場合は葉がピンとはっているものを選んで。

栄養

茎にはビタミンC、カリウムなどのほか、でんぷんを分解する消化酵素

こんなふうに食べてます! **そのままおいしい食べ方**

味噌汁の具の中でも一番好き
——ユーザーSuzyさん

葉も一緒に味噌汁に

かぶの甘みが引き立つ味噌汁。かぶの葉も使えば栄養たっぷりになるし、彩りにもなって便利です。

かぶのうまみが感じられます
——岡山やまおか農園さん

生ハムを巻いて オリーブオイルをかけて

毎年、かぶが収穫できると最初に食べたくなるメニューです。簡単レシピですが、その分かぶの魅力がしっかり。かぶは焼いてもおいしいですよ。

千枚漬けにするとおいしいですよ
——子貞農園さん

のアミラーゼが含まれており、胃腸の働きをサポート。胃もたれや胸焼けを防ぎ、疲れた胃腸をいたわります。葉はβ-カロテンやビタミンC、鉄、カルシウムが豊富な緑黄色野菜なので、炒め物などにして捨てずに食べたいものです。

保存方法

葉つきの場合は、葉が茎の養分を吸い上げてしまうので切り離して別々に保存するのが◎。茎はポリ袋に入れ、葉は湿らせた新聞紙などに包み、冷蔵庫の野菜室で保存を。

注目の品種

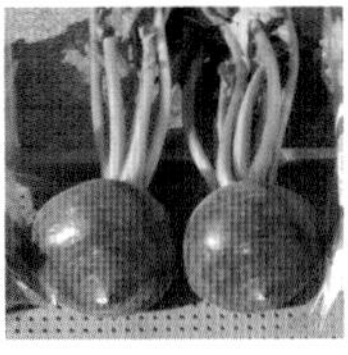

「桃かぶ」
表面だけでなく果肉も赤色。やわらかくて甘い、サラダなどの生食に向いている新野菜です。

カリフラワー ブロッコリー

楽しみ方は無限大!
つぼみも茎も食べ尽くして

つぼみがドーム状に広がる見た目が特徴的。ともにケールを原種とし、ブロッコリーが突然変異してカリフラワーが生まれたといわれています。ブロッコリーは、2026年から国が定める指定野菜に追加されることでも話題になりました。ただゆでるだけでなく、つぼみのこまかさを生かしてソースにしたり、茎を主役として食べたり、カリフラワーは生でサラダにしたりと、あらゆる使い方が可能。ロマネスコやカリフローレなど、仲間である野菜も続々と出回るようになりました。

茎に注目!

茎は甘みがあっておいしく、栄養もたっぷり含みます。鮮度が落ちやすいブロッコリーですが、茎が長いものは新鮮です。

ここも捨てないで!

裏側から生えている葉っぱも食べられます。ついている場合は葉物野菜と同じように使ってみて。

DATA

原産地：
ともに地中海沿岸
日本に伝来：
ともに明治初期

旬

冷涼な気候を好む野菜で、寒くなるにつれて甘みも栄養価も増えていき、11~翌3月に旬を迎えます。品種改良や産地リレーすることで通年出回っており、手に入りやすい野菜です。

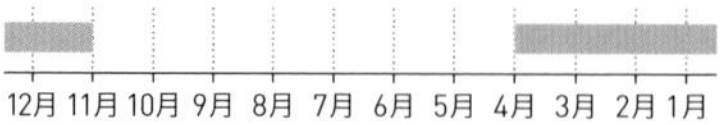

見分け方

つぼみが固く締まっており、こんもりと丸い形のものを選びましょう。また、茎の切り口を見てみずみずしいもの、空洞がないものが美味。ブロッコリーで紫がかったものは寒さで色素のアントシアニンが合成されたもので、味に問題はありません。

こんなふうに食べてます! そのままおいしい食べ方

生だからおいしい!
──水戸田島農園さん

カリフラワーの甘酢漬け

カリフラワーを生のままスライスして甘酢に漬けて、さっぱり感のあるおかずに。箸休めやメイン料理の添え物としても便利です。薄めに切ることでより食べやすく。旬の甘いカリフラワーでどうぞ。

アスパラガスのオランデーズソースがけを意識しました
──淡路島ほっこりファームさん

ブロッコリーの茎を細く切ってゆでて、オランデーズソースをかけて

小鍋に卵、バター、レモン汁、塩を入れ、混ぜながらとろみがつくまで加熱し、オランデーズソースを作ります。ブロッコリーの茎をスティック状に切ってゆで、ソースをかければ完成。

栄養

キャベツの改良種として生まれたカリフラワーはビタミンCが豊富で、含有量はキャベツの約2倍。ブロッコリーはビタミンC、β-カロテンが豊富で、寒い季節の風邪予防や美肌対策として積極的に食べたいもの。茎にも栄養があるので、皮を厚めにむいて食べるのがおすすめです。

保存方法

いずれも表面に水分がついていたら拭き取り、ラップに包んでポリ袋に入れ、立てて冷蔵庫の野菜室へ。つぼみが開くと味が落ちるので、開かないうちに小房に分けて固めにゆで、冷凍保存しても。

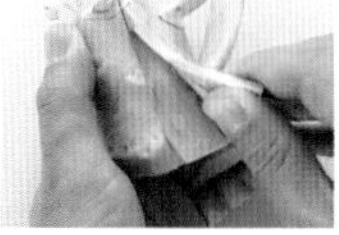

茎の皮むきは

茎の表面に、包丁で縦に浅く切り込みを入れ、そこをとっかかりとして手ではがすようにすれば、皮がむけます。

くたっとするまでゆでたブロッコリーがパスタソースに

いつものペペロンチーノに、やわらかくなるまでゆでたブロッコリーを加えて、粗めにつぶします。ほぐれたブロッコリーがソースのようになって、パスタによくからむんです。にんにく風味と相性ばっちり!

新しい味わい! 小房をフライにしたブロッコリーカツ

ブロッコリーにフライを作る要領で衣をつけ、揚げ油で中まで火が通ってカラリとするまで揚げます。好みでソースをつけてどうぞ。

おうち串カツパーティーの常連です
──淡路島ほっこりファームさん

ロマネスコを焼いてアンチョビソースをかけて

小鍋にアンチョビフィレ、オリーブオイル、にんにくを入れてほぐしながら加熱し、ソースを作ります。ロマネスコを小房に分けてゆでずにトースターで2分ほど焼き、ソースをかけて。

カリフラワー＆ブロッコリーの仲間

ほかの野菜とかけ合わされたものも続々登場！

ブロッコリースプラウト

ブロッコリーの種が発芽したばかりのもの。スプラウト（新芽）類の中でも細い形状で、苦みも少なめ。もやしのようなシャキシャキとした食感です。

生でもいける！

アレッタ

ブロッコリーとケールをかけ合わせたもの。ケールのような苦みはなく、茎部分は特に甘みがあります。葉、つぼみもすべて食べられて栄養も豊富です。

はなっこりー

ブロッコリーと中国野菜「サイシン」をかけ合わせたもので、菜の花に似た外見です。甘みがあってクセがなく、茎もやわらかくて、まるごと食べられます。

スティックセニョール

ブロッコリーと中国野菜「カイラン」をかけ合わせたもの。ブロッコリーの茎が細長くなったような形で、食感と味わいはアスパラガスに似ています。

ロマネスコ

イタリア生まれの野菜で、つぼみはごつごつとしたフラクタル構造をしています。ブロッコリーとカリフラワーの中間のような歯ごたえで、甘みがあります。

カリフラワーよりコリコリ食感！
——たべくら農園さん

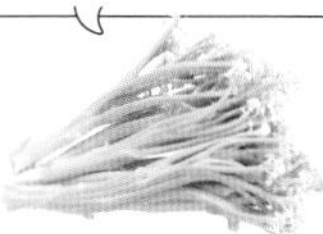

カリフローレ

スティック状のカリフラワーで、つぼみ部分が花のような可憐な見た目をしています。カリフラワーよりもクセが少なく、食べやすい味です。

カラフルカリフラワー

白いものが一般的なカリフラワーですが、最近はカラフルな種類も出回っています。色によって含まれる栄養も異なり、紫はアントシアニン、黄緑はビタミンC、オレンジはβ-カロテンが豊富です。

カレー粉を振ってもおいしいですよ
——たべくら農園さん

生産者だからこそ知っている **おいしい食べ方**

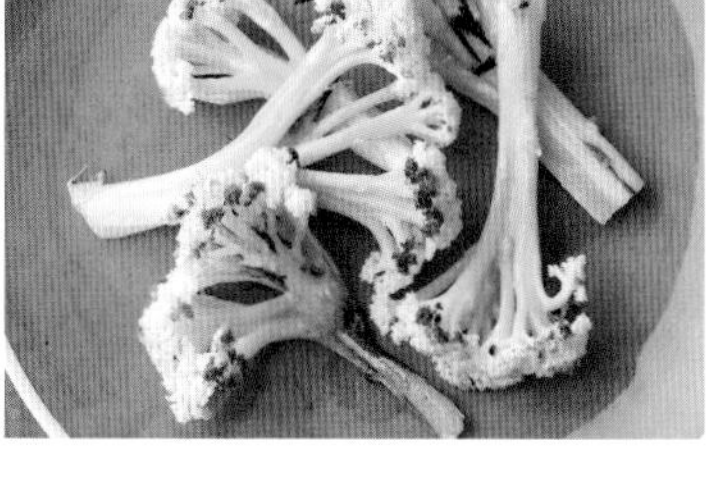

カリフローレはソテーに！
じっくり焼いてうまみを凝縮

小房に分けたカリフローレを、オリーブオイルをひいたフライパンで両面焼いて。焦げ目がつくまでしっかり焼くことで、甘みとコクを引き出せます。最後に塩を振っていただきます。

大根

夏はサラダ
冬は加熱がおいしい!

1本は使いきれないと思われがちですが、生で、おろして、煮て、焼いてと、調理のバリエーションはかなり豊富。冷凍保存や干して自家製切り干し大根を作る手もあります。上部は甘みが強く、下部は辛みが強く、中間はバランスがよいと、部位によっても個性があるので、まるごと買って味わい尽くしましょう。秋からが旬ですが、シャキシャキの夏の大根も捨てがたいところ。多彩な品種もチェックして。

葉っぱは下ゆでして
冷凍しておくといいですよ
——さくま草生農園さん

ここも捨てないで

大根の皮は、パリパリしたいい食感。きんぴらや漬物にするとおいしくいただけます。冷蔵室で保存し、ある程度たまったら調理しましょう。

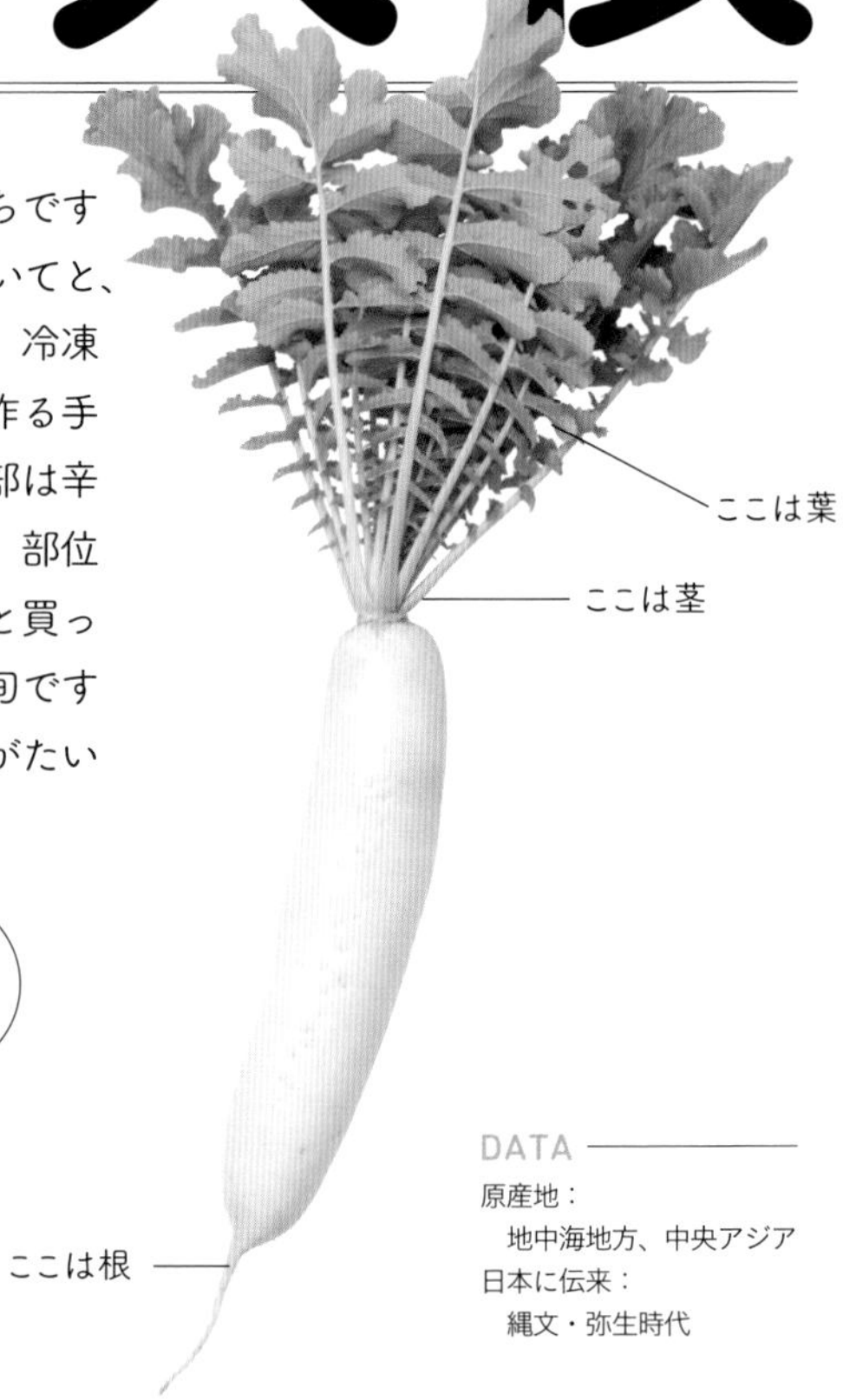

DATA

原産地：
地中海地方、中央アジア
日本に伝来：
縄文・弥生時代

旬

最も甘みが強くおいしくなるのは11~翌2月の寒い時期ですが、品種改良や栽培地の工夫がなされ、1年中、手に入るように。暑い時期は北海道や青森県などの冷涼地で作られる夏大根が出回っています。

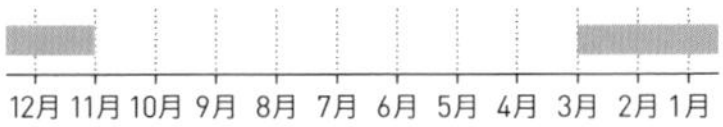

見分け方

白い部分に光沢とはりがあり、持ってみるとずっしりと重いもの、ひげ根が少なめのものが美味。茎の断面をチェックして、白っぽかったりスカスカの空洞が見られるものは避けましょう。

こんなふうに食べてます！ **そのままおいしい食べ方**

夏はせん切りに冷たいだしをかけて

夏の大根はシャキシャキとおいしいのでせん切りにして生で食べるのがおすすめ。黄身を落としてよく食べます。

ガーッとよく混ぜて食べてます
——淡路島ほっこりファームさん

じっくり、ゆっくり煮てくださいね
——淡路島ほっこりファームさん

やわらかい冬の大根は煮るのが一番

冬は田楽やおでんが定番。だしが中までよ～くしみて、大根の甘みも際立って、めっちゃおいしいですよ。

辛さがやみつきになります
——食べチョク 鈴木

栄養

ビタミンCや食物繊維のほか、消化酵素のアミラーゼが豊富に含まれ、「自然の消化剤」ともいわれている大根。でんぷんの消化を促し、胃もたれや胸焼けを防ぎます。大根おろしなどにして生食すると効果が高まるのでおすすめ。また、大根の葉はβ-カロテンが豊富な緑黄色野菜なので、捨てずに食べるとよいでしょう。

保存方法

葉と根は切り離し、乾燥予防に根は切り口にラップをしてポリ袋に入れ、葉は湿らせた新聞紙などに包み、冷暗所か冷蔵庫の野菜室で保存を。根はなるべく立てて保存しましょう。

注目の品種

© 小林信雄

「出雲おろち大根」

島根大学が品種改良した辛味大根で、品種名は「スサノオ」。ヤマタノオロチのような形状と、刺激的な辛みで、ひときわ注目を集めています。

大根の種類

大根は特徴的な在来種が多く、日本各地に分布しています。

黒丸大根

皮は真っ黒でも中は純白の、ヨーロッパ原産の大根。煮くずれしにくく、辛みが強いのが特徴です。

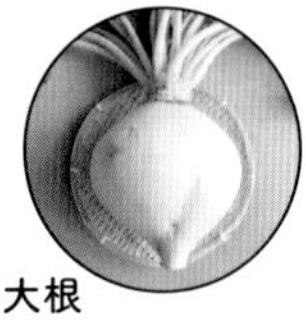

桜島大根

鹿児島県桜島の品種。繊維質が少なく煮汁がしみ込みやすい一方、煮くずれしにくいのが特徴です。

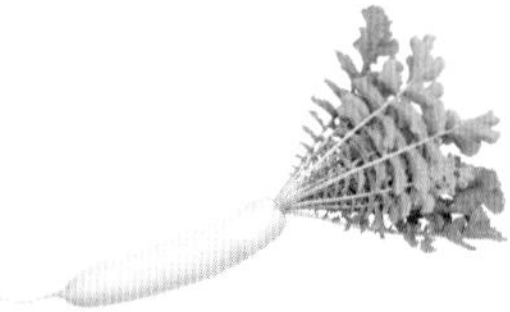

青首大根

一般的に流通している代表品種で、上部が青いことからこの名前に。サラダから煮物まで万能的に使えます。

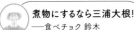

煮物にするなら三浦大根!
──食べチョク 鈴木

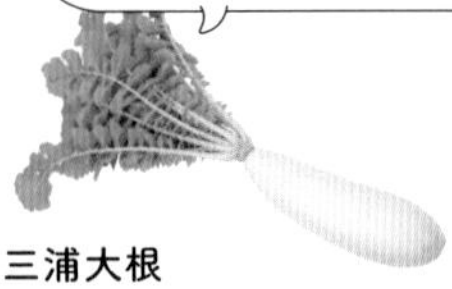

三浦大根

神奈川県三浦市の特産品で、中央が太いのが特徴です。甘みが強く、煮汁がよくしみ込むので、煮物に◎。

聖《しょう》護《ご》院《いん》大根

丸い形と、甘く、辛みが少ないのが特徴で、肉質もとてもやわらか。京都で生まれた伝統野菜です。

二十日大根

ヨーロッパ原産で、別名ラディッシュ。サラダでよく使われますが、加熱してもおいしくいただけます。

レディサラダ

表面は鮮やかなピンク色、中は真っ白なサラダにぴったりの大根。サラダや浅漬けなど、生食向きです。

練馬大根

長さが青首大根の2倍ほどある東京・練馬の伝統野菜。歯ごたえがあり、辛みが強いのが特徴です。

ねずみ大根

根がねずみの尻尾のように長く、下ぶくれの形がユニークです。水分が少なくカリッとした食感です。

保存のポイント

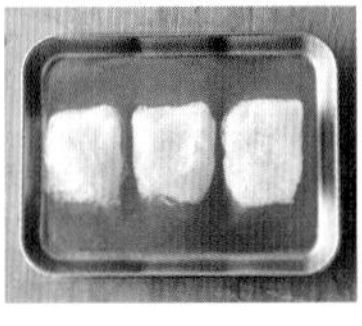

大根はおろして保存

大根はおろして冷凍しておくと、ちょっと使いたいときに便利です。軽く汁気をきってから、1回分ずつラップで包み、冷凍庫へ。自然解凍すれば、おろしたての味が復活します。

紅芯《こうしん》大根

かぶのような丸い形をした中がピンク色の大根。パリパリとした食感で、酢につけると色がさらに鮮やかになります。

ねぎ

調理法によって
見せる表情が激変!
残さず1本まるまるどうぞ

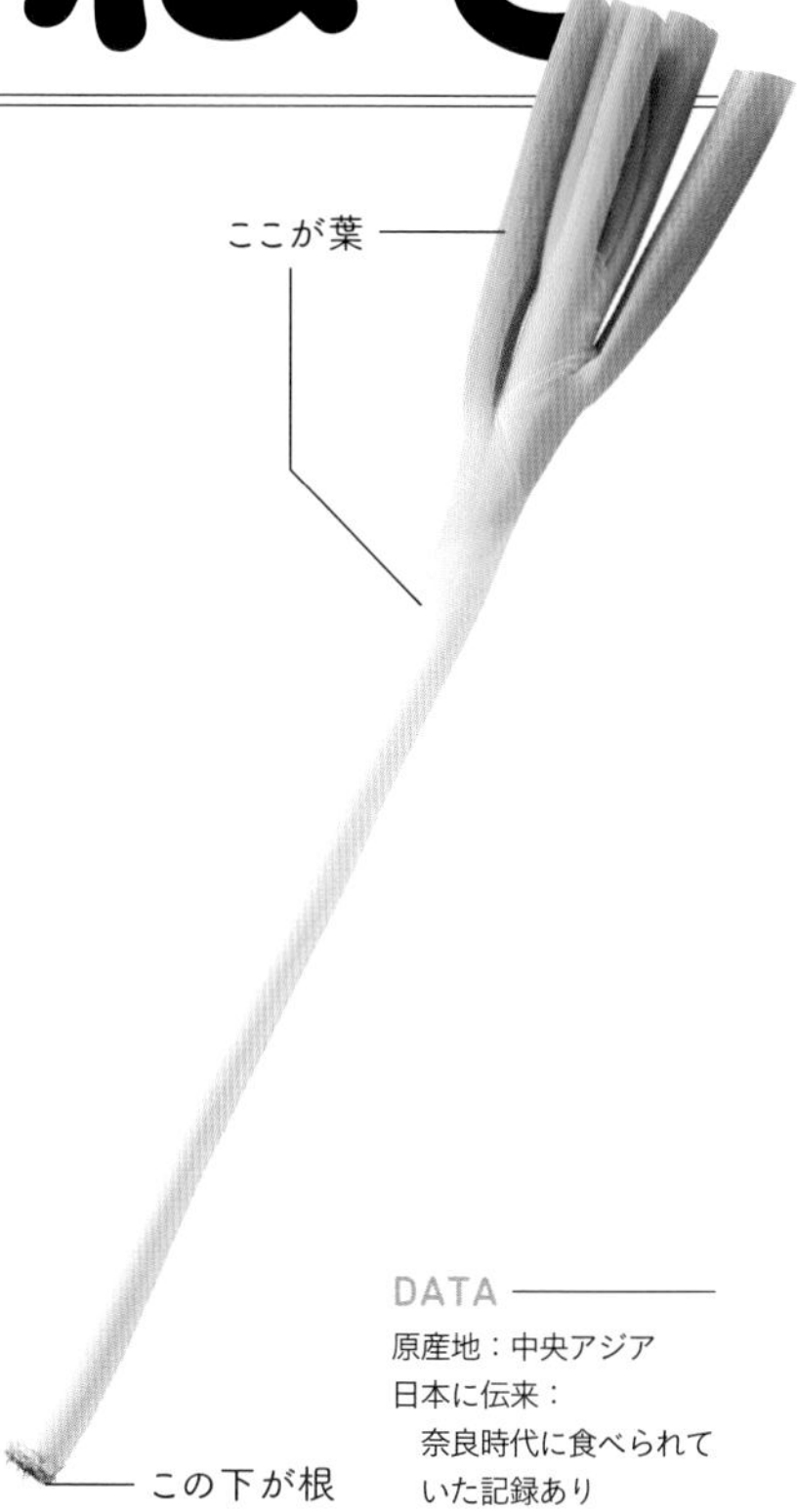

日本の食卓に欠かせない存在。生のままシャキッと薬味に、焼いてとろとろ&ジューシーに、鍋に入れてじんわり食感にと、調理法によってさまざまな顔を見せ、切り方によっても印象が変わります。「根深ねぎ」と「葉ねぎ」の2種類あり、根深ねぎはいわゆる長ねぎのこと。関東では根深ねぎ、関西では葉ねぎが多く使われるという地域性もあります。根深ねぎは、根元に近づくほど甘みがあります。青い部分は辛みがあって固めですが、問題なく食べられるので、今や捨てずに使うのが新常識。

青い部分も食べて

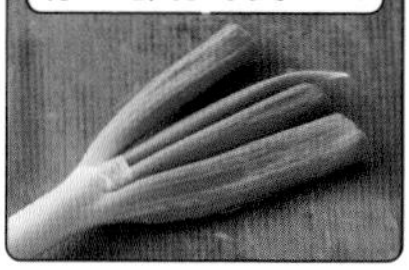

青い部分（上のほうの緑色のところ）は、汁物に入れたりかき揚げにしたりしてみて。肉や魚料理の臭み消しに使っても◎。

DATA
原産地：中央アジア
日本に伝来：
奈良時代に食べられていた記録あり

旬

全国で幅広く栽培されているねぎは、1年を通して流通している野菜です。根深ねぎは10~翌2月の寒い時期に甘みが増してよりおいしくなり、葉ねぎは3~5月頃に最盛期を迎えます。

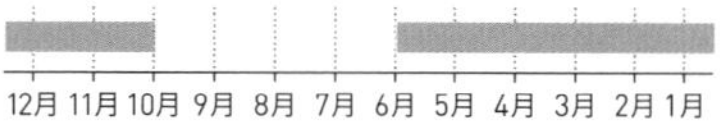

見分け方

根深ねぎは身が締まっており、みずみずしくて光沢があり、白と緑色との境目がくっきりしているものが美味。葉ねぎは途中で折れたりしておらず、先までピンとしているもの、緑色が鮮やかなものを選びましょう。

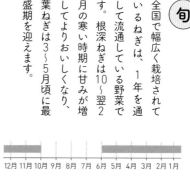

ねぎの種類

生産地によって
特徴が異なるねぎ。
使い方も変わりそう。

根深ねぎ

味噌汁やクリームシチューに
入れるのもおすすめ!
――クローバーファームさん

平田赤ねぎ

山形県酒田市平田の伝統野菜。一般的なねぎの白い部分が、鮮やかなワインレッド色に染まっています。生だと辛みがありますが、加熱することで甘くなります。

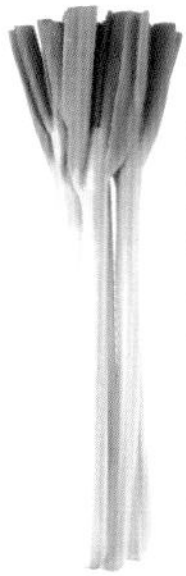

深谷ねぎ

埼玉県深谷市周辺で栽培されるねぎ。通常のねぎよりも白い部分が長く、糖度が高くて甘みがあります。きめこまかくてやわらかく、加熱するととろとろ食感に。

下仁田ねぎ

群馬県甘楽郡下仁田町周辺で栽培されるねぎ。全体的に太く、青い部分が長いのが特徴。生のままだと辛みが強いですが、加熱すると甘みが増します。

葉ねぎ

芽ねぎ

発芽して間もない葉ねぎのことで、太さは1㎜ほどでやわらかさがあります。ほどよい辛みとさわやかな香りで、お寿司のネタに使われることも。

小ねぎ

葉ねぎを若穫りしたもので「細ねぎ」とも呼ばれます。太さは5㎜ほどで、薬味に使われることも多々。ちなみに「万能ねぎ」はブランド名で小ねぎの一種。

九条ねぎ

古くから京都市南区九条で作られてきた、京の伝統野菜。葉の内側にぬめりがあるのが、ほかのねぎにはない大きな特徴。香りと甘みが強い種類です。

栄養

青い部分はβ-カロテンやビタミンC、カリウムが豊富で、白い部分にはねぎ類特有の香り成分である硫化アリルが豊富。ビタミンB_1の吸収を助け、疲労回復や冷え性の予防に効果的といわれています。硫化アリルは水溶性なので、刻んで生食するのが上手なとり方です。

保存方法

根深ねぎは葉先を出して新聞紙で包み、冷暗所で保存を。使いかけのものや葉ねぎはポリ袋へ入れて冷蔵室へ。あらかじめ小口切りにし、保存容器に入れて冷蔵しても。

この種類だからおいしい！ 生産者直伝の食べ方

下仁田ねぎは冬になると
糖度14度にもなります
——クローバーファームさん

「下仁田ねぎ」は じっくり焼くと とっても甘い！

下仁田ねぎはぶつ切りにして、油をひいたフライパンに入れてじっくり焼いて。時間をかけて加熱することで特有の甘みが引き出されます。好みでわさび醤油をつけて。

香りのいいねぎと豚肉の
甘みでご飯がすすむ味に
——食べチョク 登録生産者さん

「九条ねぎ」を、 長いまま豚巻き焼きに

豚バラ薄切り肉に塩、こしょうを振り、半分の長さに切った九条ねぎに巻きつけます。広げたアルミホイルにのせてオリーブオイルをかけ、トースターで10分ほど焼いたら完成。

香りの高さも魅力です
——食べチョク 鈴木

注目の品種

「リーキ」

地中海生まれの根深ねぎで、「ポロネギ」とも呼ばれます。日本のねぎと違い辛みがないのが特徴で、加熱するととろりとした食感と甘みが出ます。

ねぎとごま油の
香ばしさが最高です
——食べチョク 登録生産者さん

いろんな料理に合う！ やみつき万能ねぎだれ

ねぎ½本はみじん切りにし、ごま油大さじ2、おろしにんにく・おろししょうが・鶏がらスープの素各小さじ1、塩・こしょう各少々と混ぜたら完成。焼いた鶏肉や蒸し鶏、冷や奴にかけたり、豚バラ肉と炒めたりしても美味。

白菜

とろとろの加熱白菜も
クリスピーな生白菜も捨てがたい

冬になると、登場の機会が増える白菜。実際、旬の白菜は甘さを増して繊維質がやわらかくなり、それでいてみずみずしくシャキシャキ！ 加熱すればとろとろにとろけ、サラダや漬物にすれば小気味よいパリッとした歯ごたえに、旬の力をひしひしと感じるようになります。まるごと手に入れて、その力を余すことなくいただきましょう。もし使いきれないときは、せん切りにし、白菜の重さに対して3％の塩に漬けて常温で2～3日置き、「発酵白菜」にすると長持ち。鍋にも活用できます。

使い方は…

外葉は炒め物、内葉は生食に使うのがおすすめ。鍋にはその中間の葉が合います。

ここも捨てないで！

白菜の葉についている黒い斑点はポリフェノール。カビや病気ではないので安心して食べましょう。

DATA

原産地：中国
日本に伝来：明治時代

新鮮な白菜は外葉がピーンとはっていて、手で折るとパリッ！ クリスピーな食感が最高です
──食べチョク 白澤

旬

10～翌2月の寒い時期が旬ですが、産地や品種を工夫したことで通年手に入ります。秋から冬にかけては茨城県、長野県、鹿児島県が多く、夏の期間は長野県や北海道などの冷涼地が多くなります。

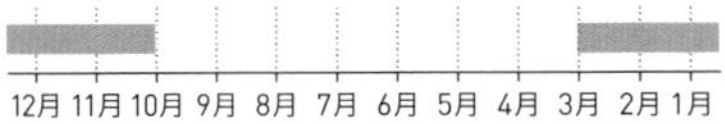

見分け方

外葉の緑が濃く、巻きが固く、白い部分がみずみずしいものを選びましょう。カットされたものは切り口をチェック。芯のあたりが盛り上がっているものは、切ってから時間が経っているので避けましょう。

こんなふうに食べてます! そのままおいしい食べ方

一番おいしく
食べられるのがコレ!
──たべくら農園さん

イチオシは ピェンロー鍋!

干ししいたけのだしで豚肉、鶏肉と一緒に煮て、塩とごま油でいただくシンプルな鍋ですが、白菜の魅力が凝縮。白菜のとろける食感がたまりません。

ヤンニョムでもOK!
──たべくら農園さん

「キムチの素」とあえて 即席キムチに

白菜は塩もみだけしておいて、毎回食べる分だけ「キムチの素」とササッとあえます。漬け込むよりも白菜そのものの味や食感を楽しめます。

茎(軸)を切り取り、
外葉から使うと長持ちします
──食べチョク 鈴木

栄養

水分量が多く、100gあたり14kcalと低カロリーで、ビタミンC、ビタミンK、カリウム、カルシウム、食物繊維などの栄養素をバランスよく含みます。注目したいのは、イソチオシアネートという辛み成分。抗酸化作用に優れ、がん予防に効果があると期待されています。

保存方法

まるごとの場合はキッチンペーパーや新聞紙などで包み、冷暗所に立てておきます。キッチンペーパーが湿ってきたら取り替えると長持ち。カットしたものはラップで包み、冷蔵庫の野菜室に立てて保存を。

注目の品種

「娃々菜《わわさい》」

小さい手のひらサイズで芯までやわらかい新品種です。「娃々」は中国語で赤ちゃんという意味で、ベビー白菜とも。

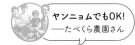

セロリ

**加熱でも生でも
香りと食感が
強烈なインパクトに**

さわやかな香りとシャキシャキ食感が自慢。加熱に強いので、スープに入れたり炒めたりしても風味はキープされます。肉料理との相性は最高ですし、サラダや漬物にするなど、生で食べるのもおすすめ。にんじんや三つ葉と同じセリ科に属し、「清正にんじん」や「オランダみつば」などの別名もあります。多く出回っているのはグリーンセロリという種類で、茎まで緑色で香りが強め。茎が白いホワイトセロリという種類は、三つ葉のような見た目で、筋が少なくてやわらか。香りも穏やかで、独特な香りが苦手な人にも食べやすいです。

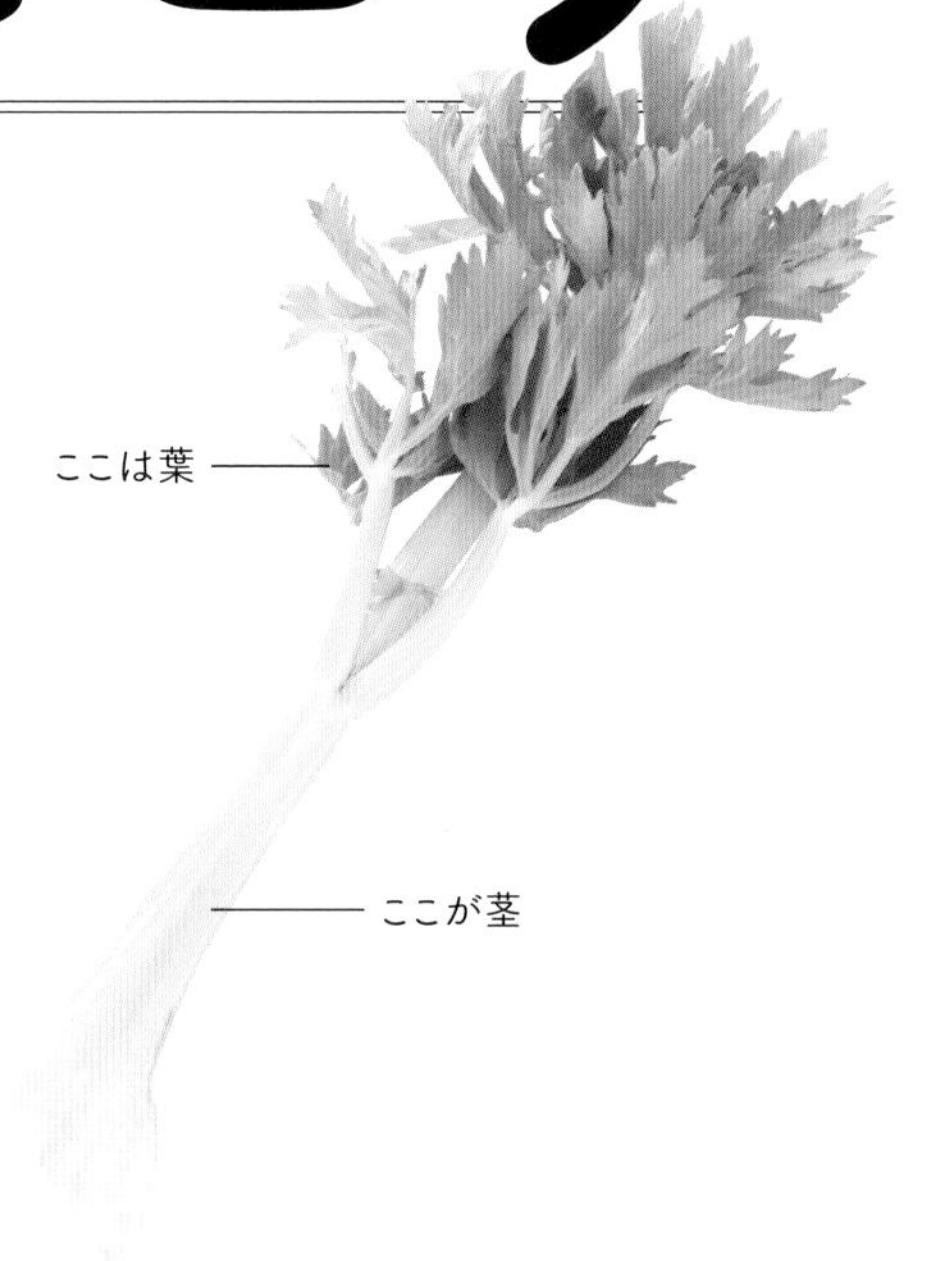

下処理は…

セロリの茎には固い筋があります。包丁で削ぐようにして取り除くか、茎全体を筋を断つようにこまかく刻めば気にならなくなります。

ここも捨てないで!

茎を食べるイメージのセロリですが、葉っぱも香り高くて美味。汁物やサラダに使ってみて。

DATA

原産地：地中海沿岸が有力
日本に伝来：16 世紀末

旬

冷涼な気候を好み、12～翌4月に旬を迎えるセロリ。産地リレーやハウス栽培により通年出回るようになっており、例えば生産量第1位の長野県では6～11月、静岡県や愛知県では11～翌6月頃に出荷されています。

見分け方

茎の部分が肉厚で丸みがあり、筋がはっきりしているものが良品。また、切り口の断面をチェックし、空洞が目立っているものは繊維が固くなっている恐れがあるので避けましょう。

こんなふうに食べてます! そのままおいしい食べ方

生でもおいしく楽しめます
──坂田園芸場さん

塩昆布とあえて、味と香りをシンプルに味わう

セロリの茎を薄切りにして塩昆布とあえるだけ。クセのあるセロリも塩昆布で食べやすく。味つけは塩昆布だけでシンプルなので、セロリの香りは存分に味わえます。残った葉は佃煮にするのもいいですね。

セロリハンバーグはまるでお店の味!

セロリの茎を細かく切って肉だねに加えれば、いつものハンバーグがグレードアップ。合いびき肉を使えばお肉感が強くなり、セロリの香りがより生きてきます。肉だねにクミンを入れるのもおすすめです。残った葉はサラダにすると◎。

お肉との相性バッチリです
──食べチョク 登録生産者さん

栄養

100gあたり15kcalと低カロリーで、むくみを取り去るカリウムが豊富。葉はβ-カロテンを含んでいます。独特の香りはアピイン、ピラジンと呼ばれる香り成分によるもので、神経系等に働きかけ、ストレスや不安感の解消効果があるといわれています。

保存方法

葉から水分が失われていくので、買ってきたらすぐに葉と茎を切り離すとよいでしょう。それぞれポリ袋に入れ、立てた状態で冷蔵庫の野菜室で保存を。

根っこは必食!
強い甘さは旬のうちに
堪能しておきたい ほうれん草

青菜の王様といわれるほうれん草は、ヒユ科に属し、オカヒジキやビーツの仲間。通年手に入りますが、旬のものは葉が肉厚でぐっと甘みが増します。冬の寒さを利用した寒締め栽培で作られたものは「寒締めほうれん草」や「ちぢみほうれん草」と呼ばれ、特に甘みが強く、横に広がった形状も特徴です。そして絶対に捨ててほしくないのが、根っこ部分。甘みがあり、赤いほどその度合いが強いとされています。また、下ごしらえとしてアク抜きが必要ですが、炒める、焼く場合は省略可能です。

アク抜きは…

ほうれん草のアク抜きはレンチンだと簡単。洗ったほうれん草を水気がついたままラップで包み、電子レンジで2分ほど加熱して水にさらして。

DATA

原産地：
ペルシャ(現在のイラン)が有力
日本に伝来：江戸時代初期

**旬のほうれん草は、
甘みも弾力も水分もあって
おいしい!**
──ユーザー青柳さん

旬

寒くなるにつれ甘みも栄養価も増えていき、10～翌3月に旬を迎えます。ただ、品種改良やハウス栽培によって通年出回っており、埼玉県や群馬県などの関東近郊、岐阜県や京都府などの関西近郊で栽培がさかんです。

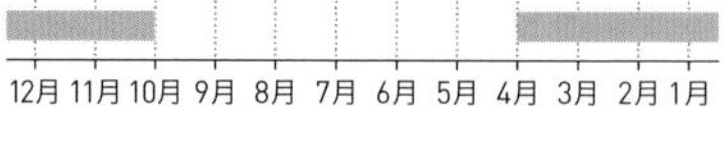

見分け方

葉先までピンとして緑が鮮やかなもの、根元にみずみずしさがあるものが新鮮です。根元が鮮やかなピンク色のものが、味が濃くておいしい傾向にあります。

こんなふうに食べてます! そのままおいしい食べ方

甘みとうまみが際立ちます
——信州塩尻 つむぐ農園さん

まるごと根つきのまま ソテーにして

ほうれん草の根に切り目を入れ、そのまま手で半分に裂きます。オリーブオイルを熱したフライパンに切り口を下にして並べ、両面とも少し焦げ目がつくまでじっくり焼き、塩、こしょうを振ったら完成です。

揚げるとやわらかくなって食べやすい!
——信州塩尻 つむぐ農園さん

根っこのフリットは 味が濃くてホクホク!

使うのは、ほうれん草の根の部分だけ。小麦粉をまぶしてから天ぷら衣（ベーキングパウダーを加えるのがおすすめ）にくぐらせ、180℃の揚げ油でカリッとするまで揚げます。仕上げに塩を振って。ほうれん草の水気でべしゃっとならないよう、しっかり揚げるのがコツ。

ほうれん草の根は、特に甘みが強くて栄養も豊富な部分。よく洗って土を落としてから使って。

栄養

β-カロテンが豊富な緑黄色野菜で、ビタミンC、鉄分、カルシウムが多く、中でも鉄分は野菜の中でもトップクラスの含有量を誇ります。風邪予防や免疫力アップ、貧血の予防、骨や歯の健康維持に効果が期待できます。

保存方法

袋に入れたまま、冷蔵庫の野菜室に立てて保存を。しおれやすいので、新鮮なうちにサッとゆでて水気を絞り、冷蔵または冷凍保存するのもおすすめです。

早めにゆでて
冷凍すれば
栄養もキープできます
——とんぼ農園さん

その他の青菜

おなじみのものから
個性豊かなものまで
食べ尽くしましょう。

みんな大好き! おなじみの青菜

手に入りやすくなじみ深い種類。意外と知らない使い方があるかも？

ほっとする味わいです
—ユーザーSuzyさん

小松菜は味しみしみの煮浸しにするのがおすすめ

鍋にだし汁、醤油、みりんなどを煮立て、油抜きした油揚げと小松菜を食べやすく切って加え、火が通るまで煮たらできあがり。小松菜の茎と葉は時間差で加えると◎。シャキシャキ食感を残したい場合は、加熱時間を短めにしても。

小松菜

旬は冬ですが、今では通年手に入る東京発祥の野菜。アクが少なくあらゆる調理法に合い、使いやすさが人気です。生で食べるのもおすすめです。

チンゲンサイ

中国原産の野菜で、丸みのある根元が特徴です。シャキッとした歯ざわりに甘みがあり、中華料理のイメージがありますが、洋風メニューとの相性も抜群です。

水菜

京都原産の伝統野菜で、「京菜」とも呼ばれます。シャキシャキ食感を楽しむために、新鮮なうちに食べるようにしましょう。生食にも加熱料理にも合います。

菜の花

つぼみや花を食べる「菜花」の一つで、春の旬野菜。葉やつぼみはやわらかくてみずみずしく、茎は太くてシャキッと食感。特有のほろ苦さがあります。

シャキシャキ感が残ります
——ユーザーめとなさん

クレソンは熱々のスープにたっぷり入れて

生で食べるイメージの強いクレソンですが、汁物に入れてもおいしいんです。できたて熱々のスープに加えれば、余熱でほどよく火が通って食感と香りが楽しめます。

クレソン

さわやかな香りに、やや苦みや辛みがあります。肉料理のつけ合わせのイメージですが、サラダや炒め物の主役にもなれる野菜。葉に丸みがあるのが特徴です。

ルッコラ

ごまのような香りのする、サラダに使われることの多い野菜。ほんのりと苦みがありますが、加熱することでマイルドに。葉はややギザギザとした形状です。

もっと食べたい！ 個性派青菜

珍しい種類や今注目の種類。新しい味との出会いがありそう！

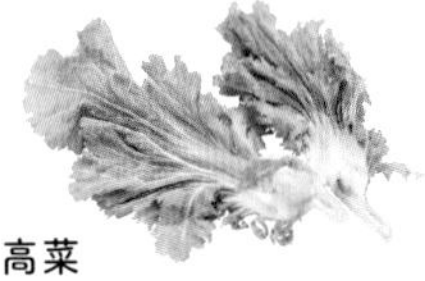

高菜

こちらもからし菜の仲間で、九州地方を中心に栽培されています。外葉は固めで内葉はやわらか。ピリリとした辛みがあり、古くから漬物に使われています。

わさび菜

からし菜の変種で、さわやかな辛みとわさびに似た香りがあります。葉は美しいフリル状で、サラダにぴったり。炒めものやあえものにしても。

からし菜

鼻に抜けるツンとした香りと辛みがあって、シャキシャキ食感。生のままサラダにしたり、炒め物や汁物に入れても美味。種は辛子の原料となります。

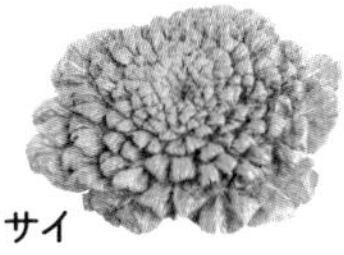

タアサイ

中国野菜の一つ。ちりめん状の葉で、地面を這うように横に広がるのが特徴です。生で食べてもおいしいですが、加熱することで苦みがやわらぎます。

炒め物や
汁物にも合います
——信州きらめき菜園さん

野沢菜

長野県下高井郡野沢温泉村発祥の野菜。1m を超える長さですが、じつはかぶの仲間。出回る時期が短く、保存食として漬物にされることが多いです。

ザーサイ

からし菜の仲間で、「畑のアワビ」という異名も。肥大化した茎はコリコリとした食感で、中華風の漬物に使われます。ピリ辛味の葉は漬物や炒め物にしても。

モロヘイヤ

とがった楕円形の葉が目印。ゆでたり刻んだりすると粘りが出るのが特徴です。シュウ酸を含むため、ほうれん草と同じようにアク抜きしてから使いましょう。

空心菜

その名の通り、茎の中が空洞になっているのが特徴の中国野菜。葉にはぬめりがあり、茎はシャキシャキとした歯ごたえで、炒め物にするのがおすすめです。

のらぼう菜

東京都西多摩地方や埼玉県飯能市のご当地野菜で、「野良にぼーっと生えている野菜」が名前の由来。菜の花に似た見た目で、炒め物やおひたしにしてどうぞ。

明日葉

春が旬のセリ科の野菜で、伊豆諸島が主な産地。栄養を豊富に含むことから青汁に使われることも多々。サッとゆでたり炒めたりするだけでもおいしいですよ。

せり

日本原産の野菜で、春の七草の一つ。香りが強く、食感は三つ葉に似ています。根も歯ごたえがあっておいしく食べられるので、よく洗って使いましょう。

つるむらさき

つる状に伸びる習性と、根が紫色の種類があるのが名前の由来。今では緑の根が主流。こちらもアク抜きするのがおすすめ。ゆでることで粘り気が出ます。

茎と葉の食感の
違いも楽しいんです
──食べチョク 大嶋

子持ち高菜は大きめに切ってソテーに

子持ち高菜は縦に半分に切り、油やバターを熱したフライパンに切り口を下にして入れ、焼き色がつくまで焼きます。好みで塩を振っても。じっくり焼くことで、子持ち高菜特有のほろ苦さとうまみが際立ちます。

子持ち高菜

からし菜の一種で、つぼみ部分にあたります。太い茎から小さな芽が出てくることから、この名に。春野菜特有のほろ苦さと甘み、コリコリとした食感があります。生でも食べられますが、加熱するのがおすすめ。

スイスチャード

地中海原産の野菜で、「うまい菜」とも呼ばれます。黄色や赤、白など茎の色がカラフルなのが大きな特徴で、料理に彩りをプラスできます。味はほうれん草に似ていますが、クセが少なく食べやすい青菜です。

追熟しない

買ったらすぐに
食べるのが◎。
甘みも酸味も楽しんで

いちご

果物の中でも人気の高いいちご。種のように見える粒々がじつは実で、食べているのは茎が肥大化したものなのです。また、いちごは追熟しないというのも意外な事実。収穫後、赤くなることはあっても甘みが増すことはないので、買ったらなるべく早く食べるのがベストです。長く楽しみたいならジャムや果実酒にしたり、冷凍したりするとよいでしょう。酸味が強いものは砂糖をまぶして食べたり、サラダに入れたりしても。近年は甘みのある品種が人気ですが、品種改良によってその種類はどんどん増え続けています。

洗うときは…

いちごは水を吸収しやすい果物で、水に触れることで傷みやすくなり、風味も落ちてしまいます。洗うのは食べる直前に、サッと振り洗いする程度に。

DATA

原産地：北米、南米チリが有力
日本に伝来：江戸時代末期

旬

クリスマスケーキの需要もあり12月頃から出荷されますが、甘みが増しておいしくなるのは2月。品種によっては3〜4月に旬を迎えるものもあります。また、品種改良によって夏に旬を迎えるものも登場しています。

見分け方

葉の緑色が鮮やかで、表面にはりがあるものが新鮮。へたの下がまだ緑がかっているもの、白い部分が多いものは避け、全体が赤く染まってつやとはりがあるものが美味です。パックの下のいちごがつぶれていないかもチェック。

こんなふうに食べてます! そのままおいしい食べ方

ひと手間で極上のデザートに! 簡単いちごミルク

器にいちごを入れ、牛乳を加えて砂糖をまぶすだけ。いちごをつぶして牛乳とからめながらどうぞ。バニラエッセンスを加えるのもおすすめです。

いちごとミルクの相性抜群!
――南信州いちご村さん

炭酸や牛乳で割ってもおいしいですよ
――有限会社 阿蘇健康農園さん

フルーティーな甘さがクセになるいちごウイスキー

保存瓶に冷凍したいちごと砂糖を入れ、ウイスキーをいちごがつかるまでたっぷりと注ぎ、冷蔵室に入れて5日ほどおきます。いちご10粒に対して砂糖大さじ2杯強が目安。飲むときは、いちごも一緒にグラスに入れて。

いちご同士がくっつかないように保存するのがベター
――南信州いちご村さん

栄養

年代を問わず人気の高いいちごはビタミンCが豊富で、その含有量はフルーツの中でもトップクラス。美肌効果や風邪予防効果が期待できます。ビタミンB群の一種である葉酸や、抗酸化作用に優れたフラボノイド、アントシアニンなども含まれます。

保存方法

乾燥予防のためにポリ袋に入れて野菜室で保存を。その際、へたは取らずに、とがったほうを上向きにします。洗うのは食べる直前にし、買ってきたらなるべく早く食べきるようにしましょう。

いちごの品種

甘さのタイプに加え
サイズや果汁感で
選んでみて。

濃厚な甘さ

真紅の美鈴

千葉県大網白里市で開発された品種。濃い紅色をしていることから「黒いちご」とも呼ばれます。甘みとコクが強く、酸味は控えめ。個性的な香りも特徴です。

ロイヤルクイーン

主に栃木県で作られている品種。空洞が少なく果肉がみっちりと詰まっています。果汁とともに甘い香りが口いっぱいに広がり、贅沢な味わいを楽しめます。

越後姫

新潟県のオリジナル品種。「可憐でみずみずしく、新潟のお姫様のよう」というのが名前の由来。大粒でジューシー感があり、酸味が少なくて甘いのが特徴です。

食べチョク人気品種

あまりん

埼玉県内で作られる品種。濃厚な甘みと口あたりのよさが特徴です。糖度20度に達するものもあり、練乳をかけずともそのままで十分な甘さを堪能できます。

バランスのいい甘さ

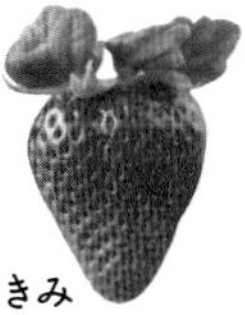

おおきみ

高知県で作られている品種。味が濃く、糖度は平均的でほどよい甘酸っぱさ。ほかの品種に比べて大粒で食べごたえがあり、果肉はしっかりとしています。

桃薫《とうくん》

静岡県や山口県などあちこちで作られている品種。桃やココナッツのような甘くフルーティーな香りが漂い、見た目もややピンク色で、新感覚を味わえます。

古都華《ことか》

奈良県生まれの品種。濃厚な甘みにやさしい酸味があり、いちごらしい豊かな味わいが楽しめます。大粒にならない傾向がありますが､歯ごたえはしっかりめ。

あまおう

福岡県のみで作られるいちごで、「いちごの王様」ともいわれるほどの人気品種。ふっくらとした丸いフォルムで、大粒。甘みと酸味のバランスが絶妙です。

さわやかな甘さ

あすかルビー

主に奈良県で作られている品種で、「赤い宝石」と呼ばれます。つやのある見た目に、果汁たっぷりのみずみずしい口あたりと、さわやかな酸味が楽しめます。

いちごさん

佐賀県で誕生した品種。華やかでやさしい甘さにみずみずしさもあってジューシー。ほかの品種に比べてずっしりとしており、つやのある見た目も魅力です。

恋みのり

長崎県や熊本県など全国で作られている品種。甘みと酸味のバランスがよく、さわやかでややあっさりとした味わい。香りが強いのが大きな特徴です。

あまりん画像 © ただかね農園／おおきみ画像 ©ogatafarm

追熟する

ゴールドとグリーン、どちらがお好み？ 甘みを十分楽しんで

キウイ

キウイが酸っぱいものというのは、もうはるか昔の話。果肉が黄金色のゴールドキウイはとても甘みが強く、果肉が緑色で酸味のあるグリーンキウイもかなり甘さが増してきています。ゴールドキウイは、日本人の味覚に合わせて作られたものだという説も。栄養的には、ゴールドキウイはビタミンが、グリーンキウイは食物繊維がより豊富という違いがあります。そのまま食べるのはもちろん、スムージーにしたりサラダやヨーグルトに入れたりするのもおすすめです。生産量は、柑橘王国でもある愛媛県がNo.1。

皮も食べられる！

じつはキウイはまるごと食べられる果物。皮には栄養がたっぷり含まれているので、むかずに食べても。表面に生えているうぶ毛が気になる場合は、丸めたアルミホイルで軽くこすれば取り除けます。

DATA

原産地：中国
日本に伝来：1970 年代

細長いものよりぷっくりしたものを選んで
──キーウィのもりさん

旬

日本に出回る輸入品の多くはニュージーランドからのもの。国産のキウイも増えており、愛媛県や福岡県、和歌山県での栽培がさかんで、こちらは10～11月に収穫され、追熟させた後、翌3月頃にかけて出荷されます。

見分け方

全体がふっくらとしていて重量感があるもの、皮の色が濃すぎないものが美味。うぶ毛がある品種は全体にびっしりと生えているものを。すぐに食べたければ少し弾力があるものを選び、固ければ追熟させるとよいでしょう。

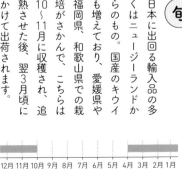

こんなふうに食べてます！ そのままおいしい食べ方

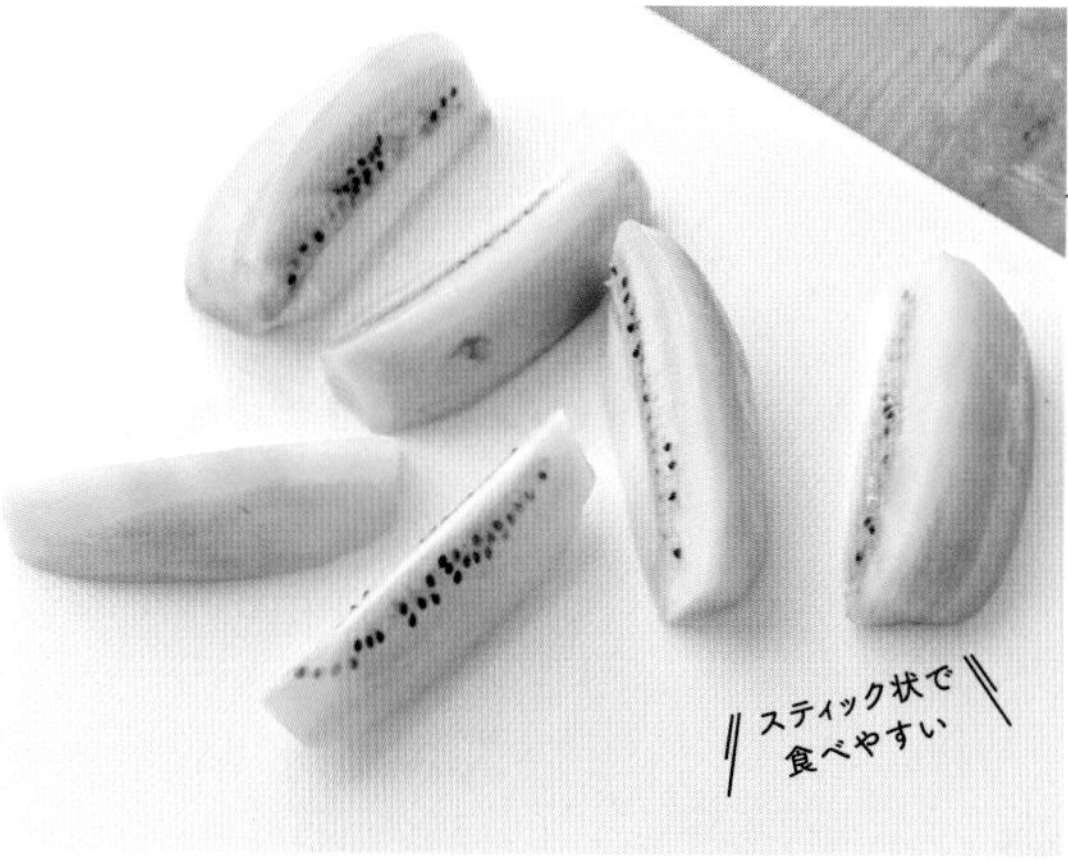

切り方は“縦切り”がおすすめ

キウイは、へた側とお尻側とで甘さが異なります。甘いのはお尻の部分。半分に切ってスプーンですくって食べるのが一般的ですが、バランスよく味わうなら、甘さにバラつきが出ないよう縦に切るとよいでしょう。

体が芯から温まります
──キーウィのもりさん

注目の品種

「レインボーレッド」
人気上昇中の品種で、中心部が赤く色づいた果肉が特徴です。酸味が少なくて甘みが強く、グリーンキウイよりもゴールドキウイに近い味わい。

むいた皮も捨てないで！入浴剤として使えます

むいた皮は入浴剤代わりになるんです。布巾で包んで湯船に入れるだけ。お湯の中で軽くもめば、特有の芳醇な香りが広がりますよ。

熟す前の固めで酸味の残った状態もおいしいですよ
──佐野 栄治さん

栄養

フルーツの中でもビタミンCが多く、風邪予防や美肌づくり、抗ストレスや老化防止などさまざまな健康効果が期待できます。カリウムや食物繊維も豊富。食べると少しピリッと感じる刺激は、アクチニジンというたんぱく質分解酵素によるもの。肉などをやわらかくする際、キウイ果汁に漬けると効果的です。

保存方法

まだ固いものはポリ袋に入れて冷暗所に置き、弾力が出てくるまで追熟させて。バナナやりんごを一緒にポリ袋に入れておくと、エチレンガスが追熟を早めてくれます。やわらかくなったら冷蔵庫の野菜室へ移し、早めに食べましょう。

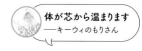

追熟しない

手でむける!
親しみのある
柑橘類No.1

温《うん》州《しゅう》みかん

冬のお茶の間に欠かせない温州みかんは、体を守るビタミンや水分の補給源として、冬の体にいいことずくめ。簡単に手でむいて食べられるのも魅力です。おもしろいのがむき方。へたから、お尻から、和歌山むきやラインむきなど、地方や家庭によってさまざまです。温州みかんにも出回る時期によって種類があるので、移りゆく季節とともにその違いを味わいましょう。

みかんのむき方いろいろ

ベルトむき

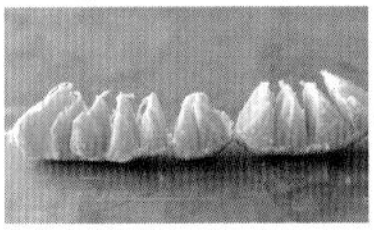
皮の1カ所に指を入れて開きます。これでベルト状になります。

中央に皮を残し、上下の皮を丸くむきます。

和歌山むき

へたを下にして皮ごと四つ割りに。へた側から実を皮からはずすと、するりとはずれます。有田むきとも。

DATA
原産地：日本
日本に伝来：——

みかんはお尻が「菊尻」になっていると甘いですよ
——食べチョク 登録生産者さん

旬

温州みかんの旬は品種によって異なり、10月に旬を迎える極早生《ごくわせ》、10～11月の早生《わせ》と、だんだん甘みが増していきます。12月以降に収穫されるものは中生《なかて》、晩生《おくて》といい、さらに1カ月ほど貯蔵してから糖度を高めてから出荷されるものもあります。

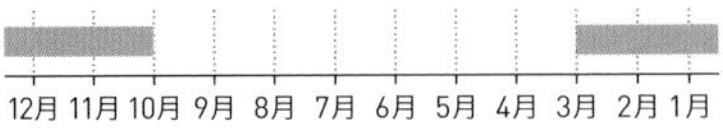

見分け方

小ぶりで皮が薄くきゅっと締まり、ぶよぶよでないもの、色が均一で鮮やかなもの、表面のつぶつぶが小さくはっきりしているもの、へたが黄色っぽくなっているものが糖度が高めです。

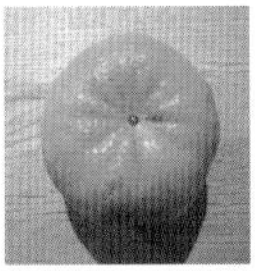

晩生になるほど甘くなります

温州みかんの旬チャート

日本の冬の風物詩。
時期によって
味わいが変化します。

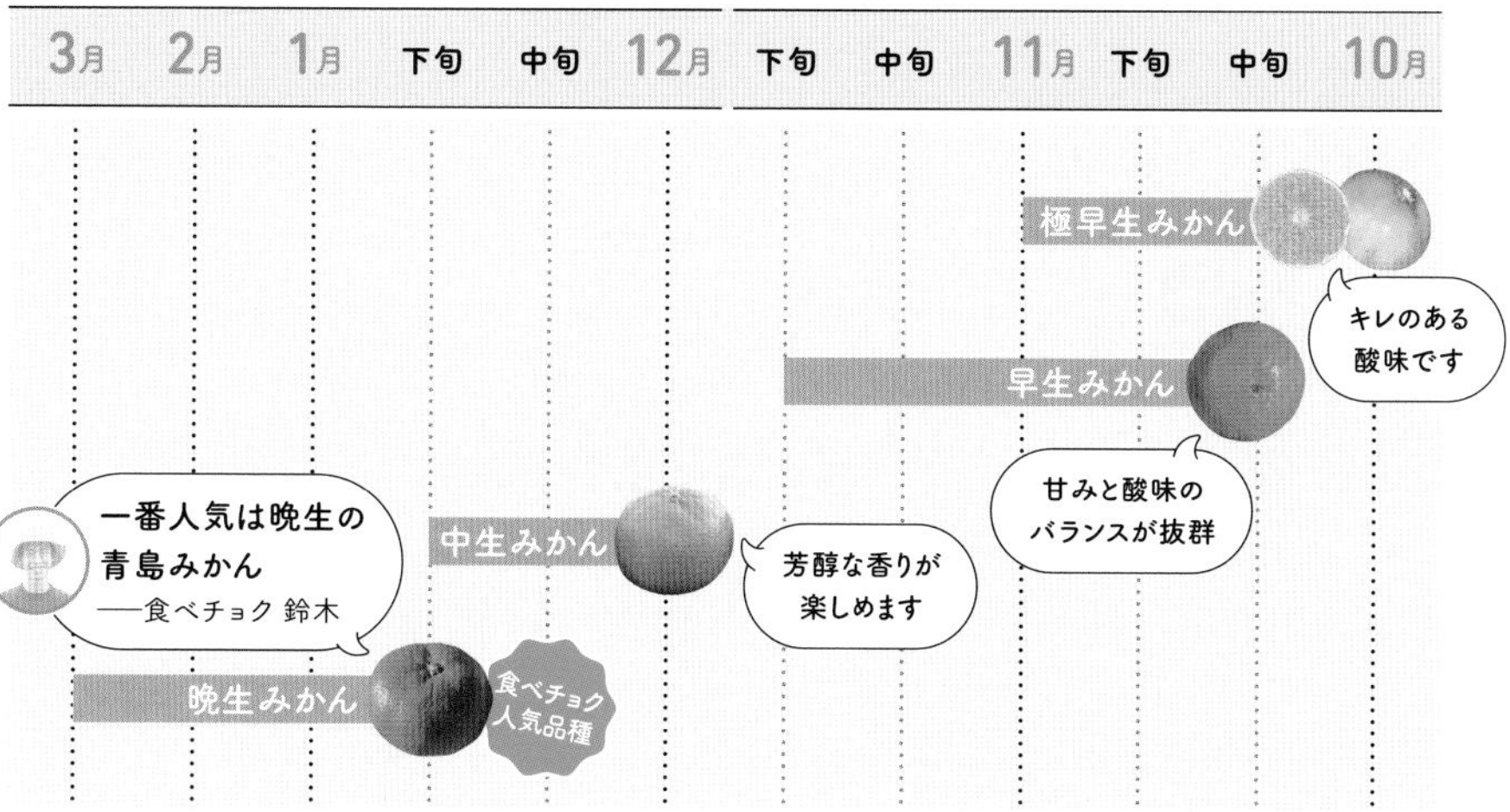

晩生みかん
甘くこってりとした濃厚なみかん。代表的な「青島温州」のほか「林温州」も人気です。

中生みかん
酸味が穏やかになり、甘みが濃厚に。「向山温州」や「南柑みかん」が知られています。

早生みかん
最も生産量の多い、おなじみのみかん。「宮川早生」と「興津早生」が代表品種です。

極早生みかん
代表品種は「ゆら早生」と「日南１号」で、みずみずしいさわやかな香りと酸味が特徴。

栄養

なんといってもビタミンCが豊富。温州みかんなら3～4個で1日の目標摂取量がとれ、風邪予防や皮膚の健康維持に役立ちます。房の皮には食物繊維が、白い筋には毛細血管を強化するといわれるビタミンPが含まれるので、なるべく取り除かないで食べるとよいでしょう。

保存方法

暖房のついていない風通しのよい冷暗所で保存を。箱買いしたものはそのままにせず、一段ごとに新聞紙を敷きながら、へたを下にして並べるとよいでしょう。カビが生えてしまったものはすぐに取り除いて。

極端に寒いところではなく適度に涼しいところがいいですよ
——清水果樹園さん

温州みかん以外にもまだまだあります

柑橘類の旬チャート

驚くほど種類が多い柑橘類。
香り、甘み、酸味、苦み、
食感もよりどりみどり。
全部試してみたいものです。

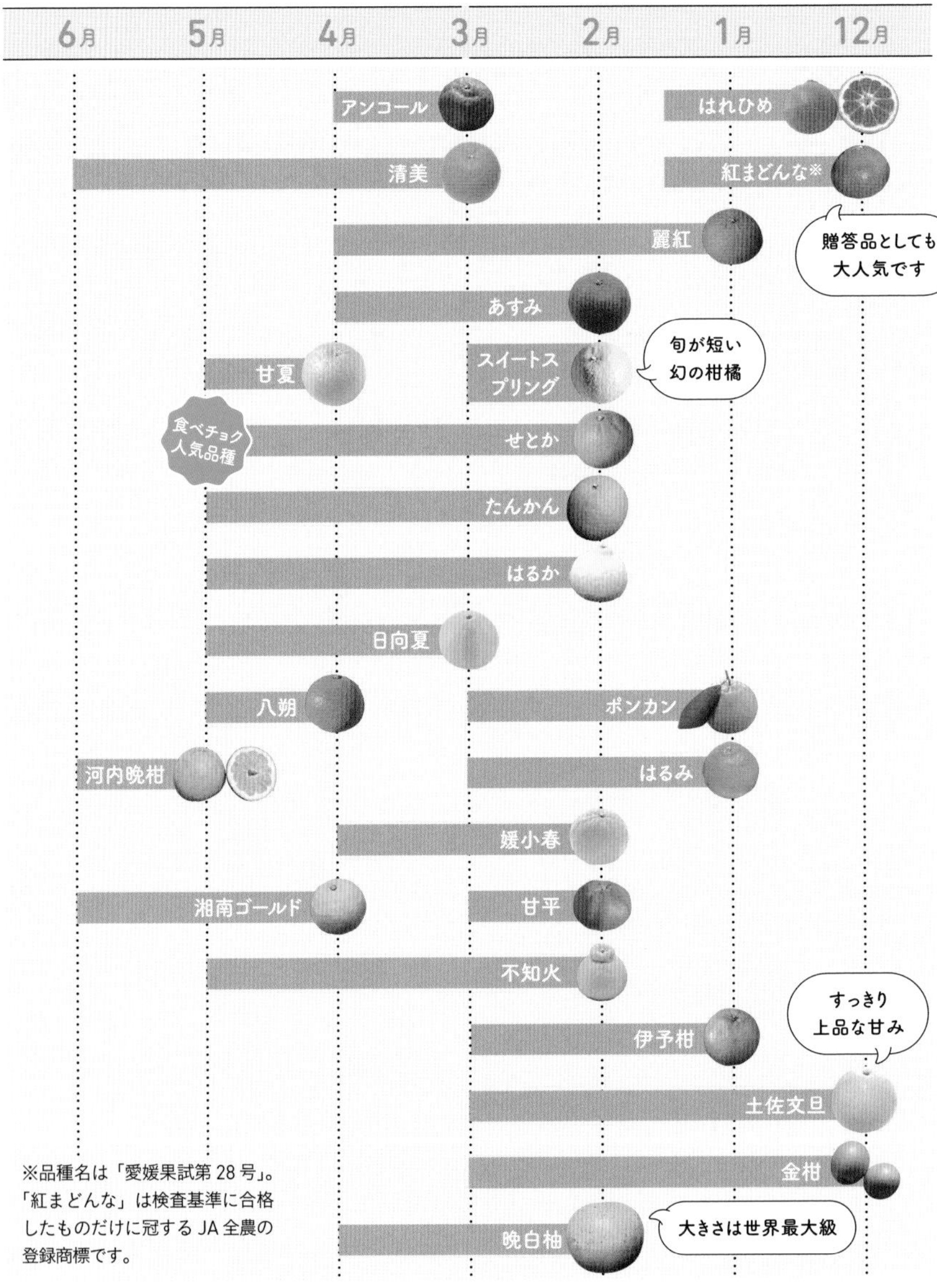

※品種名は「愛媛果試第28号」。「紅まどんな」は検査基準に合格したものだけに冠するJA全農の登録商標です。

清美《きよみ》
オレンジと温州みかんの長所を併せ持つ、甘みと酸味が調和した品種です。

紅まどんな®
玉が大きく、紅色が濃く美しく、まるでゼリーのようななめらか食感です。

アンコール
濃厚な甘みのある深い味わいが特徴の、カリフォルニア生まれの高級品種です。

はれひめ
オレンジのような香りとみかんのような甘さが人気。皮がむきやすい利点も。

甘夏《あまなつ》
夏みかんより酸味が少ないことから命名されました。ほのかな苦みとスッキリした甘みが人気です。

スイートスプリング
みかんと八朔を交配した品種です。上品な甘みで、果肉はシャキッとした食感。

あすみ
中でも糖度が高く、すがすがしい香り。種が少なく食べやすい品種です。

麗紅《れいこう》
外皮はなめらかで、果肉には果汁がギュッ！ 赤みのある橙色が目印です。

日向夏《ひゅうがなつ》
甘酸っぱく、果汁がたっぷり含まれる柑橘類で、別名「小夏」。宮崎県生まれです。

はるか
レモン色の果皮が目印。種は多めですがほぼ酸味はなく、さわやかな甘さです。

たんかん
濃厚な甘さがあり、酸味が少ないのが特徴です。内袋ごと食べられる利点も。

せとか
栽培が難しい希少品種。「柑橘の大トロ」と呼ばれるほど、ジューシーでとろける濃厚なコクがあります。

河内晩柑《かわちばんかん》
見た目はグレープフルーツに似ていますが、苦みはなく、ほんのり甘いさわやかな味わいです。

はるみ
ジューシーで糖度が高く、味わいはさわやか。手で簡単にむくことができます。

八朔《はっさく》
ぷりっとした食感が楽しめる品種。上品な甘さの中にも独特の苦さがあります。

ポンカン
インド原産で、強い芳香と、コクのある甘みが特徴。酸味が得意でない人におすすめです。

不知火《しらぬい》
手でむきやすく、薄皮ごと食べられます。濃厚な甘みと適度な酸味があり、苦みが少ないのも特徴です。

湘南ゴールド
小ぶりで、さわやかな黄色が特徴的。清涼感と甘みのバランスが絶妙です。

甘平《かんぺい》
みずみずしく、大粒な果肉が口の中でプチプチと弾けます。平たい形も特徴的。

媛小春《ひめこはる》
甘さは濃厚ながら、ジューシーで後口すっきり。まだまだ希少な品種です。

晩白柚《ばんぺいゆ》
マレー半島原産の、世界最大の柑橘類。ほどよい酸味でジューシーです。

金柑
一口大の柑橘類。甘露煮にすることが多いですが、生もおいしく食べられます。

土佐文旦《とさぶんたん》
大きくて黄色い高知の特産品。さわやかな香りとプリッとした果肉の食感が◎。

伊予柑《いよかん》
さわやかな香りで人気の品種、酸味と甘みのバランスも◎。果肉も大ぶりです。

**夏は氷代わりにソーダやお酒に、
冬はお湯を注いで
ホット金柑にしてもおいしいですよ**
──ハナウタカジツさん

柑橘類の切り方

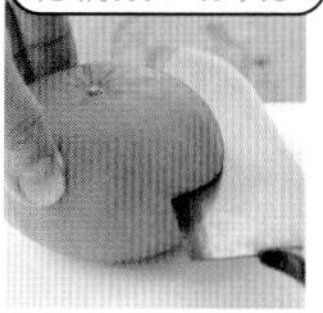

へたを上にして置き、横半分に切ります。

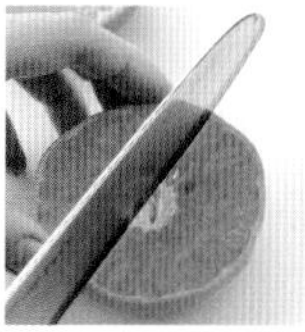

半分に切り、さらに半分に切ってくし形切りにします。

\\ スマイルカット！ //

笑顔の口元のようなビジュアルになります。

金柑は冷凍すると便利

保存袋に入れて冷凍するのがおすすめです。そのまま食べてもいいし、電子レンジで加熱するとやわらかくなって、即席の甘露煮風に！ コロコロしているので使う分だけ取り出せるのも便利です。

**筋がなくて
食べやすい！**
──しあわせの樹
あまくささん

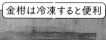

\\ 料理に添えて香りを楽しむ //

香酸《こうさん》柑橘類の種類

国内だけでも30種以上！
代表的なものを
セレクトしました。

かぼす

大分県の特産品。酸味、渋みのバランスがよく、さわやかな風味が料理を引き立てます。

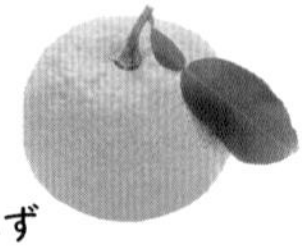

ゆず

幅広く活用されている和食に欠かせない香酸柑橘類。高知県の特産品です。

ライム

レモンに比べると酸味は穏やか。キリリとしたすがすがしい苦みが特徴です。

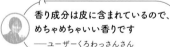

レモン

刺激的な酸味とさわやかな香りの香酸柑橘類の代表的存在。国内では広島県が特産地です。

だいだい

香りがよく、比較的酸味と苦みが強いのが特徴。多くが静岡県産です。

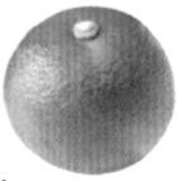

すだち

徳島県を代表する香酸柑橘。すがすがしい香りと酸味が特徴です。

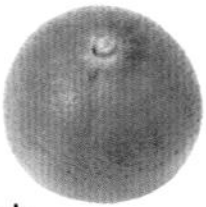

へべす

宮崎県日向地方で栽培されている柑橘類。酸味がまろやかで果汁が豊富です。

シークワーサー

沖縄県で栽培されている香酸柑橘で、みかんの原種の一つ。酸味は穏やかです。

冷凍すると便利です

国産のレモンをラップに包んで冷凍します。レモンの香りがほしいときは、凍ったまますりおろすだけでOK。使用後はまたラップに包んで冷凍保存しておきます。

香り成分は皮に含まれているので、めちゃめちゃいい香りです
――ユーザーくろわっさんさん

\\ こんなふうに食べてます //

おすすめの保存法です
――ユーザーあおこさん

塩漬けにして自家製塩レモンに

塩レモン用の保存瓶を作っておいて、絞ったあとのレモンをどんどん追加。適宜塩をまぶせば、塩漬けができます。

レモンの切り方

横半分ではなく、斜め半分に切ります。

\\ 斜めに包丁を入れて！ //

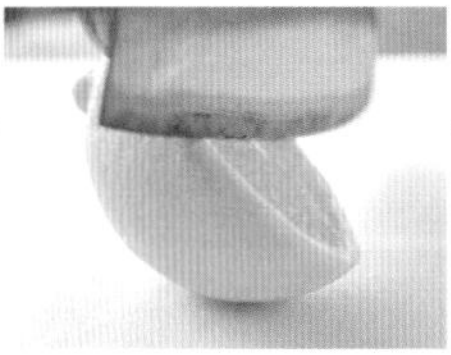

断面を上にし、3～4等分のくし形切りにします。

種も取りやすく、白い筋が出ず、美しいカットレモンになります。

Column.5

卵にも旬があります 

卵の旬は2～4月 味も栄養価も上がります

卵にも旬があるってご存じですか？ ズバリ旬は2～4月。味は濃く、おいしくなり、栄養価もアップします。その秘密は、ニワトリの過ごし方にあります。私たちも寒い季節は家にこもりがちですが、ニワトリも同じ。なるべくじっとして、栄養を蓄えようとします。卵を産む数も減り、卵が母体の中にいる時間が長くなるため、その分、味も栄養も凝縮されるわけです。ただし、これは有精卵のみで、多く流通している無精卵の場合は1年を通して味は均一に保たれているようです。卵だけでなく、肉類にも旬があるとか！ 食べて旬を探してみましょう。

その他の食材の旬

こんにゃく

11～翌1月

こんにゃくの原料であるこんにゃくいもは秋が旬。収穫したてのこんにゃくいもを使ったこの季節が一番おいしくなります。

納豆

1～2月

原料の大豆は秋が旬で、収穫後適度な水分が抜けて実が締り、味が凝縮します。この時期に加工すると甘く美味。

茶

4～5月

ご存じの通り、新茶の季節。若葉ならではの、ほのかに甘く、さわやかですがすがしい香りは、季節のお楽しみです。

そば

7～9月、11～12月

そばは夏と秋に収穫されるため、旬は2度。風味の点では「秋そば」ですが、「夏そば」の若々しい味わいも魅力的です。

ごま

9～10月

ごまは春先に種を蒔き、秋に収穫されるため、旬は9～10月。白ごまに限らず、黒ごまも金ごまも同じです。

はちみつ

4～5月

はちみつのもとは、蜜蜂が集めた蜜。レンゲやアカシアなど、多くの花が花開く春が、はちみつの旬です。

「大寒卵」って何？

大寒卵は、1年で一番寒いとされる大寒の初日に生まれた卵。栄養価が高いことから、昔から「健康運」や黄身の色からの連想で「金運」が上がる縁起物として大切にされてきました。大寒直後に販売されるので、食べて運気を上げましょう。

登録生産者数
9,500軒を
突破

認知度や利用率などの
5つのNo.1※1を
4年連続で獲得

会員数
100万人を突破

「食べチョク」は日本最大のオンライン直売所。

生産者からチョクに新鮮な食材が食卓に届きます。

「食べチョク」は、こだわり生産者から直接食材を購入できる産直通販サイトです。国内の産直通販サイト※2の中で、認知度や利用率などの9つのNo.1を獲得。野菜・果物をはじめ、米・肉・魚・飲料といった食材全般だけでなく、花き類を取り扱っていて、食べた感想を伝えるなど、消費者であるユーザーと生産者が直接やりとりできることが大きな特徴です。また、好みに合う生産者を選んでくれる野菜定期便「食べチョクコンシェルジュ」など4つの定期便を提供。さらに、企業の福利厚生や販促キャンペーンに活用できる法人向けサービス「食べチョク for Business」や、ふるさと納税の返礼品として食べチョク生産者の食材を楽しめる「食べチョクふるさと納税」も展開しています。

(C)井上苺園

※1 産直通販サイトを1つ以上認知している一般生活者2,109人へのインターネット調査(期間:2023年11月16日〜20日/調査機関:マイボイスコム) ※2 産直通販サイトとは、生産者が消費者の自宅へ商品を直送することを特徴とする生産者特化型の通販サイト。

食べチョクサイトはこちら

「食べチョク」のここがいい！
7つのポイント

1	生産者から直送なので、新鮮	市場やスーパーを介さず、生産者から“チョク”でお届けするため、収穫から最短24時間以内に鮮度の高い食材が届きます。
2	市場には出回らない、珍しい食材が手に入る	収穫量が少なく、なかなか市場には出回らない珍しい食材や限定品もラインナップ。探す楽しみが広がります。
3	生産方法や環境への配慮など、基準をクリアしているから安心	作り手と買い手、お互いの声が直接届くので、『生産者のこだわり』が適正に評価される、新しい流通の仕組みです。生産者自身で値決めができ、生産者への還元率も高いため、食べることが生産者さんの応援につながります。
4	生産者ならではのとっておきの食べ方が教えてもらえる	食材の1番おいしい食べ方を知っているのは、作り手である生産者です。商品には、とっておきのレシピが同梱されることも。また、直接質問することもできます。
5	生産者を食べて応援できる	作り手と買い手、お互いの声が直接届くので、『生産者のこだわり』が適正に評価される、新しい流通の仕組みです。生産者自身で値決めができ、生産者への還元率も高いため、食べることが生産者さんの応援につながります。
6	商品の幅が広く、6万点以上！	「食べチョク」には農作物だけでなく、肉、魚、乳製品、加工品、お酒など、幅広い商品を6万点以上も掲載されています。さまざまな「おいしい！」が見つかります。
7	生産者と直接つながれる、やりとりができる	直接メッセージのやりとりができるのも「食べチョク」ならでは。こだわりや情熱を直接伺うことで、食材以上に生産者本人のファンになってしまうことも！ オンラインでありながら、心の通うつながりが生まれます。

本書でご協力いただいた生産者一覧

あ

栃木県芳賀郡
青苺農園

青森県十和田市
アシストサービス笹森

群馬県前橋市
あすかファーム 食べチョク支店

長野県安曇野市
安曇野ファミリー農産

鹿児島県奄美市
奄美オーガニックパパイヤファーム

兵庫県淡路市
淡路島ほっこりファーム

山形県寒河江市
アンスリーファーム

山梨県笛吹市
磯王園

新潟県上越市
苺の花ことば

京都府京田辺市
井辻農園

静岡県下田市
栄ちゃんファーム

山梨県甲州市
えがおファーム

東京都八王子市
エシカルベジタブルス

北海道芦別市
大橋さくらんぼ園

長野県下伊那郡
丘の上ファーム原農園

岡山県備前市
岡山やまおか農園

熊本県球磨郡
おがわ農園

山梨県西八代郡
おさだ農園

か

福岡県うきは市
柿屋 うちやま

長野県上田市
果実の森

茨城県日立市
樫村ふぁーむ

茨城県笠間市
かねこ農園

青森県黒石市
鎌田林檎園

愛知県田原市
川口農園

大阪府貝塚市
川崎農園

静岡県浜松市
かわせファーム

愛知県知多郡
キーウィのもり

千葉県木更津市
木更津ファーム

千葉県旭市
きのこ屋でんべえ

神奈川県足柄下郡
きまぐれファーム

山形県東根市
栗原果樹園

群馬県高崎市
ぐるりいちご農園

埼玉県比企郡
クレオ

群馬県甘楽郡
クローバーファーム

千葉県八街市
げんき農場

滋賀県長浜市
好作豊吉

長崎県五島市
五島こばさんち農園

大阪府泉南市
ことりはぶどう園

愛知県稲沢市
子貞農園

熊本県宇城市
近藤FARM

さ

千葉県白井市
斉藤梨園

宮崎県都城市
坂田園芸場

千葉県香取郡
さくま草生農園

長野県下伊那郡
佐々木香 ガーデンベリー佐々木 佐々木農園

青森県黒石市
サニタスガーデン

香川県木田郡
さぬきくらげの店

静岡県富士市
佐野 栄治

熊本県宇土市
澤田果物

広島県世羅郡
サンワファーム

熊本県天草市
しあわせの樹 あまくさ

愛媛県今治市
自然農園 SEKIZEN FARM

長野県須坂市
信濃国 中井ぶどう畑

北海道檜山郡
しぶたの毎日きのこ

熊本県宇城市
清水果樹園

岩手県奥州市
十文字屋～SATO FARM～

岐阜県揖斐郡
菖蒲谷牧場

北海道斜里郡
シレトコイオン生産組合

宮崎県児湯郡
しろハピ農園

愛媛県八幡浜市
新口農園

長野県北安曇郡
信州安曇野りんご園 浅野農園

長野県松本市
信州きらめき菜園

長野県塩尻市
信州塩尻 つむぐ農園

長野県下伊那郡
信州高森原農園

広島県呉市
菅原オレンジ農場

沖縄県石垣市
砂川農場

奈良県葛城市
スマイル葛城農業

神奈川県三浦市
ぜんべ農園

青森県五所川原市
そのまんまりんご＋

た

熊本県熊本市
たいら農園

福岡県八女市
たいら農園

山形県東根市
平フルーツ

新潟県加茂市
たかはし果樹園

群馬県高崎市
たけSUN農園

愛知県碧南市
武ちゃん農場

埼玉県秩父市
ただかね農園

千葉県船橋市
田中園

熊本県葦北郡
たなか果樹園

福島県伊達市
種まきうさぎ

長崎県長崎市
田端果樹園

熊本県上益城郡
田端啓一

長野県松本市
たべくら農園

兵庫県丹波篠山市
丹波篠山ここいろ農園

兵庫県丹波篠山市
丹波篠山ひなたファーム

兵庫県丹波篠山市
丹波篠山 山の芋畑

兵庫県丹波市
丹波ファーム・たかはし

福岡県嘉麻市
小さな自然農園 にゃんモコ

埼玉県秩父市
ちちぶ丸山農園

青森県弘前市
津軽農園

千葉県富里市
津田農園

千葉県木更津市
テピア・シード

長野県東御市
東御こもだ果樹園

北海道三笠市
床岡農園

和歌山県日高郡
どの坂果樹園

熊本県山鹿市
とみおか農園～スイカとメロン～

富山県富山市
富山環境整備

佐賀県神埼市
とんぼ農園

な

茨城県鉾田市
長洲農園

栃木県那須烏山市
那須栗園

栃木県那須町
那須高原こたろうファーム

愛媛県松山市
ナチュラルファームen

兵庫県神戸市
なまふぁーむ

青森県五所川原市
成田ファーム

富山県滑川市
深井農園

鹿児島県枕崎市
ふかざわ農園

熊本県球磨郡
ふぎの果樹園

青森県三戸郡
ふくふくファーム

広島県豊田郡
ふじやファーム

愛媛県松山市
ふたがみマルシェ

茨城県ひたちなか市
二川農園

山梨県甲州市
ぶどうの樹

岐阜県大垣市
ふれあい農園

神奈川県平塚市
ベジアート土屋トマトファクトリー

千葉県我孫子市
ベジLIFE!!

福井県勝山市
本多農園

山梨県甲州市
【本場山梨の熟桃】北井桃園〜ぴ〜ち姫の桃畑〜

ま

熊本県宇城市
松川果樹園

山形県東根市
松栗

新潟県妙高市
まるたけ商店

千葉県館山市
まるに農園

鳥取県八頭郡
丸山農園

静岡県浜松市
みかん山柑土里(カントリー)ファーム

茨城県筑西市
三国園

島根県浜田市
三島ファーム

茨城県水戸市
水戸田島農園

宮崎県日南市
緑の里りょうくん

長野県阿南町
南信州いちご村

長野県下高井郡
宮入きのこ園

沖縄県南城市
みやぎ農園青果物出荷組合

大分県杵築市
村井農園

岡山県倉敷市
なんば農園

長野県飯田市
新実農園

和歌山県紀の川市
にしぐち農園

愛知県豊田市
農園ちいさな星

新潟県五泉市
農園 陽だまりの芽

青森県青森市
のざわりんごえん〜人と人を結ぶりんご〜

大阪府豊能郡
能勢町栗農家 銀まろ

千葉県君津市
ののま自然農園

静岡県伊豆市
野本農園

は

静岡県焼津市
箱入りレモン娘果樹園

岐阜県本巣市
はたもり菜園

熊本県熊本市
ハナウタカジツ

沖縄県石垣市
ハナナス農園

長崎県雲仙市
はまちゃんファーム

愛知県新城市
林ファーム 作手高原

香川県三豊市
ハラシモベース

愛知県碧南市
はらぺこ畑 杉正農園

北海道滝川市
平沢農場

茨城県土浦市
百笑クラブ

長野県佐久市
百笑農房

千葉県香取市
100年続く農家 ひがやさんち

岡山県真庭市
ひるぜん農園

京都府京都市
ひろ農林

埼玉県さいたま市
ファーム・インさぎ山

北海道札幌市
ファーム伊達家

福島県伊達市
フェルムナチュレール・コクブン

島根県出雲市
フォレストファーム

H

兵庫県南あわじ市
Hope Will 淡路島

K

岡山県勝田郡
Kocomo's Garden～モリィの畑～

青森県つがる市
Kosaka Farm（こさかファーム）

茨城県石岡市
Kota-Sun

M

三重県玉城町
MCD/松ちゃん堂

大分県杵築市
midori農場

長崎県長崎市
mokky farm

北海道雨竜郡
Mt.ピッシリ森の国

島根県隠岐郡
Mueller's Farm ムラーズファーム

N

埼玉県飯能市
Nihao Farm

O

奈良県桜井市
OdaMaki農園（おだまきのうえん）

愛知県西尾市
Odake ichigo（オオダケイチゴ）

岡山県総社市
OEC KINGDOM

佐賀県唐津市
ogatafarm

愛媛県八幡浜市
OrangeBase

愛媛県八幡浜市
OrangeStoreニノミヤ

R

青森県弘前市
RED APPLE 赤石農園

S

千葉県旭市
Sai10faRM

T

茨城県水戸市
Tedy

三重県桑名郡
THE SIMIZ

佐賀県小城市
TM FARM

埼玉県三郷市
TNfarm

U

静岡県静岡市
Uminekoほりのうえん

Y

山形県東根市
yaguchi farm

栃木県大田原市
YOZE FARM

高知県幡多郡
YUZU LIFE

長野県安曇野市
モ／松澤農園

山口県周南市
森光農園

香川県高松市
もりやま農園

や

兵庫県丹波篠山市
やさい畑 酒井

徳島県三好郡
やすい農園

佐賀県伊万里市
山和農園

静岡県静岡市
ヤマサ農園（さとうさんち）

岡山県赤磐市
山光園

北海道帯広市
山田敏彦/hiko's field support

北海道上川郡
山田農場

愛媛県八幡浜市
山と海のきくちみかん

熊本県阿蘇郡
有限会社 阿蘇健康農園

長野県中野市
有限会社フレッシュファクトリー

沖縄県国頭郡
ゆうなfarm

鹿児島県鹿児島市
横峯オレンジ

京都府京都市
よしだのはたけ

徳島県鳴門市
吉成農場

ら

長崎県南島原市
らぶベリーファーム（竹村農園）

福岡県築上郡
らんらんふぁーむ

愛知県春日井市
リューネファーム

岩手県遠野市
りんご舎

わ

滋賀県栗東市
ワダケン（リアルソイルハウス）

A

兵庫県淡路市
Awaji Nature Farm

C

東京都小金井市
Crane Hills Farm（クレインヒルズ ファーム）

F

栃木県栃木市
FARM ABE（韮屋あべ）

徳島県吉野川市
farm park ROUTE66

群馬県前橋市
FUJIGOMEファーム

［著者］

食べチョク

食べチョクは、全国の生産者から直接、食材や花卉《かき》を購入できる産直通販サイト。野菜・果物をはじめ、米・肉・魚・飲料といった食材全般と花卉類を取り扱っており、消費者が生産者に味の感想を伝えたり、レシピを聞くなど直接やりとりできることが特徴。生産者とのやりとりを通じ、旬の時期や、新鮮なものの見分け方、長持ちする保存方法、簡単でおいしい食べ方などの知識を得たり、好みの品種やお気に入りの生産者を探すことができる。また、消費者の好みに合う商品を選んで届ける野菜定期便「食べチョクコンシェルジュ」など4つの定期便を提供。さらに、企業の福利厚生や販促キャンペーンに活用できる法人向けサービス「食べチョク for Business」や、ふるさと納税の返礼品として食べチョクの食材を楽しめる「食べチョクふるさと納税」も展開。2024年3月時点で会員数は100万人、登録生産者数は9500軒を突破。6万点を超えるこだわりの逸品が出品されている。

生産者さんだから知っている
そのままおいしい野菜の食べ方

2024年5月14日　第1刷発行
2024年7月26日　第3刷発行

著　者――食べチョク
発行所――ダイヤモンド社
〒150-8409　東京都渋谷区神宮前6-12-17
https://www.diamond.co.jp/
電話／03･5778･7233（編集）　03･5778･7240（販売）

装丁・デザイン―細山田デザイン事務所 細山田光宣、小野安世
ＤＴＰ――エムアンドケイ 茂呂田剛、アイハブ 藤原政則
料理写真――難波雄史
野菜・果物写真―PIXTA、生産者提供
フードコーディネーター―伊藤美枝子、アシスタント岩本英子
食材協力――淡路島ほっこりファーム
栄養監修――吉沼弓美子
校正―――聚珍社
製作進行――ダイヤモンド・グラフィック社
印刷―――ベクトル印刷
製本―――ブックアート
編集協力――立本美弥子、平井薫子、諸井まみ
編集担当――長久恵理

ISBN 978-4-478-12019-4